パナソニック教育財団 設立40周年記念事業

One to One への道
1人1台タブレットPC活用の効果測定と教育委員会・学校の挑戦
～「ワンダースクール応援プロジェクト」 成果報告書～

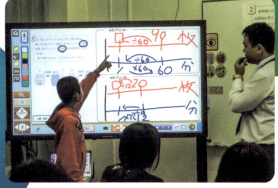

共同研究地区
- 富山県 富山市
- 愛知県 春日井市
- 奈良県 奈良市
- 千葉県 柏市

ご挨拶

　21世紀に入り、既に15年が経過しました。その間、社会の大きな変化とともに、日本の国際化、情報化の進展は目まぐるしいものがあり、将来の社会を担う子どもたちを育てるために、教育の役割は益々大きくなっています。文部科学省においても、近い将来を見据えて子どもたちに求められるべき資質・能力を踏まえた新しい指導要領を検討しており、情報教育の重要性も確実に高まっています。

　パナソニック教育財団は1973年の設立以来、一貫して初等・中等教育の学校現場に助成活動を行なっており、全国約2800件の研究実績や成果は、財団の貴重な資産になっています。このような中で、財団は一昨年、設立40周年を迎えたことを機に、特別プロジェクトを立ち上げました。それが「ワンダースクール応援プロジェクト」です。

　本プロジェクトは、財団の公益目的である「ICT教育の普及拡大」を遂行するために、これまでの学校現場への支援とは別に、目標に共鳴いただいた全国の自治体・教育委員会と共同研究という形で実践研究助成を行ないました。具体的には、One to One（1人1台タブレットPC）の学習環境の中で、新しい授業スタイルを設計し、確かなエビデンスを基にした効果測定を行ない、そして、その成果やノウハウを広く還元する、といった目標を掲げ、2年間進めてまいりました。ちなみに本プロジェクト名は、子どもたちや先生、そして地域がワクワクする学校「ワンダースクール」を応援するという思いを込めて名づけました。

　本書はこの2年間のプロジェクトの具体的な活動内容と分析成果を取りまとめたものであり、4地区の教育委員会の方針や施策を踏まえ、各学校が試行錯誤を重ね実践した、貴重な成果を一冊にまとめたものです。この成果を一つでも多くの教育委員会や学校に役立てていただければ、幸甚です。

　本プロジェクトは、主査をお願いしている東京工業大学名誉教授の清水康敬先生を始め、日頃、現場の授業設計や学校マネジメントについて見識のある4名の研究者の方々に、各地区のアドバイザーとしてご支援いただきました。各先生方に深く御礼申し上げますとともに、自治体・教育委員会の皆様、そして2年間精一杯実践していただきました各校の校長先生はじめ、実践された先生方、そして多くの関係者の方々にも深く感謝申し上げます。

　パナソニック教育財団は、学校現場での多くの研究成果や、広く教育分野で活躍する方々との絆を大切にし、これからも子どもたちの「未来をつくる創造力と豊かな人間性」を育む活動を応援してまいりたいと存じます。今後とも、変わらぬご理解とご協力を賜りますようお願い申し上げます。

公益財団法人　パナソニック教育財団
常務理事・事務局長

藤田　稔

ご挨拶		3
目　次		4
Introduction　「ワンダースクール応援プロジェクト」目的と経過		6

第1章　学習効果の調査・分析の結果　清水康敬（東京工業大学　学長相談役・名誉教授）　11

はじめに　12
1．研究の目的と方法　14
　1.1　目的　14
　1.2　教員を対象にした調査　14
　1.3　児童を対象にした調査　16
2．教員を対象にした意識調査の結果　19
　2.1　調査と回答数　19
　2.2　授業でタブレットPC環境を使用させている教員の割合　19
　2.3　ICT活用が効果的であると思う場面　21
　2.4　児童用タブレットPCを活用した授業について　22
　2.5　コンピュータ等を活用した教員の指導力　25
　2.6　まとめ　27
3．客観テストの結果　27
　3.1　客観テストを実施した授業数と回答数　27
　3.2　児童用タブレットPC活用の有無による客観テストの成績の違い　28
　3.3　まとめ　29
4．児童を対象にした意識調査の結果　29
　4.1　意識調査の対象にした授業数と回答数　29
　4.2　意識の因子分析の結果　30
　4.3　因子ごとの児童用タブレットPC活用の有無による違い　32
　4.4　事前調査の回答に関する検討　33
　4.5　まとめ　35
5．客観テストの成績と意識調査の関係　36
　5.1　実施された授業数と回答数　36
　5.2　各因子と客観テストとの相関係数　36
　5.3　各質問項目と客観テストとの相関　37
　5.4　まとめ　38
6．好きな教科と客観テスト・因子との関係　39
　6.1　調査の学級数と回答数　39
　6.2　教科が好きである割合　39
　6.3　教科等が「好きである」という意識の割合の変化　40
　6.4　好きな教科と客観テスト成績との関係　41
　6.5　教科が好きおよびタブレットPCの活用有無という2要因と客観テストの成績　42
　6.6　好きな教科と因子の関係　43
　6.7　まとめ　46
7．自由記述分析の結果　46
　7.1　自由記述の回答数と分析の準備　46
　7.2　特定の用語が含まれている割合　48
　7.3　特定の内容が含まれている割合　52

7.4 自由記述と客観テストとの関係 ………………………………………………… 53
7.5 自由記述の「用語」と4因子との関係 …………………………………………… 54
7.6 自由記述の「内容」と4因子との関係 …………………………………………… 57
7.7 まとめ ……………………………………………………………………………… 58
8．第1章のまとめ ………………………………………………………………………… 58
参考文献 ………………………………………………………………………………………… 61
参考資料 ………………………………………………………………………………………… 62
　調査票1　教員を対象にした調査（事前・事後）………………………………………… 62
　調査票2　児童を対象にした調査（事前）………………………………………………… 63
　調査票3　児童を対象にした調査（活用した授業実施後）……………………………… 63
　調査票4　児童を対象にした調査（活用しない授業実施後）…………………………… 64
　調査票5　実施した授業の状況等（授業実施の教員が回答）…………………………… 64

第2章　各地区の取り組みと成果 ……………………………………………………… 65
Case 1　富山県富山市の取り組みと成果 ………………………………………………… 66
　Ⅰ．教育委員会の取り組み〈富山市教育委員会〉
　Ⅱ．小学校の取り組みと実践事例〈富山市立芝園小学校〉
　Ⅲ．実践を振り返って〈アドバイザー〉高橋純（東京学芸大学　准教授）
Case 2　愛知県春日井市の取り組みと成果 ……………………………………………… 96
　Ⅰ．教育委員会の取り組み〈春日井市教育員会〉
　Ⅱ．小学校の取り組みと実践事例〈春日井市立出川小学校〉
　Ⅲ．実践を振り返って〈アドバイザー〉稲垣忠（東北学院大学　准教授）
Case 3　奈良県奈良市の取り組みと成果 ………………………………………………… 126
　Ⅰ．教育委員会の取り組み〈奈良市教育委員会〉
　Ⅱ．小学校の取り組みと実践事例〈奈良市立佐保小学校〉
　Ⅲ．実践を振り返って〈アドバイザー〉小柳和喜雄（奈良教育大学大学院　教授）
Case 4　千葉県柏市の取り組みと成果 …………………………………………………… 156
　Ⅰ．教育委員会の取り組み〈柏市教育委員会〉
　Ⅱ．小学校の取り組みと実践事例〈柏市立大津ヶ丘第一小学校〉
　Ⅲ．実践を振り返って〈アドバイザー〉中橋雄（武蔵大学　教授）

第3章　One to Oneへの道　今後の展望　　小柳和喜雄（奈良教育大学大学院　教授）… 187
1．はじめに ……………………………………………………………………………………… 188
2．「OECD／PISAデジタル能力調査の結果」をどのように読むか ……………………… 188
3．学力保障・学力向上のためにICTを活用する動き ……………………………………… 192
4．ICTを活用した革新的な取り組みへチャレンジしようとする動き …………………… 195
5．21世紀に求められる力、コンピテンシーの育成のためのICTの活用 ………………… 198
6．「21世紀に求められる力、コンピテンシーの育成」から「学力保障・学力向上の取り組み」
　　を再構築しようとする動きとICTの活用 ……………………………………………… 199
7．今後、教員や学校に求められる力とは …………………………………………………… 203
8．おわりに ……………………………………………………………………………………… 205

第4章　「ワンダースクール応援プロジェクト」を終えて　　清水康敬 ………………… 207
著者紹介 ………………………………………………………………………………………… 214

Introduction

　パナソニック教育財団は設立40周年の記念事業として、子ども・教員・地域がワクワクする学校づくりを応援する「ワンダースクール応援プロジェクト」を平成26年4月から平成28年3月までの2年間実施した。

1．ワンダースクール応援プロジェクトの目的

　本プロジェクトは、当財団が4つの自治体・教育委員会と共同で、One to One（1人1台タブレットPC）の未来型授業の設計・実践を大学の研究者の助言を受けながら行い、その学習効果や21世紀型学力との関連を実証研究し、その成果を地域そして全国の学校に普及・還元することを目指すものである。

3つの目的
　① One to One（1人1台タブレットPC）の未来型授業の設計・実践
　② 学習効果の調査・分析
　③ 研究成果の普及・還元

2．共同研究に参画した教育委員会・学校・研究者

　本プロジェクトは、プロジェクトの趣旨に賛同いただいた、それぞれ環境の異なる4つの自治体の教育委員会と共同で行うことにした。実際に授業実践と調査を実施する実践校（ワンダースクール）は、教育委員会が選定した。各地区の教育委員会と実践校を通じて、その地域の他の学校に成果の普及・還元をしていただく。

　本プロジェクトの主査として、あるいは各地区の教育委員会・実践校のアドバイザーとして、当財団の選考委員や専門委員としてご活躍いただいている大学の研究者に参画いただいた。

　パナソニックグループのパナソニックシステムネットワークス株式会社システムソリューションズジャパンカンパニーも機材設置・サポート等で加わった。

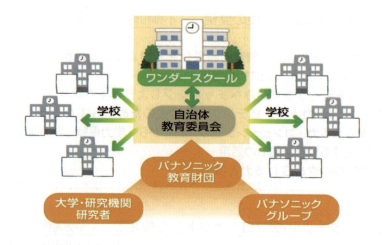

【プロジェクト主査】　清水康敬 東京工業大学 学長相談役・名誉教授
【共同研究地区】

地区	教育委員会	実践校	アドバイザー
富山県富山市	富山市教育委員会	富山市立芝園小学校	高橋純 東京学芸大学 准教授
愛知県春日井市	春日井市教育委員会	春日井市立出川小学校	稲垣忠 東北学院大学 准教授
奈良県奈良市	奈良市教育委員会	奈良市立佐保小学校	小柳和喜雄 奈良教育大学大学院 教授
千葉県柏市	柏市教育委員会	柏市立大津ヶ丘第一小学校	中橋雄 武蔵大学 教授

【機材設置・サポート】　パナソニックシステムネットワークス株式会社システムソリューションズジャパンカンパニー

3．配備した機材

　4地区の実践校に、1クラスの児童が1人1台利用できるタブレットPC、教師用のタブレットPC、電子黒板、電子黒板用PC、タブレットPC連携授業支援ソフト、デジタルビデオカメラを共通に配備した。また、各校の実態にあわせて、PC充電保管庫、無線LANアクセスポイント等を個別に配備した。

- 児童用タブレットPC　レッツノートCF-AX3：40台
- 教師用タブレットPC　レッツノートCF-AX3：1台
- 電子黒板　65インチLCD　TH-65LFB70J：1台
- 電子黒板用PC　CF-LX3：1台
- タブレットPC連携授業支援ソフト「eトーキー」GL50：1式
- 文教用デジタルビデオカメラ「ぼうけんくん」HC-BKK1：6台

4．経過

「実践研究助成」の40年の蓄積を基にプロジェクトを企画

　パナソニック教育財団は、日本に近代学校制度が創設されて100年目に当たる1973年に「視聴覚教育の振興・普及を通じて、より豊かな人間育成を目指す」という志のもとに設立された。「未来をつくる創造力と確かな学力」を培うために、ICTを活用し実践研究に取り組む教育現場に対して助成等を行う事業を、設立以来一貫して行ってきた。現在は、子どもたちの「豊かなこころを育む活動」を継続的に行っている団体に対する褒章事業や有識者による提言活動を基本とした「こころを育む総合フォーラム」の活動を、従来の「学校教育に対する研究・助成事業」に加え、公益活動の両輪として運営をしている。

　「学校教育に対する研究・助成事業」の中心は、初等中等教育の学校現場でICTを効果的に活用して、教育方法や教育内容の改善等に取り組む実践的な研究を応援する「実践研究助成」である。1年間の研究に対して50万円を助成する「一般」助成と、2年間継続して研究を行う学校を150万円の助成金と大学の研究者による訪問アドバイスで支援する「特別研究指定校」制度の2種類の助成がある。

　「実践研究助成」は財団設立当初から行っている助成制度であり、約2800件の助成実績とその成果の蓄積は、財団の貴重な財産となっている。財団設立40周年を迎えるにあたり、「実践研究助成」の蓄積を基に企画したのが、「ワンダースクール応援プロジェクト」である。

　本プロジェクトの企画検討から実施までの経過を以下に記す。

平成25年度（平成25年4月～平成26年3月）

　財団設立40周年の記念事業して、財団設立以来積み上げてきた「実践研究助成」をベースに、地域・学校・パナソニックと連携した新しい事業を検討。プロジェクトの名称、研究内容、研究期間、対象自治体、主査、アドバイザーを決めた。

　　　4～5月　　実践研究助成のテーマ、成果報告書等を分析
　　　5月15日　分析内容の検討会を実施
　　　6～12月　対象自治体、アドバイザーの検討及び調整
　　　12月27日　アドバイザーも参加し研究内容の最終確認会議を実施
　　　1～3月　　対象自治体の教育委員会による計画書の作成

平成26年度（平成26年4月～平成27年3月）

　各地区で贈呈式を開催。教育委員会と実践校は、1学期に実践計画の作成及び体制づくり等の事前準備、夏休みに機材設置・研修を行い、9月から5年生を対象にタブレットPC活用の実践授業と効果測定の調査を行った。また、4地区の教育委員会の指導主事とアドバイザーが集まり、取り組み内容・課題・創意工夫等の情報を共有する合同会議を財団で2回開催した。日本教育工学協会（JAET）の「教育の情報化」実践セミナーで本プロジェクトの紹介、取り組み内容の報告を行った。

4月15日	富山市で贈呈式開催　理事長から市長に目録の贈呈
5月12日	春日井市で贈呈式開催　理事長から市長に目録の贈呈
5月21日	第1回4地区合同会議を開催
	4地区の教育委員会とアドバイザーが集まり、9月からの授業実践に向けて、機材設置、研修、授業計画の準備等を確認
6月	機材設置、研修、実践授業のスケジュール作成
7～8月	機材設置、操作研修、アドバイザーによる講習会を各実践校で実施
9月～3月	各実践校でタブレットPC活用授業と効果測定調査を5年生を対象に実施
10月1日	奈良市で贈呈式開催　理事長から教育委員に目録の贈呈
12月6日	JAET「教育の情報化」実践セミナー（奈良）で取り組み内容を報告
	4地区の教育委員会がパネルディスカッションで発表
12月22日	第2回4地区合同会議を開催
	4地区の教育委員会とアドバイザーが集まり、取り組み内容、課題、創意工夫等の情報交換
2月14日	JAET「教育の情報化」実践セミナー（富山）で取り組み内容を報告
	奈良市と富山市の教育委員会と実践校が発表

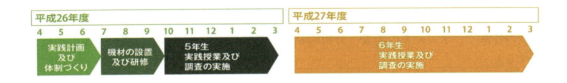

平成27年度（平成27年4月～平成28年3月）

　6年生を対象に、2年目の実践授業及び調査を実施した。年度末に成果のまとめを行った。4地区の教育委員会の指導主事とアドバイザーに加えて、実践校の管理職・研究主任も参加して、合同会議を3回開催した。全日本教育工学研究協議会全国大会（富山大会）等で中間成果を報告。各実践校が公開研究会を開催し2年間の成果を発表した。

4月～3月	各実践校でタブレットPC活用授業と効果測定調査を6年生を対象に実施
6月 6日	第3回4地区合同会議を開催
	4地区の教育委員会・実践校とアドバイザーが集まり、取り組み内容、課題、工夫等の情報交換　1年目の調査分析結果の共有
10月 9日	富山市立芝園小学校が公開研究会を開催
10月10日	全日本教育工学研究協議会全国大会（富山大会）で中間成果を報告
	パネルディスカッションで4地区の教育委員会・実践校が発表
11月13日	春日井市立出川小学校が公開研究会を開催
11月22日	第4回4地区合同会議を開催
11月24日	柏市立大津ヶ丘第一小学校が公開研究会を開催

12月14日　JAET「教育の情報化」実践セミナー（佐賀）で取り組み内容を報告
　　　　　　　　富山市と春日井市の教育委員会と実践校が取り組み内容を発表
　　2月16日　奈良市立佐保小学校が公開研究会を開催
　　3月19日　第5回4地区合同会議を開催
　　3月末　　各地区の意識調査・客観テストのデータを回収　学習効果の分析開始

平成28年度（平成28年4月～）

　2年間の取り組み内容と成果、学習効果の調査分析結果をまとめ、成果報告書を作成。成果を普及・還元するために、成果報告書（本書）を出版。各地のセミナーや全日本教育工学研究協議会全国大会で成果を報告。（予定）

　　4～ 5月　取り組み内容・成果のとりまとめ、学習効果の分析
　　5月15日　第6回4地区合同会議を開催
　　　　　　　　2年間の実践の学習効果の調査分析結果を共有
　　6月 4日　New Education Expo2016 東京で成果報告
　　6月18日　New Education Expo2016 大阪で成果報告
　　7月15日　成果報告書を出版
　　10月15日　全日本教育工学研究協議会全国大会（佐賀大会）で成果を報告（予定）

　この後の各章で、学習効果の調査・分析の結果、各地区の取り組みと成果、今後の展望について紹介する。

第1章　学習効果の調査・分析の結果

主査　清水 康敬　東京工業大学 学長相談役・名誉教授

はじめに

　社会の情報化の進展が著しく、情報端末の高機能化と低価格化が進み、多くの国民がコンピュータやインターネットを活用することになった。特に、スマートフォンに代表される個人用の情報端末を日常的に活用する時代となっている。このような社会的な変化に伴い、学校教育における1人1台端末の学習環境の整備と活用に関心が高まっている。

　また、子ども達の個人用情報通信端末の保有状況も急速に変化している。内閣府の調査（内閣府 2016）によると、2015年11月の時点において児童生徒が自分用のスマートフォン・携帯電話を保有する割合は、小学生が50.2%、中学生は60.9%、高校生に至っては96.7%となっている。したがって、個人用の情報通信端末については1人1台環境が実現しつつある。そして、子どもたちはスマートフォンを使って、新たなコミュニケーションサービスや、インターネットにある様々なコンテンツにアクセスしている。

　ところで、我が国における1人1台環境による実証事業については、総務省の「フューチャースクール推進事業」が先駆的で、2010年度から2013年度末まで実施されたもの（総務省 2013、2014）がある。また、総務省と連携して実施された、文部科学省の「学びのイノベーション事業」は、2011年度から2013年度まで実施されている（文部科学省 2014）。

　学校教育における1人1台環境を実現する目標に関連しては、文部科学省の「教育の情報化ビジョン」において、「子どもたちに1人1台の情報端末環境を整備することが重要な鍵となる。」と記述されている（文部科学省 2011）。また、「日本再興戦略」において、「2010年代中に1人1台の情報端末による教育の本格展開に向けた方策を整理し、推進する」との記述がされた（内閣日本経済再生本部 2013）。さらに、「世界最先端IT国家創造宣言 工程表」が閣議決定され、「1人1台の情報端末による教育の全国的な普及・展開に向けた方策を整理し、推進する。」と記述されている（内閣IT総合戦略本部 2013a）。また、内閣官房IT総合戦略本部の「創造的IT人材育成方針」の中では1人1台の環境整備の必要性が論じられている（内閣IT総合戦略本部 2013b）。2016年から文部科学省では「2020年代に向けた教育の情報化に関する懇談会」を開催しており、この中でも1人1台環境に関する今後の在り方を検討しているところである（文部科学省 2016）。

　このように我が国おける1人1台の学習環境の重要性が高まっているが、これを実現するためにはICTの活用効果を実証的に示すことが重要である。その先駆けとなる例として、ICTを活用した授業と活用しない授業を多数実践してもらい、授業終了後に実施した児童生徒の意識調査と客観テストの結果を総合的に分析したものがあり、そこでは基本的な手順を示して実証している（清水康敬ほか 2008）。また、熊本県では、1人1台環境を整備している小中学校において1人1台のタブレットPC活用の効果を分析評価している（山本朋弘 2014）。さらに、1人1台端末の学習環境の動向と研究についてもまとめられている（清水康敬 2014）。そして、文部科学省の依託を受けて、学校教育におけるICT活用の効果を測定するための方法について検討し、実証的に効果があることを示したものもある（文部科学省 2015）。

次に、本事業における「学習効果の調査・分析」の報告は 8 つの節から構成されており、各節の内容は以下に示す。

1. 研究の目的と方法
　　児童生徒 1 人 1 台のタブレット PC を活用した学習環境がもたらす学びの効果をエビデンスベースで示すことが重要であること、効果の測定法の基本的な考え方を明らかにし、小学校における教員と児童を対象にした調査について説明している。

2. 教員を対象にした調査の結果
　　児童用タブレット PC 環境における効果測定をした実証校の教員を対象に調査を行い、教員が児童用タブレット PC を活用した割合の年変化、活用が効果的と思う場面の年変化、活用した授業に関する意識の年変化、活用した教員の指導力の年変化について説明している。

3. 客観テストの結果
　　児童用タブレット PC を活用した授業後に実施した客観テストの成績と、活用しない授業後に実施した客観テストの結果を比較して、両者の違いを検定により分析した結果を説明している。

4. 児童を対象にした意識調査の結果
　　児童を対象にした意識調査の回答を基に、因子分析を行った結果得られた因子について説明し、また、授業における児童用タブレット PC の活用有無による各因子の違いを検定により分析した結果を説明している。

5. 客観テストと意識調査の相関
　　同一の授業後に実施した客観テストの成績と意識調査の結果得られた各因子の評価点との相関について説明している。

6. 好きな教科と客観テスト・因子との関係
　　実証校の児童が教科を好きである割合（％）を示した上で、好きな教科と客観テスト・因子の関係について検討した結果を説明している。

7. 自由記述分析の結果
　　児童が感想、意見、要望を自由記述した文に含まれる用語と内容を分類する方法を説明し、用語・内容が記述に含まれる割合を算出し、記述における用語・内容の有無と児童用タブレット PC 活用の有無との関係、記述と客観テストの成績との関係、記述と意識調査の 4 因子の評価点との関係について説明している。

8. 第 1 章のまとめ
　　得られた成果をまとめている。

1. 研究の目的と方法

1.1　目的

　近年、学校の学習環境が大きく変化していて、教員中心の指導から児童生徒中心の学びへと移行しつつある。また、その学びを支援する手段として、児童生徒1人1台のタブレットPCの活用が注目されている。このような新しい学習環境がもたらす学びの効果をエビデンスベースで示すことが、今後の我が国の教育の在り方を考える際に重要であるととらえている。

　公益財団法人パナソニック教育財団では、設立40周年記念事業として、1人1台のタブレットPC環境を活用したことによる効果測定を調査研究として組織的に行うことになった。研究にあたっては、以下に示す4つの小学校で市販の客観テストを選んで実施してもらうとともに、同一の調査票による回答をしてもらい、それを総合的に分析してタブレットPC環境の効果を検証することにした。

　　富山県富山市立芝園小学校
　　愛知県春日井市立出川小学校
　　奈良県奈良市立佐保小学校
　　千葉県柏市立大津ヶ丘第一小学校

　なお、本研究で得られたデータの分析では以下のことを目標とした。

　　教員の指導力等の向上に関する評価をすること
　　児童用タブレットPCの活用効果を実証すること
　　客観テストの成績と意識調査から得られた因子の評価点との相関について明らかにすること
　　教科が好きであるという意識と客観テストと成績との関係を明確にすること
　　自由記述で書かれた用語や内容と客観テストの成績との関係および各因子の評価点との関係を検討すること

1.2　教員を対象にした調査

(1) 調査票の概要

　教員を対象にした調査では次の調査票1（P.62参考資料参照）を用いた。

　　調査票1　教員対象の調査票（事前・事後）

　質問構成は、以下のようになっている。

　　① 質問1：　回答者の年齢
　　② 質問2：　回答者の性別
　　③ 質問3：　回答者の教員歴
　　④ 質問4：　回答者の担任学年
　　⑤ 質問5：　児童用にタブレットPC環境を活用させている頻度
　　⑥ 質問6：　授業の中で児童がタブレットPCを活用している場面
　　⑦ 質問7：　児童用タブレットPCを活用した授業に関する質問（15項目）

質問7の15項目は、フューチャースクール実証事業で実施した質問の内容を踏まえて作成したもので、大きく以下の3つグループに分かれている。

 Q11～Q15 コンピュータ活用に関する教師の「負担感の無さ」
 Q21～Q25 児童用のコンピュータ機能の評価
 Q31～Q35 児童用コンピュータ活用の効果

⑧ 質問8： コンピュータを活用した教員の能力に関する質問（25項目）
⑨ 質問9： 児童用タブレットPC環境についての感想、意見、要望など（自由記述）

 質問8の「教員の能力」について補足する。教員のICT活用指導力の基準（5つの大項目、18の小項目）は文部科学省の委員会で作成したが、当時は大項目を先に決めてそこに属する18個の活用能力を挙げたものであった。その後、5大項目、18小項目について、一定数の教員を対象にした調査を行い、得られた結果を因子分析して4つの因子を抽出した。そこで、これらの因子を基本にし、新たに「協働学習の指導」と「児童のコンピュータ活用支援」を加え、それらを再整理して以下の5つの分類から成る質問項目を設定した。

 Q11～Q15 授業の準備・校務等でのコンピュータ活用
 Q21～Q25 授業におけるコンピュータ活用
 Q31～Q35 情報安全・情報モラルの指導
 Q41～Q45 協働学習の指導
 Q51～Q55 児童のコンピュータ活用支援

(2) 調査の実施時期と回答数

実証協力校の教員を対象にした調査を、以下の4つの時期に実施した。

 ① 1年目事前：児童用タブレットPC環境の整備前、あるいは、整備直後に調査
 ② 1年目事後：1年度の1月か2月に調査
 ③ 2年目事前：2年度の早い時期に調査
 ④ 2年目事後：2年目の1月か2月に調査

 教員対象の調査の回答数を表1-1に示す。この表に示すように、男性教員よりも女性教員が多い。

〈表1-1〉教員対象調査の回答数

時期	男性	女性	計
1年目事前	12	17	29
1年目事後	12	17	29
2年目事前	11	18	29
2年目事後	11	18	29
計	46	70	116

1.3 児童を対象にした調査

(1) 基本的な考え方

　児童用タブレット PC を活用した授業と活用しない授業を比較して、児童の意識の違いを調査するために、可能な範囲で同一学級において次の2種類の形態の授業を実施していただいた。

① 　児童用タブレット PC 環境を活用した授業
② 　児童用タブレット PC 環境を活用しない従来型の授業

　ここで、「同一学級」の中で異なる2回の授業を実施するにあたり、異なる学級でタブレットPCの使用をそれぞれ別の回で実施することにし、図1-1に示すような組み合わせを基本とした。ここで、「同じ内容の授業」とは、例えば、1回目の授業では単元前半のある時限で児童用タブレットPCを活用した授業を行い、2回目の授業には単元後半のある時限でタブレットPCを活用しない授業を行うということである。この図は、2つの学級で授業を実施した場合を示しており、図の上部の1組と下部の2組において「同一の授業」を実施し、1回目と2回目で児童用タブレットPC環境の利用の有無を入れ替えることになる。このようにすることによって、学級の違いによる学習環境の差を無くすことができ、タブレットPCの活用の有無による効果を正確に評価することができる。

　また、同一の単元でなくても同一教科で同じ学習目標で同じ内容と考えられる単元Aと単元Bにおいて実施することも可能である。この場合は、図の「単元の前半」の部分が「単元A」となり、「単元の後半」の部分が「単元B」となる。そして、1回目にタブレットPCを活用した授業を行い、2回目にタブレットPCを活用しない授業を実施する。だだし、内容が異なったり学習内容のレベルが異なったりすると、それらの違いの影響があるので、できるだけ類似な内容で同一のレベルとなるように配慮が必要である。

　次に、1組だけで実施する場合は、図1-1の上部の1組の場合を一つのセットとし、タブレットPCを活用した授業とタブレットPCを活用しない授業を実施することにした。

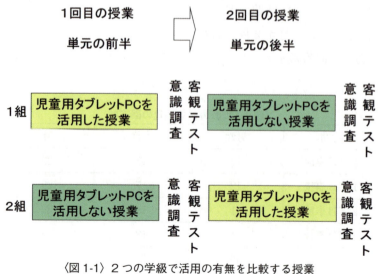

〈図 1-1〉2 つの学級で活用の有無を比較する授業

なお、本事業における1年目には5年算数を中心とした授業を実施し、2年目には進級した同じ児童による6年算数を中心とした授業を実施することにした。その際の児童を識別する番号は、前年（5年生）と同じ番号を用いてひも付けるようにした。

(2) 事前の意識調査
　1年目の授業実施前の意識と2年目の授業実施前の意識の違いから1年間の児童の意識の変化を検討するために、次の調査票2（P.63参考資料参照）を用いた。
　　調査票2　児童を対象にした調査（事前）
　この意識調査では、回答者の属性（性別、学年、好きな教科）について質問した後に、「1人1台のコンピュータで学習ができるようになったと想定して」20個の質問に回答してもらった。回答は、各質問に対して、①ほとんど思わない、②あまり思わない、③ややそう思う、④わりにそう思う、の4択で回答してもらった。この20個の質問項目は、以下のように大きく5つに分類されている。
　　Q1 ～ Q4　　関心・意欲
　　Q5 ～ Q8　　知識・理解
　　Q9 ～ Q12　 思考・表現
　　Q13 ～ Q16　協働学習
　　Q17 ～ Q20　コンピュータ活用

(3) 児童用タブレットPCを活用した授業実施後の意識調査
　図1-1に示す考え方に基づいて児童用タブレットPCを活用した授業の後に、その授業に関する意識調査を実施した。この場合は次の調査票3（P.63参考資料参照）を用いた。
　　調査票3　児童を対象にした調査（活用した授業後）
　この調査における質問の20項目は前項で述べた5分類と同じである。

(4) 児童用タブレットPCを活用しない授業実施後の意識調査
　同様に、児童用タブレットPCを活用しない授業の後に、その授業に関する意識調査を、次の調査票4（P.64参考資料参照）で実施した。
　　調査票4　児童を対象にした調査（活用しない授業後）
　この場合には「コンピュータ活用」（Q17 ～ Q20）については回答できないため、以下に示す4つの分類に含まれる16項目について回答をしてもらった。
　　Q1 ～ Q4　　関心・意欲
　　Q5 ～ Q8　　知識・理解
　　Q9 ～ Q12　 思考・表現
　　Q13 ～ Q16　協働学習

(5) 実施した授業の状況

　活用した授業と活用しない授業を実施した後に、次の調査票5（P.64参考資料参照）を用いて、実施した教員に授業の状況を回答してもらった。

　　調査票5　実施した授業の状況等（授業実施の教員が回答）

　この調査票では、以下について回答していただくことにし、児童の回答を分析評価する際に役立てることにした。

　① 児童用タブレットPC活用の有無
　② 授業実施日
　③ 学年
　④ 授業の科目等
　⑤ 授業の中で児童用タブレットPCを活用させた場面（導入場面、展開場面、終末場面）
　⑥ 授業の中で児童用タブレットPCを活用させた場面（課題提示場面、理解を深める場面、手順を説明する場面、発表させる場面、児童の活動・作品を提示する場面）
　⑦ 授業の中で児童用タブレットPCを活用させた場面（教え合う場面、学び合う場面、話し合う場面、数名で協力する場面、学級全体で考える場面、遠隔地と結んで学ぶ場面）

(6) 授業実施後の客観テスト

　児童用タブレットPC環境を活用した授業を受けた児童と、活用しなかった授業を受けた児童とに、その授業の内容に関する客観テストを実施してもらうよう依頼した。当初は、委員会として共通のテスト問題を作成することを検討したが、学校によって教科や単元が異なるため、市販のテスト問題を各小学校で独自に選択してもらうことにした。なお、客観テストは2年目のみに実施された。

(7) 児童を対象にした調査の回答数

　以上の方針で実施した意識調査と、児童の回答数を以下の表1-2に示す。この表に示すように、全体で133の授業が実施され、児童による意識調査の回答数は延べ4,042となっている。

〈表1-2〉実施された教科別授業数と回答数

教科等	授業数			回答数		
	活用有	活用無	計	活用有	活用無	計
算数	41	41	82	1,220	1,220	2,440
社会	10	10	20	326	329	655
体育	3	3	6	81	78	159
国語	2	2	4	63	59	122
音楽	1	1	2	36	36	72
図画工作	1	1	2	34	34	68
事前・事後		17	17		526	526
計	58	75	133	1,760	2,282	4,042

2. 教員を対象にした意識調査の結果

実証校では教員を対象にした調査も行い、児童用タブレットPC活用頻度の変化、活用が効果的と認識する場面の変化、活用の効果に対する評価の変化、活用した教員の「指導力」の変化について年単位で検討した。

2.1 調査と回答数

教員を対象にした調査は、前述の調査票1を用いて、「1年目事前」、「1年目事後」、「2年目事前」、「2年目事後」の4回実施した。教員経験年数と調査時期毎の回答数を表2-1に示す。この表からわかるように、教員経験年数が「10年未満」の回答者が最も多く、次に多いのが「30年以上」である。

〈表2-1〉教員の経験年数と調査時期毎の回答数

教員経験年数	1年目		2年目		計
	事前	事後	事前	事後	
10年未満	14	13	11	12	50
10年以上20年未満	3	4	6	4	17
20年以上30年未満	4	3	3	4	14
30年以上	8	9	9	9	35
計	29	29	29	29	116

2.2 授業でタブレットPC環境を使用させている教員の割合

授業で児童にタブレットPCを活用させている教員数の結果をみると、「①ほぼ毎日」という教員はおらず、「②週に1回〜3回」の教員数は4つの調査時期の合計で14、「③月に1回〜3回程度」の教員数が33、「④活用していない」という教員数は68となっている。

そこで、「②週に1〜3回」の回答者数と「③月に1〜3回程度」の回答者数の和を求めて「活用有」とし、「④活用していない」の回答者を「活用無」として4つの調査時期におけるタブレットPC活用の度合の差をx^2検定した。その結果は表2-2に示すように、x^2値= 9.741、自由度3、漸近有意確率p = 0.021*となり5%水準で有意差が認められる。

ここで、調整済みの残差を表2-2に示すように、「1年目事後」の「活用有（②+③）」の場合の残差2.46は、1.96より大きく2.58より小さいため、活用有の回答者数17人は1%水準では有意差がなく5%水準で有意に多いがことがわかる。また、「1年目事前」の「活用有④」の残差が負の値で−2.56であることから、「1年目事前」の使用者数6人は5%水準で有意に少ないことを意味している。

〈表 2-2〉 x^2 検定の結果得られた調整済みの残差

活用	度数と残差	1年目		2年目		合計
		事前	事後	事前	事後	
活用有	度数	6	17	11	13	47
	調整済み残差	−2.56	2.46	−0.37	0.50	
活用無	度数	23	11	18	16	68
	調整済み残差	2.56	−2.46	0.37	−0.50	
合計	度数	29	28	29	29	115
活用有の割合（％）		20.7	60.7	37.9	44.8	
検定の結果	自由度	3				
	x^2値	9.741				
	有意確率 p	0.021**（5％水準で有意）				

　この結果を見やすくするために、活用している教員の割合（％）を、調査実施時期ごとに示したのが、図2-1である。この図において棒グラフの右側には、表2-3に示した調整済みの残差を示し、5％水準で割合が有意である場合の残差の値2.46*のように*印を付け、値が有意に大きい場合には△印を付けて、5％水準で有意に小さい場合に▼印を付けている。また、5％水準で有意差が認められない残差の右にはn.s.（有意差なしの意味）を記している。この図に示すように、1年目事前の時期に活用している教員は5％水準で有意に少なく、1年目事後の時期になると5％水準で有意に多くなっている。しかし、その後の2年目事前と2年目事後においては有意差が認められないことがわかる。

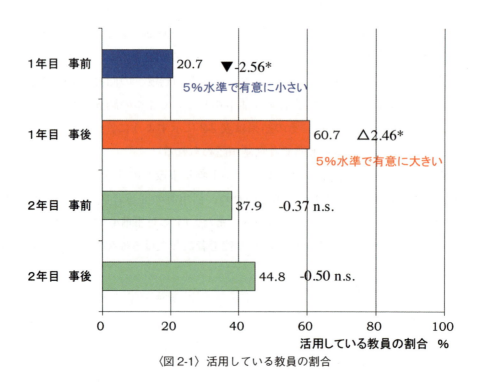

〈図 2-1〉活用している教員の割合

2.3 ICT活用が効果的であると思う場面

　教員を対象にした調査では、「単位時間の授業の中で、どんな場面で児童用タブレットPCを活用させると、効果的だと思うか」について回答を求めた。具体的には、以下に示す3つの場合について、効果があると思う場面を複数選択可で回答してもらった。

　　①授業の導入場面　　②授業の展開場面　　③授業の終末場面

　回答時期を「1年目事前」、「2年目事前」、「2年目事後」に分けて、「効果的と思う場面の割合（％）」を集計した結果を図2-2に示す。この図から、「導入の場面」が効果的と回答した割合が、導入後の時期が経過するとともに減少し、「展開の場面」で効果的と「終末の場面」で効果的と回答した割合が2年目事後において大幅に増加していることがわかる。

　これは、活用開始時期では授業の「導入の場面」で児童に関心を持たせるために写真や短時間の映像を提示するといった手軽な利用がよく行われているが、活用の経験を積んでいくと「展開の場面」や「終末の場面」などで応用的な活用方法を見出すことができるようになるためであると推察される。

　このように、図を見る限りでは結果は妥当なものだと思われたが、この結果をχ^2検定したところ、これらの変化には有意差は認められなかった。これは、回答数が十分でないためであり、より多くの教員を対象にした調査が必要であると考えられる。

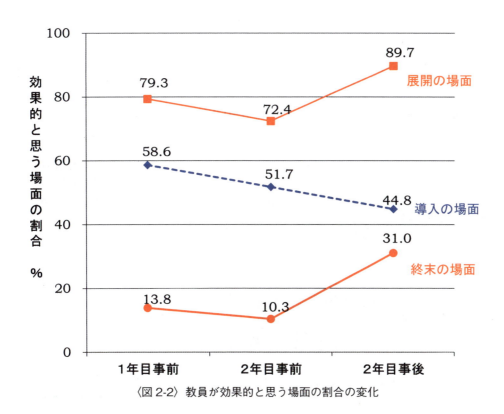

〈図2-2〉教員が効果的と思う場面の割合の変化

2.4 児童用タブレットPCを活用した授業について

　教員を対象にした調査では、「児童用タブレットPCを活用する授業」について、「①ほとんど思わない」、「②あまり思わない」、「③ややそう思う」、「④わりにそう思う」の4段階で回答してもらった。こうすることで、等間隔尺度による評価の値で分析することができる。

　調査で提示した15の質問項目は、教員の「負担感の無さ」、「使用機能の評価」、「活用の効果」という3つの大項目から構成されており、それぞれが5つの小項目から構成され、これら5項目の平均値を大項目の「評価点」と呼ぶことにする。

　まず、3つの大項目の評価点の平均値を、「1年目事前」、「2年目事前」、「2年目事後」の3つの調査時期で示したものが図2-3である。ここで、回答は1、2、3、4で評価してもらったので、最小値が1.0、最大値が4.0となり、中央値が2.5となる。

　この図において、「負担感の無さ」についての教員の評価点の平均値は、「1年目事前」の場合には中央値2.5より小さい2.27であるので、負担を感じていることを示しており、「2年目事後」の評価点の平均値は2.90となっているので、負担感を感じなくなっていることを示している。

　また、異なる調査時期の回答結果について一元配置分散分析をした結果、$F = 5.680$、自由度2、有意確率 $p = 0.005^{**}$ となり、調査時期の違いによる評価点の平均値の間に1%水準で有意な差があることが示された。そこで、3つの時期における負担感の無さについてTukeyの多重比較法により調査時期の組み合わせを考慮して検討したところ、「1年目事前」の負担感の無さの評価点の平均値2.27より「2年目事後」の負担感の無さの評価点の平均値2.90が1%水準で有意に大きい値であった。このことから本事業で継続的に児童用タブレットを活用する授業をすると負

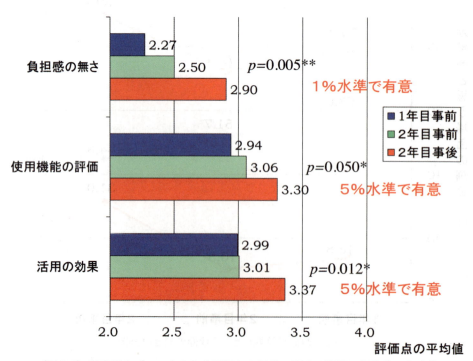

〈図2-3〉児童用タブレットPCを活用した授業に関する評価の平均値の年変化

担感の無さは大きくなる、すなわち、負担を感じなくなったことを示している。「使用機能の評価」については、有意確率 $p = 0.050^*$（0.05未満）となり、調査時期の違いによる評価点の平均値の間に5％水準で有意な差があることが示された。この場合も、「1年目事前」と比較して「2年目事後」の評価点の平均値が5％水準で有意に大きいことがTukeyの多重比較による検討の結果から示された。「活用する効果」についても、有意水準5％で「1年目事前」と比較して「2年目事後」の評価点の平均値が有意に大きくなっていることが明らかになった。

次に、「負担感の無さ」に属する4つの小項目について同様に検討した結果を図2-4に示す。この図に示すように、「授業時の立ち上げ」については1％水準で、「児童が準備」と「教材等の準備」、「終了時の片付け」については5％水準で、時期の違いについて回答の平均値の差が有意であることが一元配置分散分析の結果明らかになった。また、Tukeyの多重比較法で検討した結果、いずれの項目も回答時期が進むにつれて回答の平均値の差は有意に大きくなっていることが示された。

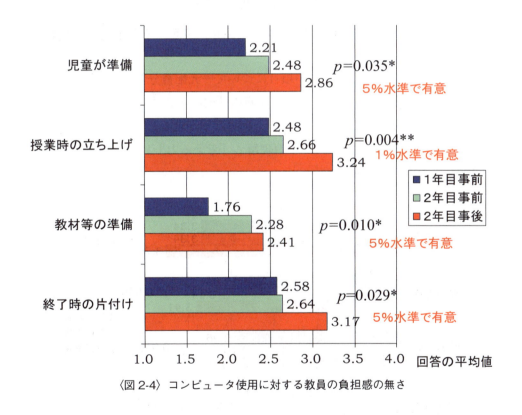

〈図2-4〉コンピュータ使用に対する教員の負担感の無さ

また、大項目「使用機能の評価」に属する5つの小項目について、一元配置分散分析をした結果を図2-5に示す。この図からわかるように、「使いやすさ」については1％水準で、回答時期が進むにつれて回答の平均値が有意に大きくなっている。しかし、その他の「書きやすさ」、「児童の画面転送」、「児童の画面提示」、「メモを残せること」については回答の平均値の間に有意差が認められなかった。

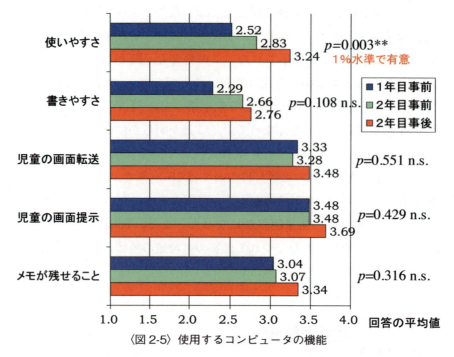

〈図2-5〉使用するコンピュータの機能

　大項目「活用の効果」に属する5つの小項目について一元配置分散分析をした結果を図2-6に示す。この図から、コンピュータ活用によって児童の「関心・意欲」、「表現・技能」、「教え合う力」の向上に効果があるとする回答の平均値が、回答時期が進むにつれて、5%水準で有意に大きくなっていることがわかる。ただし、「学習理解」、「考える力」については回答の平均値の間に有意差が認められなかった。

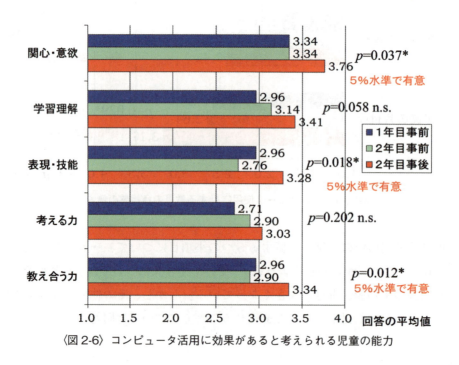

〈図2-6〉コンピュータ活用に効果があると考えられる児童の能力

2.5 コンピュータ等を活用した教員の指導力

教員を対象にした調査では、教員自身が「コンピュータ等を活用した学習場面でどの程度の能力をもっているか」を調査した。具体的には、「能力を持っていると思うか」という質問に、「①ほとんど思わない」、「②あまり思わない」、「③ややそう思う」、「④わりにそう思う」の4段階で回答してもらった。この指導力は、「授業準備・校務でのコンピュータ活用」、「授業におけるコンピュータ活用」、「情報安全・情報モラルの指導」、「協働学習の指導」、「児童のコンピュータ活用支援」の5つの大項目から構成されている。

これら5つの大項目の評価点の平均値について同様に一元配置分散分析を行った結果を図2-7に示す。この図に示すように、「協働学習の指導」についてだけ、1%水準で有意に評価点の平均値が大きくなった。つまり、「1年目事前」における「協働学習の指導」の評価点の平均値が2.08と小さいが、本事業の取り組みによって2.67まで大きくなった。ただし、評価点の平均値としては十分な値ではないので、さらに向上できるようにすることが望まれる。

また、その他の4つの大項目「授業準備・校務でのコンピュータ活用」、「授業におけるコンピュータ活用」、「情報安全・情報モラルの指導」、「児童のコンピュータ活用支援」については、時期の違いによる評価点の平均値に有意差は認められなかった。

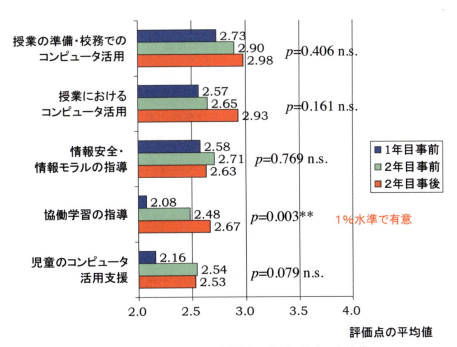

〈図2-7〉 コンピュータを活用する教員の能力の年変化

大項目「協働学習の指導」についてのみ時期の違いによる有意な差が認められたので、これに属する小項目について一元配置分散分析をした結果を図2-8に示す。この図から、「相互に学び合う」と「グループの話し合い」については1%水準で有意に回答の平均値が大きくなっており、

「グループの学習」と「学級全体で議論」については5%水準で回答の平均値が有意に大きくなっていることがわかる。ただし、「考えをまとめる」については、時期の違いによる有意差は認められなかった。

〈図2-8〉協働学習の指導

　なお、その他の大項目に属する小項目については、以下に説明するように、全てについて、時期の違いによる回答の平均値の間に有意差は認められなかった。
・「授業の準備・校務でのコンピュータ活用」に属する小項目「教材資料収集」、「提示資料作成」、「児童の評価」、「校務・学級経営」、「連携協力」には回答の平均値の間に有意差が認められなかった。
・「授業におけるコンピュータ活用」に属する小項目「関心・意欲を高める」、「課題をつかませる」、「思考・理解を高める」、「知識の定着を図る」、「教育効果を高める」には回答の平均値の間に有意差が認められなかった。
・「情報安全・情報モラルの指導」に属する小項目「相手との情報交換」、「情報収集と発信」、「安全性と健康面」、「情報セキュリティ」、「危険性への対応」には回答の平均値の間に有意差が認められなかった。
・「児童のコンピュータ活用支援」に属する小項目「情報収集と選択」、「表や図にまとめる」、「表現・発表」、「繰り返し学習」、「効果的学習活動」には回答の平均値の間に有意差が認められなかった。

2.6 まとめ

ここで、児童用タブレット PC を整備した以降、①1年目事前、②1年目事後、③2年目事前、④2年目事後を回答時期として、時期の違いによる教員の回答結果の違いを平均値の差で検定した結果をまとめると以下のようになる。

- 児童用タブレット PC を活用させた授業を行った教員の割合（％）について x^2 検定した結果、1年目事前は1％水準で有意に小さく、1年目事後に1％水準で有意に大きい。
- 活用が効果的と認識する場面については、「導入の場面」に効果を認識する教員の割合が時期の経過とともに減少し、「展開の場面」と「終末の場面」については、2年目事後に増加している。
- 児童用タブレット PC を活用させた授業そのものに対する考え方の差を一元配置分散分析した結果、時間の経過と共に、活用についての負担感の評価点の平均値は1％水準で有意に減少し、使用する機能の評価点の平均値は5％水準で有意に増加し、活用の効果についての評価点の平均値は5％水準で有意に増加している。
- 児童用タブレット PC を活用させた教員の指導力の、回答時期の違いによる差について検討したところ、「授業の準備・校務でのコンピュータ活用」、「授業におけるコンピュータ活用」、「情報安全・情報モラルの指導」、「児童のコンピュータ活用支援」については評価点の平均値の間に有意な差は認められないが、「協働学習の指導」の評価点の平均値は時間の経過と共に1％水準で有意に大きくなる。

3. 客観テストの結果

児童用タブレット PC を活用した授業の後と、活用しない授業の後に客観テストを実施した。この結果を基に、タブレット PC 活用の有無の違いによる成績の差異について検討した。

3.1 客観テストを実施した授業数と回答数

児童を対象にして客観テストを実施した授業数と解答児童数を表3-1に示す。この表の左側に示すように、児童用のタブレット PC を活用した授業と活用しない授業は算数と社会で行われており、合計で40となっている。また、その下に示す解答児童数の欄に示すように、解答した児童の数は全体で延べ1,191人であったことがわかる。

次に、児童用タブレット PC を活用した授業後のテスト結果と活用しない授業後のテスト結果を比較するためには、両者の対応関係を確認する必要がある。つまり、ある学級の児童が活用した授業後にテストを受けた場合、活用しない授業後にもテストを受けており、児童番号によって同じ児童をひも付けされている必要がある。そこで、活用した授業と活用しない授業が対になっている場合を確認したところ、表3-1の右に示すように、対応がある授業は算数の20件に限ら

れており、分析対象となる解答児童数は延べ541人であった。
　そこで、表3-1の左に示す全体の授業（延べ1,191人）については独立したデータによるt検定を、右に示す対になっている授業（541人）については対応のあるデータによるt検定を行った。

〈表3-1〉 実施された教科別の客観テストの授業数と解答児童数

数	教科	全ての授業			対になっている授業		
		活用有	活用無	計	活用有	活用無	計
授業数	算数	18	18	36	10	10	20
	社会	2	2	4			
	計	20	20	40	10	10	20
解答児童数	算数	536	535	1,071	270	271	541
	社会	61	59	120			
	計	597	594	1,191	270	271	541

3.2　児童用タブレットPC活用の有無による客観テストの成績の違い

　児童用タブレットPCを活用した授業と活用しない授業の違いを検討するために、表3-1の左欄に示す全体の授業について独立したデータによるt検定を実施したが、結果を次ページ図3-1の上部に示す図（a）に示す。この図に示すように、児童用タブレットPCを活用した授業後（活用有）のテストの成績（平均値82.5）と、活用しない授業後（活用無）のテストの成績（平均値81.8）の間には有意差が認められない。
　また、対になっている10の授業後に行われた客観テストの成績をt検定した結果を同図下部の図（b）に示す。この図からわかるように、タブレットPCを活用した授業後のテストの成績が活用しない授業後のテストの成績と比較して、1％水準で有意に大きいことが明らかになった。したがって、児童用タブレットPCの活用に効果があることを示せた。
　なお、実際には、一部の児童が客観テストを欠席したので、分析対象数は表3-1の解答数より少なくなり269となっている。
　このように、表3-1の右に示す活用の有無で対になっている授業について分析した結果により客観テストへの効果が示されたが、表の左に示す全ての授業について同様なt検定した結果からは有意差が認められなかった。これは、タブレットPCの授業における活用の有無を分析する場合には、対になる授業が分析できるように考慮しながら実証授業計画をすることが大切であることを示している。

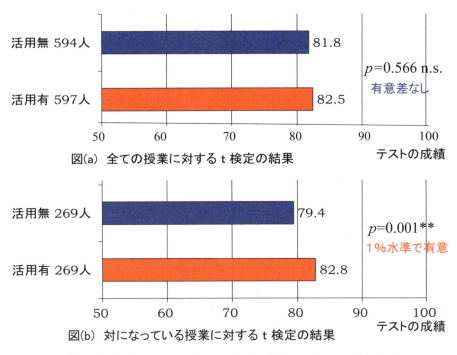

〈図3-1〉 タブレットPC活用の有無による客観テストの成績の違い

3.3 まとめ

児童用タブレットPC活用の有無による客観テストの成績の違いを検討した結果をまとめると以下のようになる。

- 児童用タブレットPCを活用した授業後の客観テストの成績が、活用しない授業後の客観テストの成績と比較して1％水準で有意に高い。
- 児童用タブレットPCの活用効果を客観テストの成績で分析評価する際には、1.3節の図1-1（P16）に示すように、活用した授業と活用しない授業が対になるようにして、対象児童のデータがひも付けされた形で実施できるよう計画する必要がある。

4. 児童を対象にした意識調査の結果

児童を対象にした意識調査の回答データを用いて因子分析を行い、得られた各因子の評価点について児童用タブレットPCの活用の有無による相違、事前調査の時期による相違について検討した。

4.1 意識調査の対象にした授業数と回答数

意識調査が実施された授業数と回答数を表4-1に示す。この表の左に示す「全体」の欄には、

児童用タブレット PC を活用した授業数と活用しない授業数を教科ごとに示している。また、回答数の欄に示すように、児童の回答数は全体で延べ 3,444 人である。一方、児童用タブレット PC を活用した授業後の意識調査と活用しない授業後の意識調査を比較分析するために、「活用した」と「活用しない」が対になっている授業の数と児童の回答数を表の右側の「対になっている授業」の欄に示す。

ここで、児童用タブレット PC を活用した授業と活用しない授業を比較する場合は「対になっている授業」のデータを用いた。

〈表 4-1〉 実施された教科別意識調査の授業数と回答数

数	教科	全体			対になっている授業		
		活用有	活用無	計	活用有	活用無	計
授業数	算数	41	41	82	27	27	54
	社会	10	10	20			
	体育	3	3	6			
	国語	2	2	4			
	音楽	1	1	2			
	図画工作	1	1	2			
	計	58	58	116	27	27	54
回答数	算数	1,193	1,187	2,380	823	823	1,646
	社会	325	327	652			
	体育	78	74	152			
	国語	62	58	120			
	音楽	36	36	72			
	図画工作	34	34	68			
	計	1,728	1,716	3,444	823	823	1,646

4.2 意識の因子分析の結果

児童を対象にした意識調査は、20 の質問項目（No.1 〜 No.20）から構成されており、「1. ほとんど思わない」、「2. あまり思わない」、「3. ややそう思う」、「4. わりにそう思う」の 4 段階で回答してもらった。ただし、No.17 〜 No.20 の質問項目はコンピュータの使用に関する内容で、タブレット PC を活用した授業後だけに回答をしてもらったため、授業の前後の比較ができない。このため、ここでは、それ以外の No.1 〜 No.16 の質問項目を対象にした。回答数の合計は、表 4-1 の「全体」の欄に示す延べ回答数 3,444 である。そこで、これらの回答を主因子法およびバリマックス法による回転によって因子分析したところ、以下に示す 4 つの因子が抽出された。寄与率の合計は 68.54% である。また、信頼性係数（α 係数）は以下に示すように、十分な値である。

因子 1 ： 協働学習 （α 係数：0.916）
因子 2 ： 知識・理解 （α 係数：0.891）
因子 3 ： 関心・意欲 （α 係数：0.891）
因子 4 ： 思考・表現 （α 係数：0.864）

ここで、因子1に「協働学習」という因子名を付したのは、表4-2に示すように、「教え合う」、「話し合う」、「協力して学習」、「活発なやりとり」という項目から構成されることによる。

〈表4-2〉因子1：協働学習（寄与率：20.56%，α係数：0.916）

質問項目	因子負荷量
友だちと話し合うことができましたか	0.832
友だちと協力して学習を進めることができましたか	0.828
友だちとお互いに教え合うことができましたか	0.757
友だちと活発なやりとりができましたか	0.741

　因子2の質問項目と因子負荷量を表4-3に示す。因子2に「知識・理解」という因子名を付したのは、「内容の理解」、「内容の意味の理解」、「内容の考え方」、「内容のまとめ方」という項目から構成されることによる。

〈表4-3〉因子2：知識・理解（寄与率：19.09%，α係数：0.891）

質問項目	因子負荷量
学習した内容をよく理解できましたか	0.722
学習した内容について、その意味を理解することができましたか	0.785
学習した内容について、その考え方がわかりましたか	0.707
学習した内容について、そのまとめ方がわかりましたか	0.586

　因子3の質問項目と因子負荷量を表4-4に示す。因子3に「関心・意欲」という因子名を付したのは、「学習に満足」、「楽しく学習」、「進んで学習」、「集中して学習」という項目から構成されることによる。

〈表4-4〉因子3：関心・意欲（寄与率：14.56%，α係数：0.878）

質問項目	因子負荷量
今日の学習は満足できましたか	0.740
楽しく学習することができましたか	0.728
進んで学習に参加することができましたか	0.558
集中して学習に取り組むことができましたか	0.499

　因子4の質問項目と因子負荷量を表4-5に示す。因子4に「思考・表現」という因子名を付したのは、「わかりやすく表現」、「工夫して表現」、「自分の考えを深める」、「他の考えと比べて」という項目から構成されていることによる。

〈表4-5〉因子4：思考・表現（寄与率：14.33%，α係数：0.864）

質問項目	因子負荷量
自分で考えたことを，わかりやすく表現することができましたか	0.724
学習した内容について，自分なりに工夫して表現することができましたか	0.696
自分の考えを深めることができましたか	0.543
他の考えと比べて，同じ点や違う点を見つけることができましたか	0.480

4.3　因子ごとの児童用タブレットPC活用の有無による違い

　児童用タブレットPCを活用した授業と活用しない授業の間で因子の評価点を比較分析する際には、表4-1の右側に示す「対となっている授業」の回答について検討した。また、3節の客観テストの評価の場合と同様に、対応のあるデータによるt検定を行い、タブレットPC活用の有無による評価点の平均値の差を因子毎に分析した。

　タブレットPCの活用の有無の違いによる評価点の平均値の差の検定を行った結果を図4-1に示す。この図に示すように、「因子3：関心・意欲」と「因子4：思考・表現」については、1%水準で有意に、活用した授業後の因子の評価点の平均値が活用しない授業後の評価点の平均値より大きいことがわかる。しかし、「因子1：協働学習」と「因子2：知識・理解」の因子については評価点の平均値の間に有意差が認められなかった。

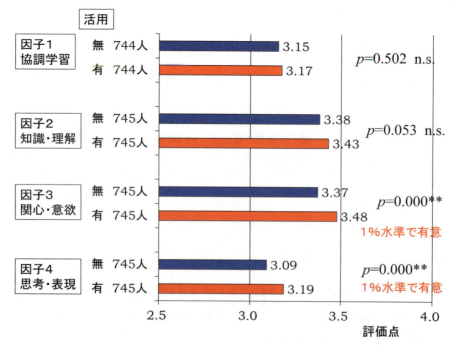

〈図4-1〉タブレットPC活用の有無による各因子の評価点（平均値）の違い

　次に、児童を対象にして質問したNo.1からNo.16の16項目の回答について、タブレットPC活用の有無の違いによる回答の平均値の差をt検定した結果を表4-6（次ページ）に示す。この

表では、データ数と回答の平均値、対応のあるデータによるt検定の結果得られた有意確率と有意水準を示している。

この表からわかるように、「1 楽しく学習」、「2 学習に満足」、「3 進んで学習」、「5 内容の理解」、「11 わかりやすく表現」、「12 工夫して表現」の6項目については、活用した授業後の回答の平均値と活用しない授業後の回答の平均値を比べると前者が1％水準で有意に大きい。同様に、「10 同じ点違う点」、「13 教え合う」については5％水準で活用した授業後の回答の平均値の方が大きいことがわかる。その他の項目「4 進んで学習」、「6 内容の意味」、「7 内容の考え方」、「8 内容のまとめ方」、「9 考えを深める」、「14 話し合う」、「15 協力して学習」、「16 活発なやりとり」の項目については回答の平均値の間に有意な差が認められなかった。

〈表4-6〉 各質問項目の評価点の活用の有無による違いに関するt検定の結果

No	質問項目（簡略表示）	データ数	評価点（平均値）		t検定の結果	
			活用有	活用無	有意確率	有意水準
1	楽しく学習	743	3.57	3.42	0.000	**
2	学習に満足	744	3.52	3.39	0.000	**
3	進んで学習	743	3.40	3.30	0.001	**
4	集中して学習	742	3.43	3.38	0.116	n.s.
5	内容の理解	741	3.55	3.44	0.001	**
6	内容の意味	740	3.45	3.40	0.103	n.s.
7	内容の考え方	742	3.45	3.41	0.187	n.s.
8	内容のまとめ方	739	3.28	3.29	0.795	n.s.
9	考えを深める	743	3.21	3.16	0.100	n.s.
10	同じ点違う点	740	3.29	3.20	0.012	*
11	わかりやすく表現	735	3.11	2.99	0.000	**
12	工夫して表現	740	3.13	3.02	0.002	**
13	教え合う	741	3.23	3.15	0.024	*
14	話し合う	743	3.20	3.19	0.877	n.s.
15	協力して学習	743	3.18	3.18	0.969	n.s.
16	活発なやりとり	742	3.09	3.09	0.878	n.s.

4.4 事前調査の回答に関する検討

前述のように、児童を対象にした意識調査はNo.1からNo.20の20の質問項目で行っており、No.1からNo.16は授業後の回答を因子分析して得られた4つの因子に分けている。また、No.17からNo.20の項目は、「17 コンピュータを使った学習の楽しさ」、「18 コンピュータを使った学習内容の理解のしやすさ」、「19 コンピュータを使うと自分のペースで学習できる」、「20 自分専用のコンピュータがあれば便利」といった質問であるので、「コンピュータの活用」と命名した。

事前調査は1年目の事前と2年目の事前の2回実施している。実施した学級数と回答数は表4-7に示す通りで、17の学級において合計で526人の児童から回答を受けている。

〈表4-7〉事前調査が実施された学級数と回答数

	1年目	2年目	計
学級数	11	6	17
回答数	339	187	526

　そこで、No.1からNo.16の回答を因子分析して得られた4つの因子に、No.17からNo.20の質問をまとめた「コンピュータ活用」を加えた5つについて、1年目と2年目の回答結果の比較で、それぞれの評価点について、調査時期による平均値の差を検討した。その結果を図4-2に示す。これは、対応のあるt検定の結果である。

　この図からわかるように、「因子2：知識・理解」は1％水準で有意に、2年目の評価点の平均値が大きくなっている。また、「因子4：思考・判断」は5％水準で有意に、2年目の評価点の平均値が大きい。これに対して、「コンピュータ活用」については、1％水準で有意に2年目の評価点の平均値が小さくなっている。なお、「因子1：協働学習」と「因子3：関心・意欲」については、評価点の平均値の間に有意差が認められなかった。

　これらの結果から、「コンピュータの活用」については継続して活用することによって評価点が減少するが、児童の向上にとって重要な「知識・理解」と「思考・表現」の因子の評価点が増加することが明らかになり、このことはタブレットPC活用において重要な意味を持つ。

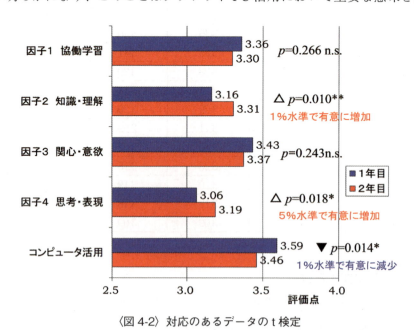

〈図4-2〉対応のあるデータのt検定

　次に、各質問項目の評価点について対応のあるデータによるt検定をした結果を図4-3に示す。この図から、「内容の考え方」、「内容のまとめ方」、「工夫して表現」については、2年目の評価点の平均値が有意に大きくなっていることがわかる。これに対して、「楽しく学習」、「協力して学習」、「コンピュータ活用は楽しい」、「（コンピュータ活用は）楽しい」、「自分のペース（で学習できる）」、「コンピュータは便利である」については、2年目の評価点の平均値が有意に小さ

くなっている。

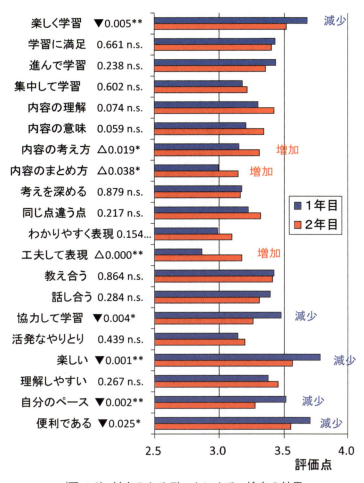

〈図 4-3〉対応のあるデータによる t 検定の結果

4.5 まとめ

児童を対象にした意識調査について検討した結果をまとめと以下のようになる。

- 意識調査の結果を因子分析した結果、「協働学習」、「知識・理解」、「関心・意欲」、「思考・表現」の4つの因子を抽出した。
- 「因子3：関心・意欲」と「因子4：思考・表現」の因子については、1％水準で有意に、タブレットPC活用した授業後の因子の評価点の平均値の方が活用しない授業後の評価点の平均値より大きいことを示した。ただし、「因子1：協働学習」と「因子2：知識・理解」については、タブレットPC活用の有無による評価点の平均値の間に有意差が認められなかった。
- 児童を対象にした事前調査の結果を1年目と2年目とで比較した結果、「コンピュータの活用」に関する評価の平均値は1年目より2年目の方が5％水準で小さくなるが、児童の向上にとって重要である「因子2：知識・理解」の評価点の平均値は1％水準で、「因子4：思考・表現」の因子の評価点の平均値は5％水準で、2年目の方が有意に大きい。

5. 客観テストの成績と意識調査の関係

客観テストの成績と、児童の意識調査から得られた各因子の評価点との間で、相関係数を調べた。

5.1 実施された授業数と回答数

児童の意識調査から得られた4つの因子の評価点と、児童が解答した客観テストの成績との関係を調べるために、授業の終了後に意識調査と客観テストを実施してもらった。相関係数を求める場合、客観テストと意識調査の両方が同じ授業後に行われていることが必要となる。同じ授業後に実施された授業数と客観テストの解答数と意識調査の回答数を表5-1に示す。

この表に示すように、算数と社会の40の授業において、延べ1,168人の児童について客観テストと意識調査がひも付けされていることがわかる。そこで、このデータに基づいて客観テストの成績と各因子の評価点との間で相関係数を算出した。なお、客観テストの成績については、算数と社会の区別を行っていない。

〈表5-1〉客観テストの成績と意識調査の回答がある授業数と回答数

教科	授業数			回答数・解答数		
	意識有	テスト有	両方有	意識有	テスト有	両方有
算数	82	36	36	2,380	1,071	1,050
社会	20	4	4	652	120	118
体育	6			152		
国語	4			120		
音楽	2			72		
図画工作	2			68		
事前	17			525		
計	133	40	40	3,969	1,191	1,168

5.2 各因子と客観テストとの相関係数

4つの因子の評価点と客観テストの成績との間でPearsonの相関係数を算出し、それぞれについて無相関検定を行って得られた有意確率p（両側）を図5-1に示す。この図に示すように、「因子2：知識・理解」の評価点と客観テストの成績の間で「無相関である」という帰無仮説が有意水準1%で棄却され、0.118という弱い相関があることが示された。

また、「因子1：協働学習」、「因子3：関心・意欲」、「因子4：思考・表現」とテストとの相関係数は小さく、無相関検定の結果からも「無相関である」という帰無仮説は棄却されなかった。

このように、「因子2：知識・理解」と客観テストの成績には有意な弱い相関がみられ、他の因子では無相関であることが示されたが、これは、今回の事業における客観テストの問題が、知識・理解に関する単元テストが行われたことが関係していると推察される。

今後、関心・意欲や思考・判断に関する力を測定するテスト問題を作成して、その成績と因子との相関係数を検討することは興味深い事項である。

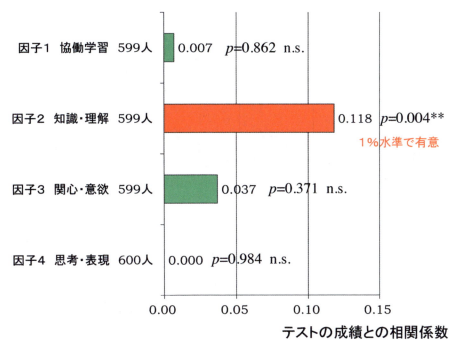

〈図 5-1〉テストの成績と 4 つの因子の評価点との相関係数と有意確率

5.3 各質問項目と客観テストとの相関

「因子 2 ：知識・理解」の評価点と客観テストの成績との間に相関が認められたので、この因子を構成する 4 項目について、それぞれの回答結果と客観テストの成績との間で、相関係数の算出と無相関検定を行った。その結果を図5-2に示す。「5 内容の理解」、「6 内容の意味」、「7 内容の考え方」の 3 項目については、相関係数は 0.1 を超える程度と小さい値であったが、無相関検定の結果は 1 ％水準で有意であり相関が認められた。しかし、「8 内容のまとめ方」については、相関係数は極めて小さく無相関であった。

なお、参考までに、これら 4 つの質問項目以外の質問項目（因子 2 以外に属する 12 の項目）についても、回答結果と客観テストの成績との間で同様な分析を行ったが、いずれの場合も無相関であった。

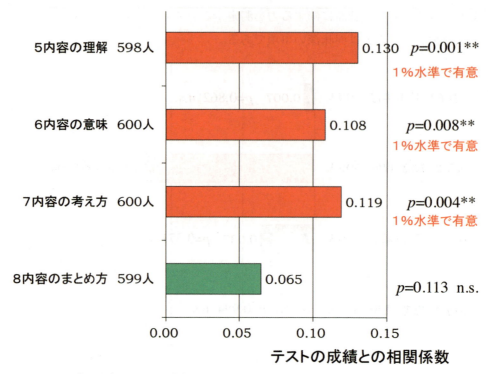

〈図5-2〉テストの成績と因子2の質問項目との相関係数と有意確率

5.4 まとめ

　客観テストの成績と、各因子の評価点および質問項目回答結果との間の関係を調べたところ、以下のことが明らかになった。
・「因子2：知識・理解」の評価点と客観テストの成績との関係については、有意水準1％で意味のある弱い相関が認められた。一方、「因子1：協働学習」、「因子3：関心・意欲」、「因子4：思考・表現」の各評価点と客観テストの成績との関係については有意水準5％で意味のある相関が認められなかった。
・「因子2：知識・理解」を構成する質問項目「5内容の理解」、「6内容の意味」、「7内容の考え方」について、それぞれの回答結果と客観テストの成績との間で同様な分析を行ったところ、有意水準1％で意味のある弱い相関が認められた。

6. 好きな教科と客観テスト・因子との関係

児童を対象にした意識調査では、好きな教科についても調査した。そこで、客観テストの成績および各因子の評価点が、それぞれ好きな教科とどのような関係にあるかについて検討した。

6.1 調査の学級数と回答数

児童の意識調査では、小学校の教科名を示して、好きな教科に複数回答で〇印を付けてもらった。表 6-1 では、この調査をどの教科の授業の後に回答したかについてその学級数と児童の回答数を「好きな教科」の回答数の多い順に示している。この表からわかるように、本事業では算数を中心とした実証授業を実施したため授業数としては算数が一番多く、次いで社会が多いという状況である。しかし、体育、国語、音楽、図画工作の回答数は少ない。

ここでは、好きな教科と、客観テストの成績および各因子の評価点との関係を検討することから、表 6-1 の「客観テスト」の欄には客観テストで得られた児童の解答数を示し（表 3-1 参照）、「意識調査」の「因子の評価」の欄には意識調査で得られた回答数を示している（表 4-1 参照）。なお、「意識調査」の「好きな教科」の欄に示した数値は、教科の欄に示す教科の授業後に行った意識調査で好きな教科に選んだ回答者数である。

〈表 6-1〉好きな教科に関する調査の学級数と回答数

教科	意識調査			客観テスト	
	学級数	好きな教科	因子の評価	学級数	解答数
算数	82	2,394	2,380	36	1,071
社会	20	653	652	4	120
体育	6	159	152		
国語	4	122	120		
音楽	2	72	72		
図画工作	2	68	68		
計	116	3,468	3,444	40	1,191

6.2 教科が好きである割合

好きな教科は複数回答で〇印を付けてもらったので、〇印が付いていない教科は、「好きではない」か「どちらとも言えない」と解釈した。図 6-1 に「好き」との回答の割合（％）を教科毎に求めた結果を示す。

この図からわかるように、体育が好きという回答が最も多く、67.9％となっている。次いで、図画工作、特別活動、家庭科の順で多く、いずれも「好きである」という回答の割合は 50％を超えている。また、今回の事業で中心的に授業を実施した算数が好きであるという割合は 33.9％で、回答児童数全体のおよそ 3 分の 1 であることがわかる。

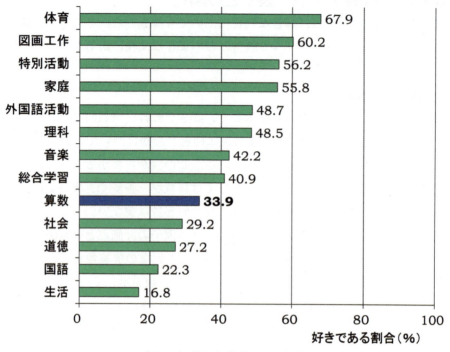

〈図6-1〉好きな教科である割合

6.3 教科等が「好きである」という意識の割合の変化

　好きな教科については、本プロジェクト開始直後に最初の意識調査を行った。その後は、タブレットPCを活用した授業後、そして、活用しない授業後についても調査を行った。ここで、教科が「好きである」と回答した児童の割合（％）の変化を検討するために、プロジェクト開始直後における調査の回答（339人分）と、最後にタブレットPC活用授業を実施した後の調査の回答（330人分）を比較した。そして、これら2回の調査結果における「好きである」という児童の回答の割合を比較し、「総合的な学習の時間」を含む教科等のそれぞれについて、x^2検定による有意確率pを求めたところ、図6-2に示すように「社会」と「総合的な学習の時間」の場合に限り、最終調査後における割合が1％水準で有意に増加していることが明らかになった。2つの調査時期の間隔はおよそ1年半くらいであるが、児童用タブレットPCを活用した授業を実施することで、「社会」と「総合的な学習の時間」については、児童の「好きである」という意識の割合が大きくなったと言える。このことから、授業における児童用タブレットPCの活用が、教科等が「好きである」という意識の割合を大きくする一要因になると考えられる。

　なお、その他の教科等については有意な違いは認められていない。このことについての検討は今後の課題である。

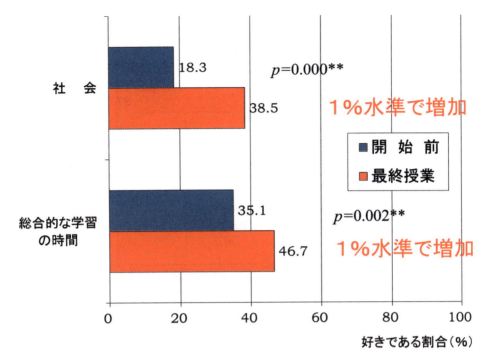

〈図6-2〉教科が「好きである」という割合の変化

6.4 好きな教科と客観テスト成績との関係

　表6-1に示すように、客観テストが実施された教科は算数と社会であるので、これら2教科について、好きな教科と客観テストの成績との関係を検討した。

　まず、算数の場合は、算数の「好きである」欄に○印が付いている回答に1を入力し、○印が付いていない回答に0を入力した。各児童は児童番号で管理されているので、この回答と客観テストの成績とが対応付けられるため、「算数が好き」(1)と「無回答」(0)、および客観テストの成績との間で対応のあるt検定を行った。図6-3の上部の図(a)に示されるように、算数の客観テストを受けた延べ1,071人の児童については、好きと回答した児童の客観テストの成績が、そうでない回答をした児童の客観テストの成績と比べて1％水準で有意に大きいことがわかる。

　また、同様に、社会の客観テストを受けた61人の児童について検討したところ、図6-3の下部の図(b)に示すように、算数の場合と同様に、好きと回答した児童の客観テストの成績が、そうでないと回答をした児童の客観テストの成績と比べて1％水準で有意に大きいことがわかる。

　この結果からわかるように、算数が好きな児童はそうでない児童と比較して1％水準で有意に成績が高く、社会についても同じことが言える。

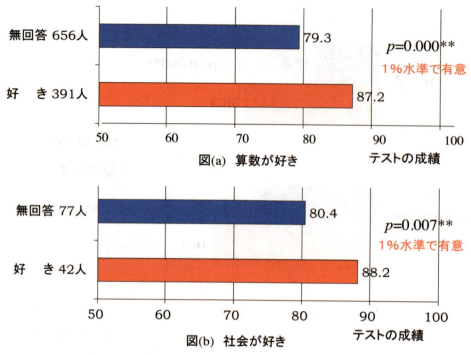

〈図 6-3〉算数あるいは社会が好きであると回答した児童と
無回答の児童の客観テストの成績の違い

6.5 教科が好きおよびタブレットPCの活用有無という2要因と客観テストの成績

図6-4の結果は、授業にタブレットPCを使用した場合と使用しない場合を区別しないで、教科が好きか否かと客観テストの成績との間で検定したものである。本事業では児童用タブレットPCを活用した授業とそうでない授業を実施し、それぞれでデータを収集している。そこで、授業における「タブレットPC活用の有無」（活用有無）と算数に対する「好きという意識の有無」（好き有無）を2要因として、算数の客観テストの成績の分散を分析した。その結果を図6-4に示す。ここでは、「タブレットPC活用」による主効果と「教科が好きという意識」による主効果の有意確率、および相互作用による有意確率、有意水準5％による検定結果を図の上部に示している。

この図に示すように、算数の客観テストの成績については、主効果（活用有無）と主効果（好き有無）ともに有意であり、活用有と好きの場合に客観テストの成績の平均値が有意に大きいことを示している。また、交互作用には有意差がないことから、授業におけるタブレットPC活用と教科が好きであるという意識の交互作用はないことがわかる。

なお、社会についても同様に2要因分散分析を行ったが、社会が好きか無回答かについての主効果（好き有無）の有意確率は $p = 0.150$ n.s. となり、有意差は認められなかった。

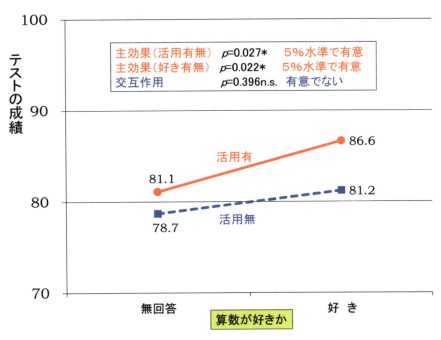

〈図6-4〉活用有無と算数が好きの2要因で客観テストの違い分散分析した結果

6.6 好きな教科と因子の関係

6.5では好きな教科と客観テストの関係を示した。ここでは、客観テストの代わりに、児童の意識調査から得られた4つの因子のそれぞれの評価点を用いて、教科が好きであるか否かによって、因子の評価点に有意な差があるかをt検定した。図6-5は、算数について、算数が好きか否

〈図6-5〉算数が好きである児童と無回答児童の各因子の評価点の違い

かによって因子の評価点の平均値に有意差があるか、因子毎にまとめたものである。この図に示すように、算数が好きな児童の評価点の平均値は全ての因子に対して、そうでない児童の評価点の平均値よりも1％水準で有意に大きいことを示している。

同様にして、社会、国語、音楽、図画工作、体育についてもt検定を行い、得られた有意確率と検定の結果を表6-2に示す。ただし、算数の結果は図6-1の結果の再掲である。

この表を全体的に見てわかるように、算数、社会、国語については、全ての因子について1％水準で有意にその教科が好きである児童の評価点の平均値が大きい。また、音楽については、「因子3：関心・意欲」の場合のみで有意差があることがわかる。なお、この表には図画工作と体育の分析結果を示していないが、これら2教科については、その教科が好きであるか否かで因子の評価点の平均値に有意な差は認められなかった。

〈表6-2〉教科が「好きであるか」「そうではではないか」による因子評価点の違い

因子	算数	社会	国語	音楽
因子1： 協働学習	p=0.000**	p=0.000**	p=0.001**	n.s.
因子2： 知識・理解	p=0.000**	p=0.004**	p=0.000**	n.s.
因子3： 関心・意欲	p=0.000**	p=0.000**	p=0.002**	p=0.019*
因子4： 思考・表現	p=0.000**	p=0.001**	p=0.000**	n.s.

次に、6.4と同様な2要因分散分析を、客観テストの代わりに4つの因子それぞれの評価点を用いて、タブレットPCの「活用有無」と算数の「好き有無」を2要因とした分散分析を行った。その結果を図6-6（次ページ）に示す。

この図に示すように、全ての因子について、主効果（好き有無）については有意差が認められたが、交互作用には有意差が認められなかった。一方、主効果（活用有無）については、「因子3：関心・意欲」と「因子4：思考・表現」については有意差が認められた。

同様にして他教科についても分析を行い、算数の結果とあわせてまとめたものを表6-3に示す。この表より、全ての教科について、主効果（活用有無）と主効果（好き有無）の間の交互作用には有意差が認められず、意識調査の回答結果についてタブレットPC活用の効果と教科が好きであるという意識との交互作用がないことがわかる。また、社会の状況は算数の場合と似ており、「因子2：知識・理解」について主効果（活用有無）に有意差は認められなかったが、それ以外の因子と主効果（好き有無）の組み合わせについては有意差が認められた。国語については、全ての因子について、主効果（活用有無）については有意差が認められず、主効果（好き有無）については有意差が認められることがわかる。音楽の「因子3：関心・意欲」についても国語の場合と同じでことが言える。

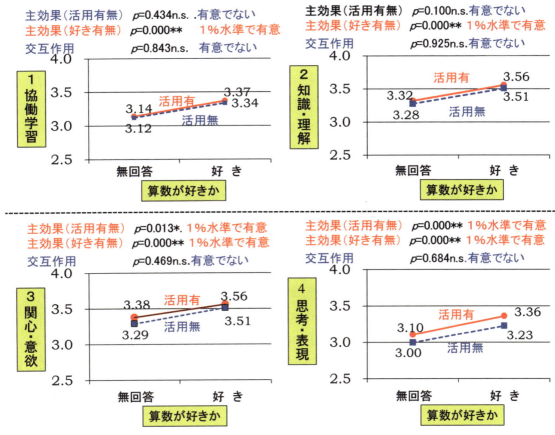

〈図6-6〉活用有無と算数が好きの2要因で各4因子の違いを分散分析した結果

〈表6-3〉活用有無と教科が好きである児童と無回答児童の2要因分散分析結果

教科	因子	主効果（活用有無）	主効果（好き有無）	交互作用
算数	因子1：協働学習	n.s.	p=0.000**	n.s.
	因子2：知識・理解	n.s.	p=0.000**	n.s.
	因子3：関心・意欲	p=0.013*	p=0.000**	n.s.
	因子4：思考・表現	p=0.000**	p=0.000**	n.s.
社会	因子1：協働学習	p=0.022*	p=0.000**	n.s.
	因子2：知識・理解	n.s.	p=0.007**	n.s.
	因子3：関心・意欲	p=0.000**	p=0.001**	n.s.
	因子4：思考・表現	p=0.002**	p=0.003**	n.s.
国語	因子1：協働学習	n.s.	p=0.000**	n.s.
	因子2：知識・理解	n.s.	p=0.000**	n.s.
	因子3：関心・意欲	n.s.	p=0.002**	n.s.
	因子4：思考・表現	n.s.	p=0.002**	n.s.
音楽	因子3：関心・意欲	n.s.	p=0.020*	n.s.

6.7 まとめ

実証校の児童が教科を好きである割合（％）を示した上で、好きな教科と客観テスト・因子の関係について検討した結果、以下のことを示した。

- 算数と社会について、教科が好きであると回答した児童の客観テストの成績の平均値は、無回答の児童の客観テストの成績の平均値より1％水準で有意に大きい。
- 2要因分散分析によって検討した結果、全ての教科において、主効果（活用有無）と主効果（好き有無）の交互作用に有意差が認められない。
- 全ての因子について、主効果（好き有無）については有意差が認められる。
- 主効果（活用有無）について有意差が認められるのは、算数と社会の、「因子3：関心・意欲」と「因子4：思考・表現」、および社会の「因子1：協働学習」のみである。

ここで、興味深い結果であることは、教科が「好き」か「無回答」かで、テストの成績と因子の評価点の平均値に有意差があることと、児童用タブレットPCを活用した授業の方がテストの成績の平均値が高いことが示されていることである。これらの結果から考察すると、「好きでない児童」を「好き」に変えていくICTの活用をすることが重要であると考えられる。したがって、教員や学校、教育委員会は、授業研究などを通じて教科が好きになるICT活用についての戦略的な取り組みを期待したい。

7. 自由記述分析の結果

児童を対象とした調査票には自由記述の部分が用意されている。ここでは、そこに記述された感想、意見、要望などに含まれる用語や内容を基に、用語の有無と児童用タブレットPC活用の有無との関係、自由記述の内容と客観テストの成績との関係、自由記述の内容と意識調査から得られた4因子の評価点との関係を分析する。

7.1 自由記述の回答数と分析の準備

児童を対象にした意識調査では、設定した質問に選択式で回答してもらうほかに、実施した授業について、感想、意見や要望を自由記述してもらった。この記述内容に含まれる用語とその割合（％）を求め、授業における児童用タブレットPC活用の有無と用語の割合の関係を検討することにした。タブレットPCの使用に関する記述のため、事業開始前の調査の自由記述を除外している。

この条件で自由記述してくれた児童数は、表7-1に示すように延べ2,248人である。ちなみに、意識調査の総回答数は延べ3,516人であるので、回答率67.0％は豊富な情報といえる。

〈表7-1〉 自由記述で記述した児童の数

教科	授業数			回答数		
	活用有	活用無	計	活用有	活用無	計
算数	33	31	64	866	754	1,620
社会	5	5	10	168	120	288
体育	3	3	6	76	72	148
国語	2	2	4	62	44	106
音楽	1	1	2	35	32	67
図画工作	1	1	2	14	5	19
計	44	42	86	1,221	1,027	2,248

自由記述分析を行うに当たり以下の作業をした。

① 用語表記の統一

　　同じ用語であっても、漢字表記、ひらがな表記、一部が漢字で表記、明らかな入力ミス等、非常に不統一の状態であった。そこで、注意深くこれらを確認し、努めて同じ表記になるよう用語を統一した。

② 特定用語の有無の抽出

　　例えば、「楽しい」との用語を含む回答者を表計算ソフトの関数を使って抽出し、「楽しい」の欄を設けて「記述有：1」を入力し、含まない回答者には「記述無：0」を入力した。なお、抽出する用語については、記述されている文を読みながら試行錯誤をして決定した。

③ 授業でのタブレットPCの活用を肯定する表現と否定する表現の記述の抽出

　　児童用タブレットPCについて「活用した授業の方が、活用しない授業よりもよい」という意見が記述されている場合には、「活用有授業」の欄に「記述有：1」を入力し、その他の回答には「記述無：0」を入力した。また、「活用しない授業の方がよい」と記述されている場合には、「活用無授業」の欄に「記述有：1」を入力し、その他の回答には「記述無：0」を入力した。なお、両者の特徴や問題点などが記述されている場合には、「活用有授業」の欄と「活用無授業」の両方の欄に「記述有：1」を入力した。

④ 肯定的な意見と否定的な意見の抽出

　　集計用のシートには「肯定」の欄を設けて、自由記述文に肯定的な意見が記述されている場合には「記述有：1」を入力し、そのような記述がされていない場合には「記述無：0」を入力した。また、「否定」の欄には否定的な意見が記述されている場合に「記述有：1」を入力し、そのような記述がされない場合には「記述無：0」を入力した。なお、③の場合と同様に、「肯定」の欄と「否定」の欄の両方に「記述有：1」が入力される場合がある。

以上の作業によって作成した分析対象データを用いて自由記述の分析を行った。

7.2 特定の用語が含まれている割合

7.1の②の方法によって、指定した用語を記述した回答者数とその割合（％）を求めた。また、その用語が、児童用タブレットPCを活用した授業後に記述されたか、あるいは、活用しない授業後に記述されたかを区別して、それぞれの授業毎の記述割合（％）を算出した。そして、x^2検定をすることによって、どちらの授業後に記述された方がより記述が多いかを分析した。

(1) 授業の肯定的な評価を示す「用語」の記述について

「わかりやすい」とか「楽しい」など、授業の評価として肯定的な「用語」が記述された割合を図7-1に示す。ここで、「わかりやすい」との記述には、「いつもよりわかりやすい」、「わかりやすい資料や動画」、「人の意見がわかりやすかった」、「拡大できてわかりやすかった」などの記述がある。また、「楽しい」との記述には、「楽しく学習できた」とか「楽しかった」、「いろいろわかって楽しい」、「考えるのが楽しい」といった記述をまとめている。

この図では、タブレットPCの活用有と活用無の授業に占める割合の大きい順に示している。この図に示すように、「わかりやすい」との記述が最も多く、活用有の授業も活用無の授業も30％以上の児童がわかりやすいと記述している。ただし、活用の有無による有意差は認められなかった。

次に多い用語は「楽しい」であり、タブレットPCを活用した場合の方が1％水準で有意に多かった。同様に、「便利」もタブレットPCを活用した授業後の方が1％水準で有意に多かった。しかし、4番目に示す「理解できる」という記述は、タブレットPCを活用しない授業後の方が5％水準で有意に多く、この要因として、意識調査の時期に児童用タブレットPCに慣れていないために、学習内容の理解に影響を与えたことが考えられる。同様な結果が下から2番目に示す「集中できる」についても見られ、タブレットPCを活用しない授業後の方が1％水準で有意に多く、この要因としては、タブレットPCを活用した授業では捜査に集中するあまり学習には集中しにくいということが考えられる。いずれの場合も、タブレットPC活用授業を実施する際にはよく検討する必要があると考えられる。

その他の用語については図に示す通りである、6番目の「自分のペースP（Pはポジティブの意味）」は「自分のペースで学習できた」との意味で、タブレットPCを活用した授業後の方が1％水準で有意に多く、タブレットPC活用により自分のペースで学習できることを示唆している。

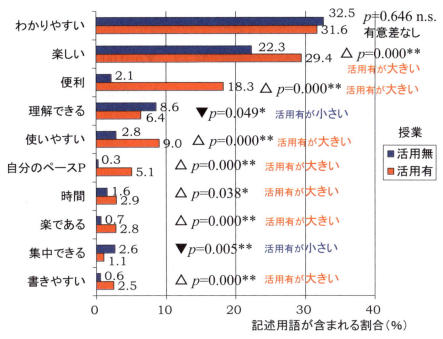

〈図 7-1〉肯定的な用語が含まれている割合（%）

(2) 授業の否定的な評価を示す「用語」の記述について

「むずかしい」とか「わかりにくい」といった授業に対して否定的な「用語」について検討した。ここで、「むずかしい」との記述には「内容がむずかしい」、「ノートにまとめるのがむずかしい」、「計算がむずかしい」、「覚えるのがむずかしかった」、「書くのがむずかしかった」、「探すのがむずかしかった」などがある。このような否定的な評価に関係する用語が含まれている割合を図7-2に示す。この図に示すように、「むずかしい」、「わかりにくい」、「理解できない」などの用語は、タブレットPCを活用しない授業後の方が有意に多い。これに対して、「書きにくい」、「不便」、「使いにくい」、「自分のペースN（Nはネガティブの意味）」などの用語は、タブレットPCを活用した授業後の方が有意に多く、この理由は活用したタブレットPCの使い勝手によるものと考えられる。

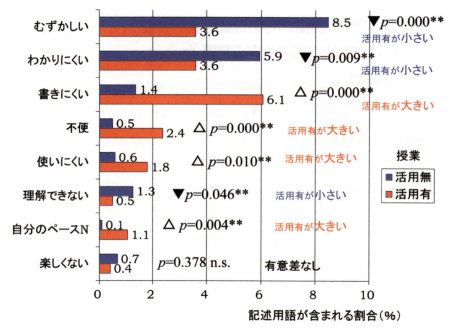

〈図7-2〉否定的な用語が含まれている割合（％）

(3) 肯定的な用語と否定的な用語の割合の比較

　授業について肯定的な用語と否定的な用語を含む割合を、それぞれ図7-1と図7-2に示したが、これらの中から内容的に対となる用語に注目してみる。

　図7-1に示す「わかりやすい」に該当する記述は、タブレットPCの活用の有無による記述割合の有意差は認められないが、活用の有無を問わず30％を超える回答で「わかりやすい」と記述されていることは注目すべきである。これに対して図7-2に示す「わかりにくい」に該当する記述は、「活用無」の場合の記述割合が有意に多いものの、記述に含まれる記述割合5.9％は、「わかりやすい」に該当する記述の記述割合と比較するとはるかに少ない。

　「理解できる」と「理解できない」の組で注目すべき点は、「理解できる」の記述割合が、「活用有」の記述割合6.4％より「活用無」の回答割合8.6％の方が有意に大きく、「理解できない」の記述割合も、「活用有」の記述割合0.5％より「活用無」の記述割合1.3％の方が有意に大きい。いずれの用語もタブレットPCの活用有の授業後の記述が多いものの、「理解できない」という否定的な用語は少ないという点に注目したい。

　"使いやすさ"についての「使いやすい」と「使いにくい」という対に注目すると、両者とも、タブレットPC活用した授業後の記述割合がタブレットPC活用しない授業後の記述割合より有意水準1％で有意に多い。この理由は"使いやすさ"に関する記述は、授業でタブレットPCを活用したからこそ感想に現れたためと考えられる。ここで、「使いにくい」の記述割合より「使いやすい」の記述割合の方が多いという点に注目したい。

　"書きやすさ"についても同様で、「書きやすい」と「書きにくい」のいずれも、タブレット

PCを活用した授業後の記述割合がタブレットPCを活用しない授業後の記述割合より有意水準1％で有意に多い。ただし、この場合は「書きにくい」の記述割合の方が大きい。

"利便性"についても、「便利」と「不便」のいずれも、「活用有」の方の回答割合が有意に大きく、「便利」の割合18.3％の方が「不便」の割合2.4％と比較してきわめて大きい。

"自分のペースでの学習"についても、「自分のペースで学習できる」と「自分のペースで学習できない」のいずれも、「活用有」の割合の方が記述割合は有意に多く、「自分のペースで学習できる」の割合5.1％の方が、「自分のペースで学習できない」の割合1.1％より大きい。後者の理由は、コンピュータからの指示などがある関係で、それに煩わされてしまうためと考えられる。

なお、図7-1に示す肯定的な用語「便利」の記述は活用有の授業後の回答割合の方が有意に大きかったが、この図7-2に示す「不便」についても活用有の授業後の方の回答割合が大きい。これは、活用した児童用タブレットPCの便利性には両面あることを意味していると考えることができる。

(4) 協働学習に関する「用語」の記述について

協働学習に関する用語とみなせる、「教えあう」、「話しあう」、「友だち」、「意見」、「協力」について検討した。これらの用語が記述に含まれる割合についてタブレットPCを活用しない授業と活用した授業に分けて比べたのが図7-3である。

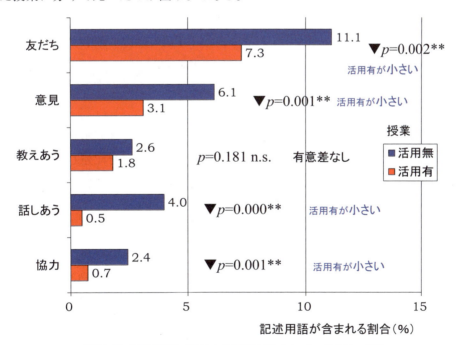

〈図7-3〉協働学習に関係する用語が含まれている割合（％）

この図にある用語の中では「友だち」の数が最も多く、タブレットPCを活用しない授業後の割合が11.1％で、活用しない授業後の7.1％よりも1％水準で大きい。また、「意見」、「話しあう」、

「協力」という用語の割合についても、タブレットPCを活用しない授業後の方が1%水準で大きい。このように、協働学習に関する記述はタブレットPCを活用しない授業後により多く見られる。この理由として、本事業に参加した実証校では、従来から協働学習的な授業に取り組んで来たものの、児童用タブレットPCを活用した協働学習には未だ慣れていないためであると推察できる。

7.3　特定の内容が含まれている割合

7.2では、児童用タブレットPC活用の有無と、授業に対する評価に関する記述との関係を検討した。ここでは、7.1の③と④の方法によって抽出した特定の内容を含む回答の割合（%）について検討する。図7-4に、いくつかの内容についてまとめた結果を示す。

(1) 記述された特定の内容の割合

この図7-4において、「学習内容」は、学習内容との用語を含む記述のことを意味しているのではなく、その授業で扱った学習内容を具体的に記述している場合をすべてカウントしたものである。この内容を記述している割合は、「活用無」の場合で17.7%、「活用有」の場合で6.0%となり、前者の方が1%水準で有意に大きい。このことは、タブレットPC活用のある授業をした後の方が学習内容に関する記述が少ないことを示している。一方、タブレットPC活用した授業後には、その活用に関する自由記述が多く書かれていることがわかっている。これらのことを総合すると、タブレットPC活用のある授業ではタブレットPCの操作に集中するあまりに学習内容への関心の度合いが少なかったのではないかと推察される。

「意欲的」として表示されている割合は、「もっと勉強したい」とか「もっとやりたい」といった学習に対する意欲を記述した回答の割合である。

「機能が悪い」として表示されている割合は、「反応が遅い」とか「表示がおかしい」、「電池が切れた」など、使用している機器やソフトウェアに問題があることを記述した回答の割合で、タブレットPC「活用有」の授業後の回答では8.8%と大きい割合となっている。

(2) タブレットPCを活用した授業に対する評価の比較

次に、タブレットPCを活用した授業そのものがよいと記述している割合と、そう思わないと記述している割合を、タブレットPCを活用した授業後と、タブレットPCを使わない授業後で比較した。この作業にあたり、注意深く記述の内容を確認して、授業でのタブレットPC活用の有無についてどちらがよいと思っているかを判断した。例えば、「今日の授業の方がよい。」といった記述が調査票に記述されている場合、活用有の授業後のものだった場合は「活用有」がよいと判断したと見なし、逆に、活用無の授業後のものだった場合は「活用無」がよいと判断したと見なした。このような判断を入力したデータを基に、「内容の記述有無」と「タブレットPCの活用有無」についてクロス集計を行い、これを x^2 検定した。

その結果を図7-4の中段に示す。「活用した授業の方がよい」という記述がある割合は、「活用無」の場合も「活用有」の場合も13%程度で、これらの間に有意差は認められなかった。これは、「活用無」の授業後の記述の中でも「コンピュータを活用した授業の方がよい」との記述が比較的多かったためと考えられる。これに対して「活用しない授業の方がよい」という記述の割合は、「活用有」の場合は「活用無」の場合に比べて1%水準で有意に小さく、前者は後者の6分の1程度であった。

(3) 肯定的な意見と否定的な意見の比較

(2)と同様の方法で、授業について肯定的な記述か、否定的な記述についても比較した。肯定的か否定的かの判断についても、注意深く記述内容をよく確認した。「肯定的な意見」を含む記述の割合については、「活用有」の授業後の86.7%が、「活用無」の授業後の79.6%と比較して1%水準で有意に大きい。逆に、「否定的な意見」を含む記述の割合については、「活用無」の授業後の36.5%が、「活用有」の授業後の30.4%と比較して1%水準で有意に大きい。このことから、タブレットPCを授業に活用することについては、否定的な意見の割合より肯定的な意見の割合の方が多く、実際にそのような授業を受けた後の記述の方が肯定的な意見の割合が多いことがわかり、タブレットPC活用の有無の違いを検討する上で意味のある結果である。

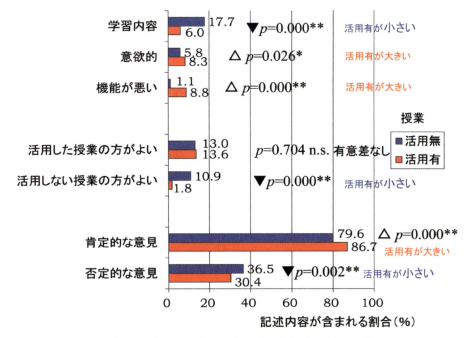

〈図7-4〉自由記述された内容が含まれている割合（%）

7.4　自由記述と客観テストとの関係

「3. 客観テストの結果」において、児童用タブレットPCを活用した授業後の成績が活用しない授業後の成績と比較して有意に高いことを示したが、ここでは、授業時のタブレットPC活用

の有無と、自由記述における特定の内容の有無を2要因とした、客観テストの成績の分散分析を行った。その結果、記述における特定の内容の有無を主効果としたときに有意差があった場合は、図7-5に示す「わかりやすい」、「理解できる」、「友だち」、「学習内容」の4つの内容だけであった。

　この図に示すように、学習の理解に関係している用語である「わかりやすい」、「理解できる」、および、学習内容にかかわる用語が記述されている「学習内容」については、主効果（活用有無）と主効果（記述有無）ともに有意差が認められたが、交互作用に有意差は認められなかった。

　協働学習に関係する用語である「友だち」については、主効果（記述有無）に5％水準で有意差が認められたが、主効果（活用有無）には有意差が認められなかった。またこの場合の交互作用も有意差は認められなかった。

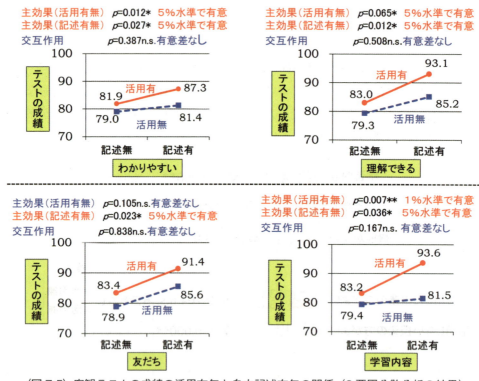

〈図7-5〉客観テストの成績の活用有無と自由記述有無の関係（2要因分散分析の結果）

　このように、学習の理解に関係している「わかりやすい」と「理解できる」との用語が記述された場合に客観テストの成績が高くなることが示されたことになる。

7.5　自由記述の「用語」と4因子との関係

　7.4の客観テストの場合と同様に、意識調査で得られた4因子の評価点を、自由記述における特定の用語の有無と、タブレットPCの活用の有無という2要因で分散分析した。客観テストの場合は、成績の平均値に有意差が認められたのは4つの用語であったが、因子の場合は以下に示す「楽しさ」、「わかりやすさ」、「理解のしやすさ」、「友だち」のみについて有意差が認められた。

(1)「楽しさ」と因子の関係

　図7-6は「楽しい」という用語の有無とタブレットPC活用の有無を2要因として、4つの因子の評価点の分散分析を行った。その結果、「楽しい」との記述については全ての因子について有意差が認められた。

　この図からわかるように、4つの因子全てにおいて、主効果（活用有無）では1%水準で有意差が認められ、活用有の場合の因子評価点の方が大きい。また、「楽しい」の記述の有無による主効果（記述有無）も1%、あるいは5%水準で有意差が認められ、記述した児童の評価点が大きいことがわかる。ただし、相互作用には有意差が認められていない。ちなみに、「楽しくない」という用語については全ての因子について有意差が認められなかった。

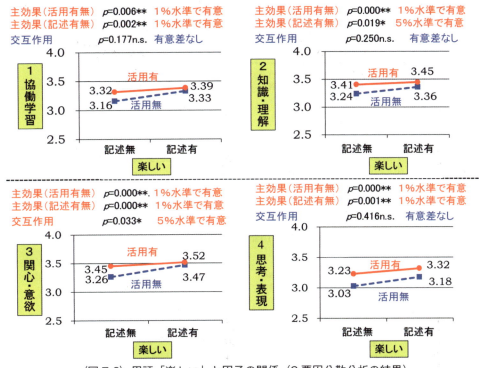

〈図7-6〉用語「楽しい」と因子の関係（2要因分散分析の結果）

(2)「わかりやすさ」と「理解」と因子の関係

　同様に、「わかりやすい」と「わかりにくい」、「理解できる」、「理解できない」という用語の記述について検討した。その結果、有意差を認められた場合を図7-7に示す。「わかりやすい」との記述については、「因子2：知識・理解」だけにおいて、主効果（活用有無）と主効果（記述有無）に有意が認められた。また、「理解できる」については、「因子4：思考・判断」だけに有意差が認められ、その他の3つの因子についは有意差を認められなかった。

　このことから、「わかりやすい」との記述は「知識・理解」に関係しており、「理解できる」については「思考・判断」に関係していることがわかり、「わかりやすい」と「理解できる」は似たような意味を持つ用語であるが、児童の評価には多少の違いがあるが示された。

なお、「わかりにくい」については、図7-7の下段に示すように、「因子2：知識・理解」と「因子4：思考・判断」で有意差を認めることができるが、「理解できない」については全ての因子で有意差は認められない。

(3) 協働学習の用語と因子との関係

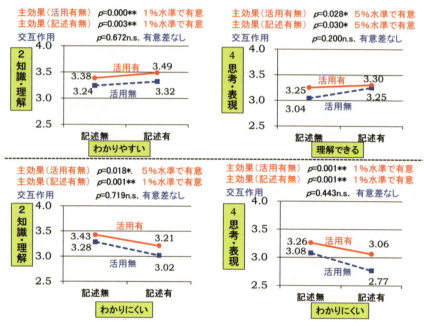

〈図7-7〉「わかりやすさ」関連の用語と因子の関係（2要因分散分析の結果）

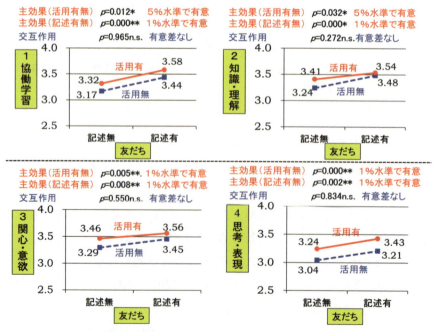

〈図7-8〉用語「友だち」と因子の関係（2要因分散分析の結果）

協働学習に関する用語として、「友だち」、「話しあう」、「教えあう」、「意見」、「協力」について同様に検討した。その結果、「友だち」についてのみ有意差が認められた。その結果を図7-8に示す。4つの因子全てにおいて、主効果（活用有無）と主効果（記述有無）について有意差が認められ、交互作用には有意差は認められなかった。この理由として、授業において「友だちと話しあうことができた」、「友だちの意見がわかった」、「友だちとの協力」などの協働学習が多く実践され、それに関連する用語が感想に使われた結果である。

7.6　自由記述の「内容」と4因子との関係
(1) 記述された内容と因子との関係について

　ここでは、7.3で示した「学習内容」、「意欲的」、「機能が悪い」、「活用した授業の方がよい」、「活用しない授業の方がよい」、「肯定的意見」、「否定的意見」という7つの内容について、7.5と同様な検討を行った。主効果（活用有無）あるいは主効果（記述有無）で有意差が認められた結果の一部を図7-9に示す。「意欲的」という記述については、「因子2：知識・理解」の主効果（活用有無）と主効果（記述有無）で有意差が認められるが、交互作用に有意差は認められていない。

　「活用授業がよい」という記述については、「因子3：関心・意欲」で主効果（活用有無）と主効果（記述有無）で有意差が認められるが、交互作用に有意差は認められない。

　「因子1：協働学習」について、「肯定的意見」の記述と「否定的意見」の記述について、主効果（活用有無）と主効果（記述有無）で有意差が認められるが、「肯定的意見」の場合は「記述有」

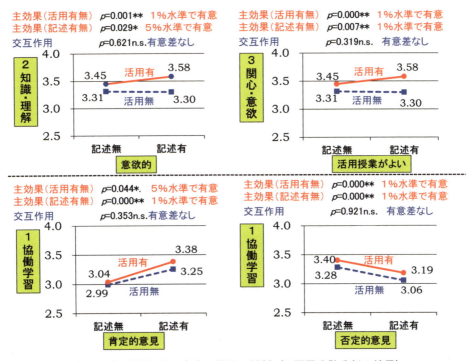

〈図7-9〉記述された内容と因子の関係（2要因分散分析の結果）

の方が「記述無」の場合と比べて評価点の平均値は有意に大きく、「否定的意見」の場合は、「記述有」の方が「記述無」の場合と比べて評価点の平均値は有意に小さい。交互作用についてはいずれの場合も有意差は認められない。なお、「因子2：知識・理解」、「因子3：関心・意欲」、「因子4：思考・判断」の場合も、同様な結果となったが図と説明を省略する。

このように自由記述された感想文において肯定的な意見と否定的な意見については、因子評価点の関係が大きく異なることが示された。

7.7　まとめ

児童が感想、意見、要望を自由記述した文の用語と内容について検討した結果をまとめると以下のようになる。

- 最も多く記述された用語は、「わかりやすい」で、次いで「楽しい」、「便利」、「理解できる」、「使いやすい」となっている。
- 記述された「用語」を肯定的、否定的、協働学習に分けて、特定の用語を記述した回答者としなかった回答者の比較を例にして、児童用タブレットPCの活用有無についてx^2検定と調整済み残差から有意水準を求める方法を説明した。
- 記述された用語および内容の有無と児童用タブレットPCの活用有無の関係を検討して、有意な差がある用語について結果を説明した。
- 自由記述に含まれる用語や内容の有無によって、客観テストの成績に有意差があるかについて検討し、「わかりやすい」、「理解できる」、「友だち」、「学習内容」の記述がある児童の成績が有意に高いことを示した。
- 自由記述に含まれる用語や内容と4つの因子の評価点との関係を検討し、因子の評点点を高める用語や内容と、評価点を小さくする用語や内容があることを明らかにした。

8.　第1章のまとめ

第1章で得られた成果については、第2節から第7節のまとめで説明したが、ここでそれらをまとめて再掲すると以下のようになる。

「2. 教員を対象にした調査の結果」では、児童用タブレットPCを整備した以降、①1年目事前、②1年目事後、③2年目事前、④2年目事後を回答時期として、時期の違いによる教員の回答結果の違いを平均値の差で検定した結果をまとめると以下のようになる。

- 児童用タブレットPCを活用させた授業を行った教員の割合（％）についてx^2検定した結果、1年目事前は1％水準で有意に小さく、1年目事後に1％水準で有意に大きい。
- 活用が効果的と認識する場面については、「導入の場面」に効果を認識する教員の割合が時期

の経過とともに減少し、「展開の場面」と「終末の場面」については、2年目事後に増加している。
- 児童用タブレットPCを活用させた授業そのものに対する考え方の差を一元配置分散分析した結果、時間の経過と共に、活用についての負担感の評価点の平均値は1％水準で有意に減少し、使用する機能の評価点の平均値は5％水準で有意に増加し、活用の効果についての評価点の平均値は5％水準で有意に増加している。
- 児童用タブレットPCを活用させた教員の指導力の、回答時期の違いによる差について検討したところ、「授業準備・校務でのコンピュータ活用」、「授業によるコンピュータ活用」、「情報安全・情報モラルの指導」、「児童のコンピュータ活用支援」については評価点の平均値の間に有意な差は認められないが、「協働学習の指導」の評価点の平均値は時間の経過と共に1％水準で有意に大きくなる。

「3．客観テストの結果」では、児童用タブレットPC活用の有無による客観テストの成績の違いを検討した結果をまとめると以下のようになる。
- 児童用タブレットPCを活用した授業後の客観テストの成績が活用しない授業後の客観テストの成績と比較して1％水準で有意に高い。
- 児童用タブレットPCの活用効果を客観テストの成績で分析評価する際には、図1-1（P16）に示すように、活用した授業と活用しない授業が対になるようにして、対象児童のデータがひも付けされた形で実施できるよう計画する必要がある。

「4．児童対象の意識調査の結果」では、児童を対象にした意識調査について検討した結果をまとめと以下のようになる。
- 意識調査の結果を因子分析した結果、「協働学習」、「知識・理解」、「関心・意欲」、「思考・表現」の4つの因子を抽出した。
- 「因子3：関心・意欲」と「因子4：思考・表現」の因子については、1％水準で有意に、タブレットPC活用した授業後の因子の評価点の平均値の方が活用しない授業後の評価点の平均値より大きいことを示した。ただし、「因子1：協働学習」と「因子2：知識・理解」については、タブレットPC活用の有無による評価点の平均値の間に有意差が認められなかった。
- 児童を対象にした事前調査の結果を1年目と2年目とで比較した結果、「コンピュータ活用」に関する評価の平均値は1年目より2年目の方が5％水準で小さくなるが、児童の向上にとって重要である「因子2：知識・理解」の評価点の平均値は1％水準で、「因子4：思考・表現」の因子の評価点の平均値は5％水準で、2年目の方が有意に大きい。

「5．客観テストと意識調査の相関」では、客観テストの成績と、各因子の評価点および質問項目回答結果との間の関係を調べたところ、以下のことが明らかになった。

- 「因子2：知識・理解」の評価点と客観テストの成績との関係については、有意水準1％で意味のある弱い相関が認められた。一方、「因子1：協働学習」、「因子3：関心・意欲」、「因子4：思考・表現」の各評価点と客観テストの成績との関係については有意水準5％で意味のある相関が認められなかった。
- 「因子2：知識・理解」を構成する質問項目「5内容の理解」、「6内容の意味」、「7内容の考え方」について、それぞれの回答結果と客観テストの成績との間で同様な分析を行ったところ、有意水準1％で意味のある弱い相関が認められた。

「6. 好きな教科と客観テスト・因子との関係」では、実証校の児童が教科を好きである割合（％）を示した上で、好きな教科と客観テスト・因子の関係について検討した結果、以下のことを示した。
- 算数と社会について、教科が好きであると回答した児童の客観テストの成績の平均値は、無回答の児童の客観テストの成績の平均値より1％水準で有意に大きい。
- 2要因分散分析によって検討した結果、全ての教科において、主効果（活用有無）と主効果（好き有無）の交互作用に有意差が認められない。
- 全ての因子について、主効果（好き有無）については有意差が認められる。
- 主効果（活用有無）について有意差が認められるのは、算数と社会の、「因子3：関心・意欲」と「因子4：思考・表現」、および社会の「因子1：協働学習」のみである。

　ここで、興味深い結果であることは、教科が「好き」か「無回答」かで、テストの成績と因子の評価点の平均値に有意差があることと、児童用タブレットPCを活用した授業の方がテストの成績の平均値が高いことが示されていることである。これらの結果から考察すると、「好きでない児童」を「好き」に変えていくICTの活用をすることが重要であると考えられる。したがって、教員や学校、教育委員会は、授業研究などを通じて教科が好きになるICT活用についての戦略的な取り組みを期待したい。

「7. 自由記述分析の結果」では、児童が感想、意見、要望を自由記述した文の用語と内容について検討した結果をまとめると以下のようになる。
- 最も多く記述された用語は、「わかりやすい」で、次いで「楽しい」、「便利」、「理解できる」、「使いやすい」となっている。
- 記述された「用語」を肯定的、否定的、協働学習に分けて、特定の用語を記述した回答者としなかった回答者の比較を例にして、児童用タブレットPCの活用有無についてx^2検定と調整済み残差から有意水準を求める方法を説明した。
- 記述された用語および内容の有無と児童用タブレットPCの活用有無の関係を検討して、有意な差がある用語について結果を説明した。
- 自由記述に含まれる用語や内容の有無によって、客観テストの成績に有意差があるかについて検討し、「わかりやすい」、「理解できる」、「友だち」、「学習内容」の記述が有る児童の成績が

有意に高いことを示した。
- 自由記述に含まれる用語や内容と4つの因子の評価点との関係を検討し、因子の評点点を高める用語や内容と、評価点を小さくする用語や内容があることを明らかにした。

以上のように、本研究では多くの観点から児童用タブレットPC活用の効果を示したもので、1人1台環境整備を推進する際に参考にされることを期待している。

参考文献
文部科学省（2011） 教育の情報化ビジョン http://www.mext.go.jp/b_menu/houdou/23/04/_icsFiles/afieldfile/2011/04/28/1305484_01_1.pdf
文部科学省（2014）学びのイノベーション事業実証研究報告書 http://www.mext.go.jp/b_menu/shingi/chousa/shougai/030/toushin/1346504.htm
文部科学省（2016）平成26年度文部科学省「ICTを活用した教育の推進に資する実証事業報告書：ICTを活用した教育効果の検証方法の開発」http://jouhouka.mext.go.jp/school/ict_substantiation/pdf/wg1houkoku.pdf
文部科学省（2016）「2020年代に向けた教育の情報化に関する懇談会」中間取りまとめ http://www.mext.go.jp/a_menu/shotou/zyouhou/_icsFiles/afieldfile/2016/04/08/1369540_01_1.pdf
内閣IT総合戦略本部（2013a） 世界最先端IT国家創造宣言 工程表 http://www.kantei.go.jp/jp/singi/it2/kettei/pdf/20130614/siryou4.pdf
内閣IT総合戦略本部（2013b） 創造的IT人材育成方針 http://www.kantei.go.jp/jp/singi/it2/kettei/pdf/dec131220-2.pdf
内閣日本経済再生本部（2013）日本再興戦略 http://www.kantei.go.jp/jp/singi/keizaisaisei/pdf/ saikou_jpn.pdf
内閣府（2016） 平成26年度青少年のインターネット利用環境実態調査報告書 2016年3月
清水康敬、山本朋弘、堀田龍也、小泉力一、横山隆光（2008） ICT活用授業による学力向上に関する総合的分析評価, 日本教育工学会論文誌, 32（3）: 293-303
清水康敬（2014）、1人1台端末の学習環境の動向と研究、日本教育工学会論文誌, Vol.38, No.3, pp.183-192、2014年12月
総務省（2013） 教育分野におけるICT利活用推進のための情報通信技術面に関するガイドライン（手引書）2013 小学校版. http://www.soumu.go.jp/main_content/000218505.pdf
総務省（2014）教育分野におけるICT利活用推進のための情報通信技術面に関するガイドライン（手引書）2014 中学校・特別支援学校版. http://www.soumu.go.jp/main_content/000285283.pdf
山本朋弘（2014）調査報告 タブレットPC活用と効果 http://www.sky-school-ict.net/class/front/front22.html

参考資料

調査票1　教員を対象にした調査（事前・事後）

調査票2 児童を対象にした調査（事前）

調査票3 児童を対象にした調査（活用した授業実施後）

調査票4　児童を対象にした調査（活用しない授業実施後）

児童を対象にした調査（活用しない授業実施後）

このアンケートはテストではありません。素直に思ったとおりを答えてください。

1. 性別
   (1) 男子　(2) 女子

2. 学年
   (1) 1学年　(2) 2学年　(3) 3学年　(4) 4学年　(5) 5学年
   (6) 6学年

3. 好きな教科　複数回答可
   (1) 国語　(2) 社会　(3) 算数　(4) 理科　(5) 生活　(6) 音楽　(7) 図画工作
   (8) 家庭　(9) 体育　(10) 道徳　(11) 外国語活動　(12) 総合的学習の時間
   (13) 特別活動

4. 以下の質問に対して，あてはまる答えの番号(1, 2, 3, 4)に○をつけてください。
   回答肢　1: ほとんどそう思わない
   　　　　2: あまりそう思わない
   　　　　3: 少しそう思う
   　　　　4: わりにそう思う

No	質問	1	2	3	4
1	楽しく学習することができましたか	1	2	3	4
2	今日の学習は満足できましたか	1	2	3	4
3	進んで学習に参加することができましたか	1	2	3	4
4	集中して学習に取り組むことができましたか	1	2	3	4
5	学習した内容をよく理解できましたか	1	2	3	4
6	学習した内容について，その意味を理解することができましたか	1	2	3	4
7	学習した内容について，その考え方がわかりましたか	1	2	3	4
8	学習した内容について，そのまとめ方がわかりましたか	1	2	3	4
9	自分の考えを深めることができましたか	1	2	3	4
10	他の考えと比べて，同じ点や違う点を見つけることができましたか	1	2	3	4
11	自分で考えたことを，わかりやすく表現することができましたか	1	2	3	4
12	学習した内容について，自分なりに工夫して表現することができまし	1	2	3	4
13	友だちとお互いに教え合うことができましたか	1	2	3	4
14	友だちと話し合うことができましたか	1	2	3	4
15	友だちと協力して学習を進めることができましたか	1	2	3	4
16	友だちと活発なやりとりができましたか	1	2	3	4

5. コンピュータを使った授業について感想を自由に書いてください。

調査票5　実施した授業の状況等（授業実施の教員が回答）

実施した授業の状況等（授業実施の教員が回答）

1. One to One タブレット活用の有無　(1) 活用した授業　(2) 活用しない授業

2. 授業実施日（西暦）_____年____月____日

3. 学年
   (1) 1学年　(2) 2学年　(3) 3学年　(4) 4学年　(5) 5学年　(6) 6学年
   (7) その他（　　　）

4. 授業の科目等
   (1) 国語　(2) 社会　(3) 算数　(4) 理科　(5) 音楽　(6) 図画工作　(7) 体育
   (8) 家庭　(9) 道徳　(10) 外国語活動　(11) 総合的な学習の時間
   (12) その他（　　　）

5. 授業の中で以下のどんな場面で One to One タブレットを子どもに活用させましたか。
   (活用した授業の場合のみ，複数回答)
   （　）授業の導入場面　（　）授業の展開場面　（　）授業の週末場面

6. 授業中のどのような場面で One to One タブレットを子どもに活用させましたか。
   (活用した授業の場合のみ，複数回答)
   （　）教師が課題を提示する場面　　　（　）子どもが学習の理解を深める場面
   （　）教師が実験や観察，制作の手順を説明する場面　（　）子どもに発表させる場面
   （　）教師が子どもの活動や作品などを提示する場面
   （　）その他〔　　　　　　　　　〕

7. 授業中のどのような場面で，子どもに One to One タブレットを活用させましたか。(活用した授業の場合のみ，複数回答)
   （　）相互に教えあう場面　　（　）数名が一緒に学びあう場面
   （　）数名で話し合う場面　　（　）数名で協力したり助け合ったりする場面
   （　）一人が発表したことについて，学級全体で考える場面
   （　）同じ問題について，学級全体で話し合う場面
   （　）ネットワークを使って遠隔地を結んで学ぶ場面
   （　）その他〔　　　　　　　　　〕

8. 実施した授業にについて，感想，意見や要望があれば記述して下さい。

第２章　各地区の取り組みと成果

Case 1 富山市

自治体	富山市教育委員会
実践校	富山市立芝園小学校
アドバイザー	髙橋純（東京学芸大学　准教授）

Ⅰ. 教育委員会の取り組みと成果

背　景

1．富山市における教育の情報化の方向性
　本市では、「富山市教育振興基本計画」を策定し、中長期的視点から取り組むべき施策として、新しい時代に対応したICTの積極的な活用による指導方法、授業体制の工夫改善について研究することを掲げている。

2．富山市における教育の情報化の現状
(1)　ICT機器、ICT環境
　①　教育用コンピュータ1台当たりの児童生徒数は5.3人であり、全国平均の6.4人を上回っている。

　②　校内LAN（有線）が整備され、どの教室でもインターネットが利用でき、教材データベースにアクセスすることで、各種教育用ソフトウエアを利用できる。教育用ソフトウエアは、教科指導に活用できるものを中心に整備を進め、本市では、以下のソフトウエアを導入している（図1）。
　　・小学校デジタル教科書（国語、社会、算数、理科）
　　・各種デジタルコンテンツ（デジタル掛図、フラッシュ型教材）
　　・ネットモラル教材

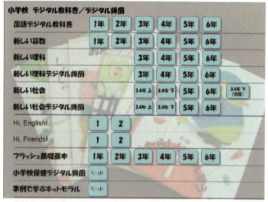

〈図1〉小学校に導入されているデジタルコンテンツ

　③　小・中学校の全ての普通教室に、次のICT機器が整備されている（図2）。
　　・プロジェクタ
　　・マグネットスクリーン
　　・書画カメラ
　　・教員用パソコン

　④　各校に1台以上の電子黒板を整備している。

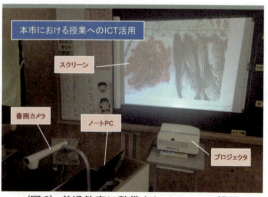

〈図2〉普通教室に整備されているICT機器

(2) **教員研修**
　ICT指導力の向上には、ICT環境の整備と研修の一体化が不可欠である。本市では、教育センターが中心となり各学校の実態に応じたきめ細かな研修を行っている。

① 情報教育主務者研修会（情報担当者対象の悉皆研修）
情報セキュリティの啓発、成績処理システム・導入ソフトウエアの解説等、各校の情報主務者が勤務校で情報教育の中心を担うために必要な内容について、研修を行っている（写真1）。

〈写真1〉情報教育主務者研究会

② ICT活用・授業力UP研修会（小・中学校教諭1名の悉皆研修）
書画カメラやプロジェクタの効果的な利用方法について研修を行っている（写真2）。
小学校では、学年ごとに教科の授業場面を設定し、教科書の提示方法や発話（発問、説明、指示）を考え、授業の質の向上を図っている。
中学校では、生徒の興味・関心を高める資料の提示の仕方や指導法について研修している。

〈写真2〉ICT活用・授業力UP研修会

③ 出前講座「ICT活用等支援」
希望する小・中学校に出向き、ICTを活用した授業づくり、ICT機器（PC、電子黒板、書画カメラ等）の操作研修、児童生徒への情報モラル指導等、教員と児童生徒の両方を対象にした講座を実施している（写真3）。

〈写真3〉出前講座「ICT活用等支援」

④ 初任者研修会
市が実施する16回のうち1回は、教育の情報化（校務の情報化・情報教育・教科指導へのICT活用）に関する内容を扱っている（写真4）。講義や模擬授業を通して、書画カメラやプロジェクタの効果的な利用方法について理解を深めている。

〈写真4〉初任者研修会

⑤ とやま技塾（若手教員の希望研修）
先輩教師が、教育諸活動の熟練の技を若手教師に伝える研修で、教員の指導力向上を目的に行われている（写真5）。平成27年度は、年間10回行われる中の1講座で、授業における効果的なICT機器の活用の仕方について研修を行っている。

〈写真5〉とやま技塾

(3) 授業へのICT機器利用の現状

　小学校では、1、2学期合計203,023時間（1学級あたり233.6時間）ICT機器が活用され、教員の多くが日常的にICT機器を活用している（図3）。

　中学校では、教科によってICT機器の活用頻度に差があるものの、合計27,908時間（1学級あたり75.0時間）ICT機器が活用されており、活用時間数は年々増加傾向にある（図4）。

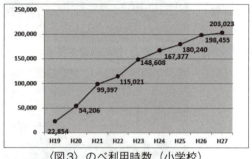
〈図3〉のべ利用時数（小学校）

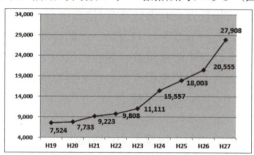
〈図4〉のべ利用時数（中学校）

　小学校では、書画カメラの活用状況は、平成21年度から90％を超え、書画カメラは不可欠な教具となっている（図5、6）。

　「ICT機器等をほぼ毎日活用している教員」が、全体の約60％を占めている。「週1～3回」を合わせると、約90％の教員がICT機器を使用しており、授業の中で使用する道具の一つとしてICT機器が定着してきている。

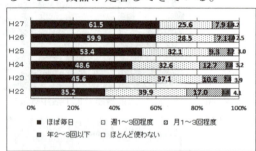
〈図5〉ICT活用頻度（小学校）

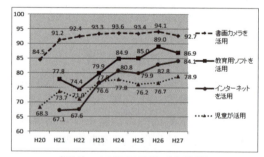
〈図6〉ICT活用状況（小学校）

　中学校では、教科におけるICT機器の活用状況にばらつきがあるが、小学校同様、書画カメラが授業の中で多く活用されている（図7、8）。

　活用する頻度では、「ほぼ毎日」と答えた教員の割合が11％を超え、年々、中学校の授業の中でICT機器が使われる機会は増えてきている。

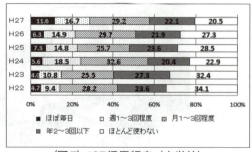
〈図7〉ICT活用頻度（中学校）

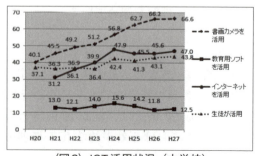
〈図8〉ICT活用状況（中学校）

本市では、ICT環境（ICT機器とソフトウエア）の整備と教員研修の一体化により、教員の日常的なICT活用の定着が見られる。今後、1人1台の情報端末の整備計画を検討している段階である。

目　的

【研究課題】　富山市立芝園小学校において、授業に1人1台のタブレットPCを活用した場合の教育効果を、富山大学、富山市教育委員会、パナソニック教育財団との共同研究で実証し、その成果を学校へ還元する。

【成果目標】　1　One to Oneの未来型授業を設計・開発する
　　　　　　　2　開発された授業（システム）を実践（研修）し、日常化・普及を図る
　　　　　　　3　学習効果を調査・分析する
　　　　　　　4　教育現場への無線LAN環境の導入に関する可能性とその問題点を探る

取り組みの内容・経過

1．取り組みの内容

本市では、これまでに行ってきたICT機器の配置と、その活用を推進するための教員研修の成果を活かす段階にある。一部の特別な学校の授業のみならず、全ての学校の日常的なICT活用が重要であると考えている。

本研究では、A～D段階（7ステップ）を設定し、特にA～Cを中心に取り組んだ（図9）。

段階	ステップ	内　　　容
A	1	ICT環境構築に関する研究
A	2	ICT環境の維持・運用体制づくりに関する研究
A	3	教員の研修と習熟、児童の習熟に関する研究
B	4	従来と同程度の教育効果がある授業実践の研究
B	5	従来以上に教育効果がある授業実践の研究
C	6	授業実践の日常化や普及の研究
D	7	21世紀型スキルといった新しい学力観に対応した授業実践及びその評価法の開発と評価

〈図9〉取り組みの段階とステップ

2．取り組みの経過

(1)　A段階：平成26（2014）年4月～平成26（2014）年12月

〈ステップ1〉ICT環境構築に関する研究
既存の設備の上に新たなICT環境を構築していくための問題点、解決策をまとめ、普通教室のICT環境やネットワーク環境（特に無線LAN）の構成や機器の設置場所の検討

本市では、小・中学校の統合ネットワーク環境を構築している。「富山市情報セキュリティポリシー」では、無線LAN環境で既存の統合ネットワークへは接続できない。既存の設備の上に新たなネットワーク環境を構築していくための問題点、解決策をまとめ、普通教室の

ICT環境やネットワーク環境（特に無線LAN）の構成や機器の設置場所の検討を行った。

> 〈ステップ2〉ICT環境の維持・運用体制づくりに関する研究
> ICT環境の維持・運用体制づくり、メンテナンス、ウィルス対策、復旧対策、障害対応、運用ポリシー等を検討

　無線LANの範囲を教室内のみに制限することで、インターネットの接続は認められたものの、本市が整備しているデジタル教科書等のデジタルコンテンツを充分に活用するためには、活用方法が限定されており、さらなる調整を行った。

> 〈ステップ3〉教員の研修と習熟、児童の習熟に関する研究
> 1人1台の情報端末を活かす教員研修の内容や方法の検討、児童への指導内容や方法、児童への取扱の注意内容等の検討　　　　　　　（→P74〜「芝園小学校の取り組み」参照）

(2)　B段階：平成26（2014）年8月〜平成28（2016）2016年3月

> 〈ステップ4〉従来と同程度の教育効果がある授業実践の研究
> 教員や児童が1人1台の情報端末を活用した学習に慣れる（→P74〜「芝園小学校の取り組み」参照）

> 〈ステップ5〉従来以上に教育効果がある授業実践の研究
> 1）従来の授業と似た授業展開であるものの、授業の質が上がったり、密度が上がったりすることによって従来以上の教育効果が得られる実践
> 2）1人1台の情報端末環境によって新たにできる授業実践によって従来以上の教育効果が得られる実践　　　以上2通りの授業実践や検討

(3)　C段階：平成27（2015）年4月〜平成28（2016）年3月

> 〈ステップ6〉授業実践の日常化や普及の研究
> 専門的知識を有する教員による実践から、全ての教員が取り組める実践への展開や普及方法の検討

　本市で開催された全日本教育工学研究協議会全国大会において、研究授業を行い、本研究の成果を多くの関係者に公開した。

成　果

「成果目標」（P71）に照らして、本研究の成果を検証する。
1　One to Oneの未来型授業を設計・開発する
　　・タブレットPCと電子黒板のネットワーク化により、互いの考えの交流が容易になる。
　　・タブレットPCの動画機能を使うと、学習のフィードバックが容易になる。
　　・普通教室で、インターネットを利用した調べ学習が可能になる。

2 開発された授業（システム）を実践（研修）し、日常化・普及を図る
　タブレットPCが、無理なく授業へ活用されるようになり、日常的な利用が進んでいる。
3 学習効果を調査・分析する
　学習効果の調査・分析に関しては、第1章の分析による。
4 教育現場への無線LAN環境の導入に関する可能性とその問題点を探る
　インターネットや各種教育用ソフトウエアが安定して利用できているが、既存の統合ネットワーク上にある、教材データベースへの接続はできていない。

課題

2年間の研究を終え、残された課題は以下の2点である。
① 現在、無線LAN環境から既存の統合ネットワークへの接続ができないため、既存の教材データベースが利用できない。そのため、各種の教育用ソフトは、各タブレットPCにインストールする必要があり、煩雑な作業をしなければならない。
　今後、無線LAN環境から既存の統合ネットワークに接続できるよう、検討を進めていく必要がある。
② 本市では、2年間の実践研究を終えた後も芝園小学校での取り組みを継続する。機器の導入及び利用に伴う、初期段階の課題の多くは克服できており、今後は、より効果的な実践を模索していく段階に差しかかっている。
　1人1台のタブレットPCを利用すれば便利なことや効果的なこと、利用しなければできないことを明らかにし、それらを蓄積していくことが大切である。

展望

　本研究は、県内の小学校で初めての実践である。そのため、県内はもちろんのこと、全国のモデルとして、必要な記録を蓄積し、今後のICT教育の推進に活かしていくことが必要である。中でも、ICT環境の導入（A段階を中心に）や、授業実践（B段階を中心に）については今後の参考になるものと考えられるため、研究成果の普及を図っていきたい。

おわりに

　2年間にわたる本プロジェクトを終えるに当たり、このように貴重な機会を与えていただいた、パナソニック教育財団へ感謝申し上げたい。また、機器の搬入以降、丁寧な対応をしていただいた富山市担当の方々にも、重ねて感謝申し上げたい。
　この研究の成果は、本市の教育の質を向上させる上で、大変に貴重な資料となった。今後はこの成果を、これまでに本市が積み上げてきた教育実践に取り込んでいくことで、日々の授業を、更に活性化できるものと考えている。

Ⅱ. 実践校の取り組みと実践事例〈富山市立芝園小学校〉

背　景

　富山市の小学校では、平成 19 年度から実物投影機やプロジェクタが整備され、活用されてきた。本校でも、それらの機器を日常的に活用し、授業だけでなく、あらゆる教育活動を進める上で欠かせないものとなっている。全ての教室に実物投影機、プロジェクタ、マグネットスクリーン、パソコン等が配備され、日常的に実物投影機を活用して子どものノートや教科書、実物などを拡大したり、デジタル教科書を提示したりしている。また、コンピュータ室には、40 台のパソコンが設置され、クラスで活用する際には 1 人 1 台の利用が可能となっている。コンピュータ室については、上学年が各教科や総合的な学習の時間における調べ学習のために利用することが多く、下学年は発達段階に応じたパソコンの操作スキルを学習している。

　このような ICT 環境や取り組み状況の中、本校は、平成 26 年度に「パナソニックワンダースクール応援プロジェクト」指定校となり、パナソニック財団からタブレット PC40 台が導入された。4 階の各教室に無線 LAN アクセスポイントが設置されてインターネットへの接続が可能となり、タブレット PC を活用した授業がスタートする運びとなった。

目　的

　本校では、研究主題「分かる喜びを感じ、学び合う子どもの育成　―言語活動の充実と ICT の効果的な活用を通して―」の具現化に向けて、子どもたちにとってわかりやすい授業、課題の発見・解決に向けた主体的・協働的な学びを実現していく授業の創造を目指している。タブレット PC の導入を機に、今まで取り組んできた授業の中に、効果的にタブレット PC を取り入れ、日々行われる授業の質をさらに高めていきたいと考えた。

　そこで、タブレット PC の活用が学習指導に組み込まれることによって、どのように子どもたちの学びが広がったり深まったりするのかを探ることにした。そして、収集した情報を整理し、まとめ、表現するといった一連の学習活動を充実させるためのタブレット PC の活用について研究する。

取り組みの内容・経過

1. タブレット PC 導入期の研修

　本校のこれまでの教育活動において、タブレット PC の活用は初めてであったため、教員がタブレット PC を使えるようになることが先決すべき課題であった。そこで、夏季休業中には、大学の先生方やパナソニックの技術指導員の方々に本校に来ていただき、ICT 活用研修会を開催した（写真 1）。2 学期には、放課後の短い時間に教員が自主的に参加するミニ研修会を設定した。情報教育主任が中心となって研修会を進め、タブレット PC や電子黒板などの機器の扱い方

〈写真 1〉夏季休業中の研修

を指導した。そして、タブレットPCの基本操作を実体験したり、学習場面での使い方について話し合ったりした。

また、9月には、2名の教員が先進校である広島市立藤の木小学校を訪問した。そして、ルールづくりやタブレットPCの授業での活用方法など、学んだことについて報告する機会をもつことで共通理解を図り、自分たちのタブレットPCの活用に生かすことにした。

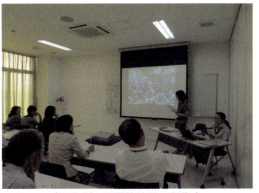

〈写真2〉先進校訪問の報告会

2. ルールづくりに向けて

タブレットPCを授業で使うにあたって、その使い方のルールを決める必要があった。先進校の例を参考にし、情報教育主任が実際に子どもたちとタブレットPCを使っていく中で、本校の実態に合うようにルールを定めた。子どもたちが意識しやすいように、必要最低限のルールとして、準備・後片づけ、机上の整理整頓、教師の指示、困ったときの対応の4つに大別し、最終的に図1のようなルールに決定した。

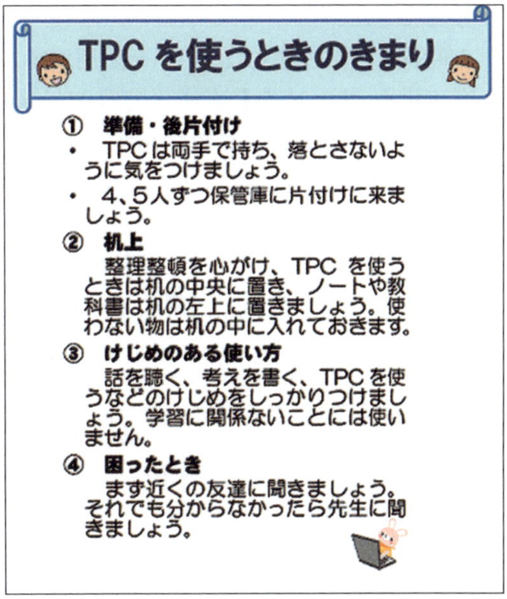

TPCを使うときのきまり

① 準備・後片付け
- TPCは両手で持ち、落とさないように気をつけましょう。
- 4、5人ずつ保管庫に片付けに来ましょう。

② 机上
整理整頓を心がけ、TPCを使うときは机の中央に置き、ノートや教科書は机の左上に置きましょう。使わない物は机の中に入れておきます。

③ けじめのある使い方
話を聴く、考えを書く、TPCを使うなどのけじめをしっかりつけましょう。学習に関係ないことには使いません。

④ 困ったとき
まず近くの友達に聞きましょう。それでも分からなかったら先生に聞きましょう。

〈図1〉タブレットPCを使うときのきまり

「タブレットPCを使うときのきまり」(図1)の②〜④については、タブレットPCを使うときに限らず、これまでの学習場面でも必要とされてきたことである。しかし、タブレットPCという学習にかかわるツールが一つ増えたことで、さらに徹底したいと考えた。特に、指示を徹底し、子どもが集中して学習に取り組めるように、「ノートに書く」「話を聴く」「タブレットPCを活用する」など、けじめのある使い方をさせることで学習効果が高まると考えた。

タブレットPCの使い方だけを守るのではなく、普段から生活規律や学習規律などのルールを守ることで、落ち着いた学校や教室の雰囲気を醸成し、教育効果を高めていくことが大切である。本校では平成20年度の統合以来、子どもたちが自らの判断と意思で生活のきまりを守れるようになることを願って「芝園スタンダード」を決め、全教職員が同じ姿勢で指導している。さらに平成26年度には、「芝園っ子学習のきまり」として、全校で守っていく必要最低限のルールを決め、各教室に掲示することで意識化を図った(図2)。芝園っ子学習のきまりの中で、特に大切に考えているのは、「話し手の

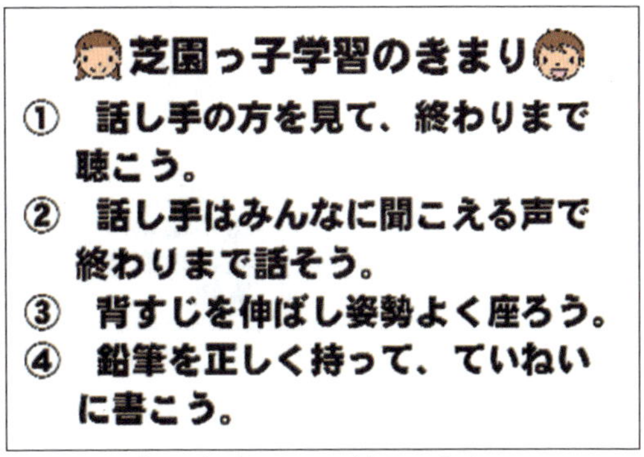

芝園っ子学習のきまり

① 話し手の方を見て、終わりまで聴こう。
② 話し手はみんなに聞こえる声で終わりまで話そう。
③ 背すじを伸ばし姿勢よく座ろう。
④ 鉛筆を正しく持って、ていねいに書こう。

〈図2〉芝園っ子学習のきまり

方を見て、終わりまで聴こう」というルールである。「聞く」という言葉ではなく、「聴く」という言葉を使うことで、「話し手に寄り添う」「話し手の思いを大切にする」などといった態度が育つことを願って指導に当たっている。

　タブレットPCの導入の有無にかかわらず、学習規律を整え、よりよい人間関係の中で、子どもたちが安心して学習に取り組めるような土壌をつくることは、授業づくりの根底を支えるものとして重視している。

3. 授業力向上のための研修と授業の実際（平成26年度）
(1)【研修】
　本校では、授業を構想する上で、ICTを効果的に活用することで、子どもたちの学習意欲をより喚起し、課題意識をもたせたり、言語活動を促したりして、ねらいに迫ることが大切であると考えてきた。

　1時間の学習の中で、ICTを活用する場面は、課題や資料の提示場面、友達の考えと比べ合う交流場面、まとめを発表する場面など様々な場面がある。アドバイザーの高橋純准教授からは、「いつ、何のためにICTを活用するのかなど、教師の目的を明らかにしておくことでICT活用の効果が高まり、ねらいに迫ることができるのではないか、また、課題や発問を吟味することも、ICTの効果的な活用と同様にねらいを達成するために重要なことである。」との助言を受けた。

　そこで、平成26年度には一層の言語活動の充実とICTの効果的な活用を図りたいと考え、以下の2点に重点を置いて授業づくりに取り組んできた。

> ・子どもたちが夢中になり、ねらいを達成できる課題を吟味する。
> ・活発な言語活動を促すために、ICTを効果的に活用する。

　まず、これらの重点を具現化していくために、「研修便り」を通して、①「授業過程のイメージ」②「指導案を書くときの留意点」③「模擬授業の導入」について示した。

　①「授業過程のイメージ」では、どんなところでICTを使うのか、言語活動をどこで行うのかがわかるように基本的な授業過程の例を示した（図3）。この図で示した授業過程は一例に過ぎないが、これを示したことで、授業の中で、効果的にICTを活用すること、活発な言語活動を促すことが意識づけられた。

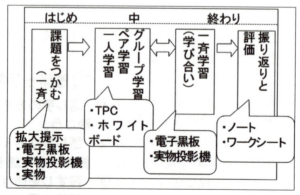

〈図3〉①「授業過程のイメージ」

　次に、②「指導案を書くときの留意点」として、課題や発問を吟味し、授業のねらいを明確にすることを示した。また、ICT活用についても指導案上に明記することにより、教師自身が何

のためにICTを活用するのか、ICTを使う必要性、目的を明確に意識できるようにした（図4）。

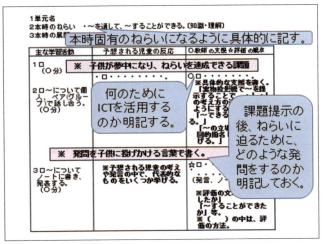

〈図4〉②「指導案を書くときの留意点」

そして、指導案に示された発問やICT活用などの手立てが、子どもたちの学びを促すものとなるように、事前に③「模擬授業」を行い（写真3）、以下の点について検討した。

・子どもが主体的に考えようとする課題か
・分かりやすい提示か（見え方、話し方等）
・資料や発問は適切か
・ICTの使い方は効果的か

〈写真3〉③模擬授業の様子

(2)【授業の実際（例）】課題提示場面でのタブレットPCの活用

　タブレットPCの導入時（平成26年度）には、教師が資料を提示する場面で活用することが多かった。それは、子どもの意欲や関心を高めるための資料を簡単に子どもの端末に配信でき、子どもに操作スキルがなくても活用できることが理由に考えられる。タブレットPCの導入時に、積極的に資料配信するという活用方法を取り入れたことで、教師も子どもも様々な機能を学びながらタブレットPCに慣れ親しむことができた。

　写真4は5年算数科「面積の求め方を考えよう」の課題提示場面である。授業開始前に教師用タブレットPCから電子黒板及び全ての児童用タブレットPCに三角形の図形を配信した。

　手元のタブレットPCと同じ図形が電子黒板に大きく映し出されている状況で、「平行四辺形の面積を求める公式を使って三角形の面積を求める方法を考えよう」と課題を提示した。子どもたちは、タブレットPC上の図形に補助線を入れたり、図形を移動させたりして自分の

〈写真4〉課題提示場面

求め方を明らかにしていった（写真5）。

次に、ペアでタブレットPCを見せ合い、求め方を確かめ合った。このような一人学習やペア学習を経て、子どもたちは自信をもって自分の考えをノートに図や式、言葉を使って整理することができた（写真6）。

このように、課題提示場面において電子黒板やタブレットPCで課題を提示したことで、学習することが焦点化され、子どもたちはめあてを意識して学習に臨むことができた。また、タブレットPCを使って、一人で問題解決に取り組んだりペアで相談したりしたことで、自分の考えがより鮮明になり、求め方をノートに筋道立てて書くことができた。

〈写真5〉 タブレットPCを使った一人学習

〈写真6〉 求め方をノートにまとめている様子

4. 授業力向上のための研修と授業の実際（平成27年度）

(1) 【研修】

平成27年度になると、本校では、研究主題「分かる喜びを感じ、学び合う子どもの育成～言語活動の充実とICTの効果的な活用～」の具現化の中で、特に互いの考えを認め、学び合う姿に重点を置いて授業研究に取り組んだ。問題解決学習を中心に据えた授業展開を工夫し、その中で効果的にICTを活用しつつ、活発な言語活動を促すことで、子どもたちの学びを広げたり深めたりしていく授業づくりを目指した。

教員一人ひとりが、言語活動の充実を図った授業を構想し、実践を積み重ねるとともに、教員同士が各自の実践における学びを共有していくことが大切だと考えた。

そこで、より質の高い授業を目指して本校で取り組んだことは以下の2点である。

① 個人研修課題の設定と授業での位置づけ
② 授業観察カードの活用と学びの共有

①「個人研修課題の設定と授業での位置づけ」では、教員一人ひとりが、個人研修課題

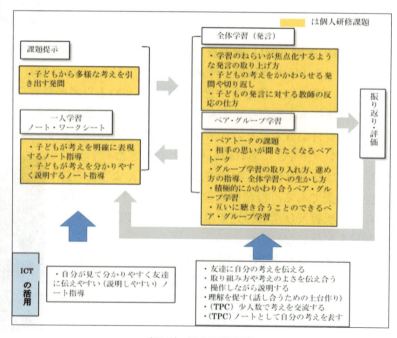

〈図5〉 個人研修課題

を設定し、授業実践と評価を繰り返しながら課題の解明を図った。一人ひとりが決めた個人研修課題を見ると図５のようになる。ペアやグループ学習をどのように授業の中に位置づけるかについて課題意識をもっている教員が約50％見られた。必然的に、ペアやグループ学習における考えの交流場面でタブレットPCの活用を試みることとなった。

このように、教員自身が課題意識をもち、効果的なICT活用を目指してきたことで、課題提示場面や交流場面で、積極的にICTを活用した授業が多く見られるようになった。その結果、子どもたちが学習のめあてを明確にもったり、友達の見方・考え方のよさに学んだりすることができた。

②「授業観察カードの活用と学びの共有」として、公開授業の参観では、（図６）のように、研究主任が一人ひとりの個人研修課題に即した授業観察カードを作成し、全員が同じ視点で授業を観察するようにした。そして、事後研修会ではグループ協議の時間をもち、授業で行った手立てやタブレットPCの活用などについて、各自が気づいたことや考えたことを話し合った。研修会の終わりには各グループで話題になったことを報告し、学びが広まるようにした。

1　子どもたちが話をつなぎ、話合いを楽しむ課題（一斉学習、グループ学習）

織田信長がどのようなことを行ったのか調べた後、いろいろな視点から話し合うという授業が多いように思われるが、楽市楽座に限定して話し合っているのがとてもよいと思う。これを核にして織田信長という人を考え、ここで考えたことをもとにさらに調べ、史実と結びつけて考えていくことができる（調べ→話し合い→調べ→話し合い）

2　かかわり合うための手立て（2次元軸やネームプレートの活用）

二次元軸を使ってそれぞれの考えを目に見える形にしたのはよかった。しかも、話し合いを通して少しかわってきたとネームプレートを動かす子供もおり、友達の話をきこうとして聞いてどう考える自分なのかを見つめ直す上で有効であった。
しかし、二次元軸は人間性でよかったのか。今までの学習の積み重ねの上にあったと思うが、天下布武というものをふまえるとよいと思った。人物の価値という点から

3　タブレット（資料）の活用

だれが何をしているのか○をつけるという明確な指示があり、だれもが取り組める簡単なものであったのでよかったと思う。しかも拡大できたので見やすかった。（一人一人の活動の場が確保されている）
明るい・にぎやかということを焦点化できた。はじめから明るい、にぎやかなところを見つけるおこないもあったのでは？

〈図６〉授業観察カードより（一部抜粋）

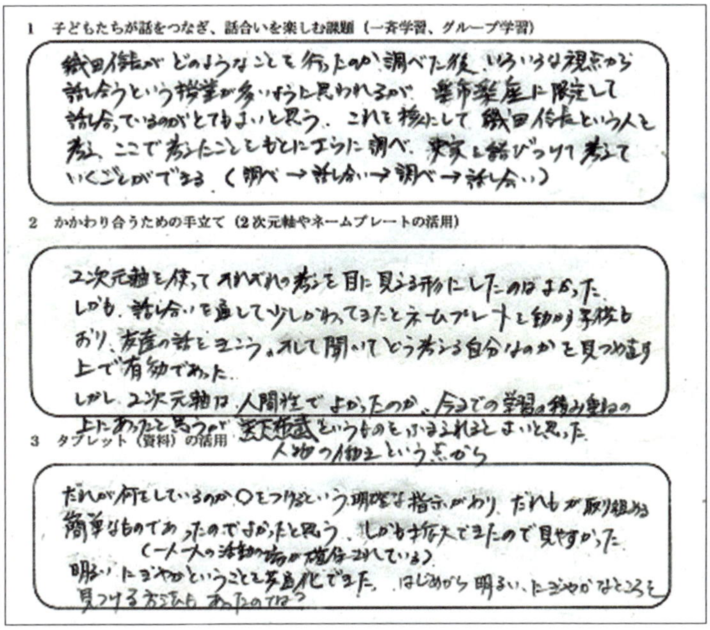

また、事後研修会で話し合われたことや授業観察カードに書かれていたことを「研修便り」としてまとめ、全員に配付することで、学びの共有化を図り、自分の授業に生かすことができるようにした。

このように、教員一人ひとりが個人研修課題を設定し、課題解決に向けて講じられた手立てが実際の授業の中でどのように子どもに働いたかを、全教員で見合い、学び合いながら、授業の質の向上に努めてきた。

(2)【授業の実際（例）】交流場面でのタブレットPCの活用

写真７は５年算数科「百分率とグラフ」の交流場面の様子である。本実践では、事前にノートに自分の考えをまとめ、次に、数直線や図などを用いて、自分の考えをタブレットPCに整理させてから本時に臨んだ。

本時では、グループで自分の考えを伝え合う時間をもってから、全体で話し合った。

子どもたちは、自分の考えがタブレットPCに絵や数直線、図、表を用いて見やすくまとめてあることから、それらを

〈写真７〉グループでの交流

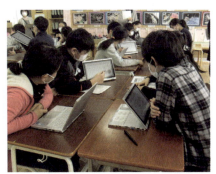

指し示しながら意欲的に説明することができた（写真7）。

　また、タブレットPCにまとめた考えが電子黒板に大きく映し出されることから、多くの子どもの発表意欲を高めるとともに、筋道を立ててわかりやすく説明することができた（写真8）。さらに、聞き手にとっても、焦点化された資料をもとに筋道立てて説明されることで、話し手の考えを理解しやすくなった。このことにより、友達の考えのよさや自分の考えとの異同に気づき、表面的な事柄のかかわりから次第にねらいに迫るような深いかかわりが生まれるようになった。

　このように、交流場面でのタブレットPCの活用により言語活動が活性化し、子どもたちは、友達の考え方のよさがわかり、学びを広げることができた。

〈写真8〉全体での交流

成　果

　平成26年度・27年度とタブレットPCを活用した授業に取り組んできた結果、タブレットPCの活用に変化が見られた。

　導入時の平成26年度には、教師が資料を提示するというタブレットの活用が最も多く見られた（図7）。その理由としていくつか考えられる。一つ目は、教師が子どもの問題意識を揺さぶる資料を、簡単に、すべての子どもの手元に配信できることである。二つ目は、子どもが見たいところを自由に拡大したり、線を引く、囲むなどして書き込んだりできるからである。このことにより、子どもたちは課題を明確にもったり、意欲的に気づいたことを発言したりできたと考える。

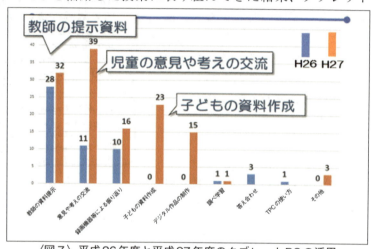
〈図7〉平成26年度と平成27年度のタブレットPCの活用

　平成27年度になると、「児童の意見や考えの交流」、「子どもの資料作成」など活用場面に広がりが見られるようになった。それは、本校が、言語活動とICT活用を通して、「学び合う」子どもの育成を目指した結果、表現したり、考えを交流したりする場面にもタブレットPCの活用が広がってきたためである。また、教師や子どものタブレットPCの操作スキルが身についてきたことで、授業の様々な場面でも活用できるようになってきたことも理由として考えられる。

　特に、授業の中で、自分の考えを伝えたり、友達の考えを理解したりするための一助としてタブレットPCを活用してきたため、子どもたちはノートに書いていたことをさらに整理し、絵や図、表などを使って相手にわかりやすく伝えようと意識しながらまとめるようになった（写真9、写真10）。

　「ノートにまとめる際には、自分の考えを自由に書き表し、タブレットPCにはわかりやすく

まとめる」という一連の学習活動によって、一人ひとりの子どもの表現力を高めることができたといえる。結果、どの子どもも、自分の考えを伝え合う中で、友達の見方・考え方のよさにふれ、自己の学びを広げることができたと考える。

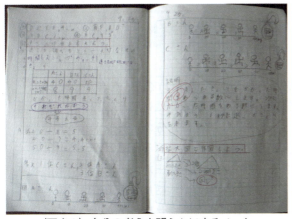
〈写真9〉自分の考えを明らかにするノート

〈写真10〉分かりやすく伝えるためのタブレットPC

課題

- 算数科や総合的な学習の時間を中心に、言語活動の促進をねらったタブレットPCの活用を工夫してきたが、その他の教科でも効果的な活用方法を検討していきたい。
- タブレットPCをいつでも誰でも活用できるように研修の機会を確保し、これまでの2年間で得た学びを継承・発展させていく必要がある。

展望

タブレットPCの活用は子どもの学習意欲を高めるという確かな手応えはあったが、タブレットPCを使えば自ずと主体的な授業になるわけではないことを念頭に置きたい。今後、本校では、タブレットPCを活用してどのような課題をどのように提示すればよいのか、どのように子どもたちに自分の考えをつくっていかせるのか、そして自分の考えをどのように表現させていくのかなど、問題解決学習を中心に据えた授業展開について研究を引き続き行っていく。タブレットPCの効果的な活用を探り、根付かせるためにも、協働的な学習を軸として授業改善を進めるとともに、子どもが自分の考えを安心して伝えられ、人の思いを温かく受け入れていく授業づくりに努めていきたい。

おわりに

これまでご指導いただいた、東京学芸大学准教授　高橋純先生、パナソニック教育財団、パナソニックシステムネットワーク株式会社富山事務所の皆さま、富山大学の学生の皆さまに心からの謝意を申し上げるとともに、本実践がこれからのICT活用の発展に寄与できることを願って結びとしたい。

実践事例1　　　　　　　　　　富山市立芝園小学校

考えを分かりやすく伝える力を高める

6年　算数　「速さの表し方を考えよう」

実践事例の概要

　本単元では、5年生で学習した「単位量あたりの大きさ」の考えを用いて速さを学習しました。時間という数量は児童には目に見えないために理解しにくく、数量的に処理することが難しい内容です。そこで、速さを図で表して視覚的にとらえたり、実際に自分の走る速さを測定して比べる活動を取り入れたりすることで、速さを量としてとらえ、移動する距離とかかる時間という2つの量の割合で求められることを理解できるようにしました。また、実際に生活場面と結びつけながら学習を進めることで、量感をとらえやすくしました。話し合う前には、速さの順番を決めるための自分の考えをノートやタブレットPCにまとめさせました。ノートには自分の考えたことを自由に書かせ、タブレットPCにまとめるときには、自分の考えを相手にわかりやすく説明することを意識させました。

タブレットPCの活用法

・表や数直線の枠をかいたファイルをタブレットPCに配信
・タブレットPCにまとめた児童の考えを電子黒板に掲示

授業の流れとポイント

　タブレットPCでいきなり自分の考えを書かせるのではなく、従来どおり、ノートで十分試行錯誤しながら、自分の考えをもたせることが大切だと考えました。そこで、以下の4点に留意することを指導しました。

1　どのような考え（公倍数や単位量あたりなど）で比べたのか明らかにする。
2　自分の経験したこと（例えば100m走やマラソンなど）を想起しながら考えの根拠を明らかにする。
3　キーワードや図、表を使ってわかりやすくまとめる。
4　思考の順序が分かる言葉（まず、次に、それからなど）を使って説明する。

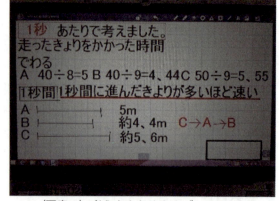
〈写真1〉考えをまとめたタブレットPC

　次に、自分の考えを聞いている友達がわかるように、ノートを見直しながらタブレットPCに

まとめる時間を十分に確保しました。タブレットPCには、児童が使用すると思われる図や表の枠を授業前に配信しておきました。子どもたちは考えを表現するのにふさわしい図や表を自分で考えて作成したり配信したものを活用したりしました。

その際、次の2点に留意しました。
1　ノートの考えをもう一度整理して、考え直す。
2　説明するために大切だと考える図や表、式、キーワードなどの書く内容を絞り、わかりやすく表現する。

相手にわかりやすく伝えることを前提とすることで、子どもたちは自分の考えを言葉や数、図や式を用いて筋道立てて説明することを意識し始め、自分の伝えたいことを簡潔に表すことができました（写真1）。

本時では、「速さの順番について考えよう」と発問し、タブレットPCを使い、グループで互いの考えを伝え合いました（写真2）。子どもたちは聞き手を意識してタブレットPCにまとめたことで、自分の考えに自信をもって友達に伝えることができました。図や式を指し示しながら説明し合う中で、子どもたちは、自分と友達の考えの似ているところや違うところに気づくことができました。

その後、全体での話し合いでタブレットPCにかかれた全員の考えの中からいくつかを意図的に選び、順に電子黒板に提示しました（写真3）。

タブレットPCでの提示は消えてしまうので、黒板にそれぞれの考えを位置づけ、子どもたちがふり返られるように残していきました。

さらに、理解が困難である児童が疑問に感じている場面でペア学習を行い、「ペアで電子黒板に映されている友達の考え方を説明してみよう」と投げかけ、考え方を説明する活動を取り入れました。そうすることでどの児童も単位量あたりの大きさで考え、速さを比べられるようにしました。

〈写真2〉 グループでの話し合い

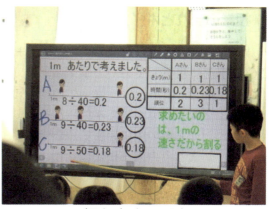

〈写真3〉 考えの共有

最後に「時間でそろえる」「走った距離でそろえる」ことを黒板で整理し、まとめました。子どもたちは実際の生活場面と結びつけて速さを考え、量感をとらえることができました。

実践事例2　　富山市立芝園小学校

歴史資料を電子黒板やタブレットPCで提示し、多面的に見つめさせる

6年　社会　「天下布武　―織田信長―」

実践事例の概要

「3人の武将と天下統一」の授業。織田信長が短い期間に領土を拡大したことや、豊臣秀吉が検地や刀狩などの政策を行ったことを取り上げて調べ、戦国の世が統一された様子がわかるようにすることがねらいです。本単元では、織田信長を取り上げ、教科書で使われている絵を電子黒板やタブレットPCで活用して授業を進めました。教科書の絵の中から、楽市・楽座の行われた「安土城の城下町（想像図）」を電子黒板とタブレットPCに大きく映しました。また、既習の時代と比較して考えたい児童もいると考え、鎌倉時代や室町時代の家や町の様子と安土城の城下町の想像図を左右に貼りつけた資料も用意しました。2つの時代を比較させることにより、この時代の特徴がさらに浮き彫りになるようにしました。

タブレットPCの活用法

・安土城の城下町（想像図）、2次元軸の図をタブレットPCに配信
・タブレットPCで織田信長の業績や政策について検索

授業の流れとポイント

授業の導入で、電子黒板とタブレットPCに事前に用意しておいた資料を映し、「この想像図の中から、わかったこと、気づいたことなどを見つけてみたいと思います。見つけたら絵の中に赤色で○をつけてください。となりの人と相談してもいいので、3分間でたくさん見つけてノートに書き出しましょう。見にくい時は、拡大しても構いません」と投げかけました（写真1）。

子どもたちは、自分の机上にあるタブレットPCの資料を必要に応じて拡大しな

〈写真1〉電子黒板に映し出された資料

がら一人学習を進めました（写真2）。一人学習を進める際に、近くの友達と「これ、何だと思う？」「ここを見たらいろいろわかるよ」など、タブレットPCを見ながら考えを交流していました。見せたい資料のみを提示することで、子どもたちは人物の服の色や持ち物など細かなところにも目を向けてノートに書き出していきました。

３分間後に、考えを交流しました。
「ここで船から荷物をおろしています。米俵が見えます」
「川岸に石が積んであります。ふつうの川岸だったら、こんなふうに石で整備はされていません」
「西洋風の服を着て歩いている人もいます」
「刀を売っている店も見えます」
など、安土城の城下町の想像図から多くのことを見つけていきました。そして、子どもたちは安土城の城下町の想像図をきっかけとして、織田信長の業績についてタブレットPCのインターネット機能を活用して調べ学習を進めました。

〈写真2〉　タブレットPCを活用して一人学習

　事前に教師側で図書室から調べ学習に使う資料コーナーを設けておき、さらにタブレットPCでインターネットを活用することができるため、児童が図書室やコンピュータ室に移動する必要がなく、教室での調べ学習に集中することができました。

　調べ学習の後、子どもたちに「楽市・楽座の政策、楽市・楽座から見た織田信長の人間性は2次元軸のどこに位置するか考えてみましょう」と、織田信長の業績と人柄に迫る発問をしました。

〈写真3〉　2次元軸にネームプレートをはった板書

　タブレットPCには、縦軸に人間性、横軸に楽市・楽座と書き入れた2次元軸の図を配信しておき、自分の考えを書き込めるようにしました。タブレットPCの2次元軸に自分の立場をはっきりと示すことで、友達の考えと比較しながら思考を深めていけるように配慮しました。
　M児は「城下町に住んでいる人は楽市・楽座が開かれる前は自由に商売はできなかったけれど、楽市・楽座によって自由に商売できるようになってうれしいから、政策としてよいと思いました。さらに、城下町の人にうれしいと思われるから、人間性も上の方にしました」S児は「楽市・楽座で城下町は賑やかになったり明るくなったりしたと思います。城下町で楽市・楽座を行ったことで経済政策は成功したと思うけれど、天下統一の戦いのお金のために計画したことだと思うので、悪巧みしている感じがして人間性は下の方にしました」など、その児童なりの織田信長の業績や人間性に対する見方・考え方、価値観などが表れ、織田信長を多面的に見つめることができました（写真3）。

実践事例3　　　　　　　　　　　　富山市立芝園小学校

流水実験を動画撮影し、必要に応じて繰り返し再生し、考察に生かす事実を共有する

5年　理科　「流れる水のはたらき」

実践事例の概要

　流水実験によって、浸食、運搬、堆積の作用を観察し、どの場所でどのようなはたらきが見られ、大地がどのように変化するのかを確かめる実験をしました。幅60cm 長さ180cmの流水実験機を使い、上流から下流までの間にカーブや分岐点、合流点を数箇所作りました。実験中に、浸食や運搬、堆積の様子をじっくりと観察することが難しいと思われたので、各班にタブレットPCを1台ずつ与え、班ごとに流水実験を撮影し、それを繰り返し再生して見直すことができるようにしました。実験中に見過ごしていた浸食の場所や、水の量を変えた時の運搬の様子の違いなど、気づいたことを班で実験の様子を見ながら話し合い、共有することができました。次時に観察結果を発表するときには、撮影した動画の中から見せたい部分だけを選んで映し、自分の伝えたいことを焦点化するように指導しました。

タブレットPCの活用法

・タブレットPCの撮影機能を活用して流水実験で浸食、運搬、堆積作用の様子を動画撮影する

授業の流れとポイント

　はじめに、晴れているときと雨が降っているときの同じ場所の川の写真（写真1）をスクリーンに映し、「雨が降ると川の様子はどのように変わりましたか」と発問しました。

　「水かさが増える」「流れが激しくなる」「水が泥で濁る」などと発言が続く中、「どうして泥水になるのだろう」と問いかけました。すると、「山の上から土砂が運ばれてきたから」「山の土を削ってきたから」な

〈写真1〉提示した写真資料

どと、子どもたちは浸食や運搬などの流れる水のはたらきに目を向けていきました。

さらに、「水が土を削るって、そんなことあるのかな」と切り返すと、「グラウンドの工事のところで自然に溝ができていた」「雨の時に川を見ると木も流れてきていた」などと身近な自然現象から浸食や運搬などの様子を想起する姿が見られました。そこで、「流れる水によって大地はどのように変化するのだろう」と課題を提示しました。

〈写真2〉 タブレットPCで流水実験の結果を振り返る

次に、流水実験の様子を動画撮影し、実験が終わった班から理科室に戻り、結果と考察をノートにまとめるよう指示しました。

タブレットPCで実験を再生したことで、班の友達に「ここで今削れていった」と指差して伝えたり、流れにそって画面上を指でなぞりながら「ここで、カーブを曲がりきれずに壁にぶつかって削っていったのではないかな」と、実験中に観察していたことを確認したりし、なぜその場所が浸食されたのかを考えることができました（写真2）。

〈写真3〉 カーブの外側で浸食していることを説明

子どもたちは、何度も繰り返し動画を再生し、友達の言っていることが本当かどうか、他にも同じように浸食されている場所がなかったか、浸食によって川幅が画面上で何mm広くなったかなど、実験だけでは曖昧になりがちなことを、明らかにすることができました。

その後、動画で確かめたことを基に、場所による流れる水のはたらきの違いをノートにまとめました。さらに自分の班のタブレットPCをプロジェクターにつなぎ、撮影した動画の中から、浸食・運搬・堆積の様子がよく分かる部分を見せながら気づいたことを発表しました（写真3）。

また、スクリーンに実験前の川の流れをマーカーで記しておき、実験後と比較できるようにすることで、どれだけ変化したのかが視覚でとらえられるようにしました。実験の結果を繰り返しタブレットPCで見ることができるようにしたり、画面上にマーカーで記し、川の変化を比較できるようにしたりすることで、実感を伴って浸食のはたらきを理解することができました。

実践事例 4　　　　　　　　　　　　　　　　富山市立芝園小学校

友達とかかわりながら
伝えたい情報を分類整理し発信する

5年　総合的な学習の時間　「発信！芝園の魅力」

実践事例の概要

　1学期から夏休みにかけて、自分たちの住む芝園の町の魅力について調査活動をしました。
　9月の初めに報告したいことをプレゼンソフトでまとめ、紹介し合いました。子どもたちはタブレットPCを活用することのおもしろさを感じ、表現を工夫したり友達の見つけた魅力と自分の見つけたことを比べたりして、さらに深く調査活動を進めていこうという意欲をもちました。
　9月の下旬には、地域に発信することを意識させ、「キャッチコピーをつけて見つけた魅力をタブレットPCで発信してみよう」と投げかけ、プレゼンシート5ページ以内で資料作りを行いました。そして、自分たちが見つけた芝園の魅力を伝えるために、キャッチコピーと資料との整合性を見直したり、まとめ方を吟味したりして資料を作り上げ、地域に芝園の魅力を発信しました。

タブレットPCの活用法

・タブレットPCに自分たちの見つけてきた写真資料を貼りつけ、プレゼンソフトにまとめる
・電子黒板にタブレットPCからデータ配信をし、全体に提示する
・タブレットPCにまとめた資料を友達と見せ合う

授業の流れとポイント

　本時の授業の課題は「芝園の魅力が伝わるキャッチコピーと資料にしよう」としました。
　はじめに、グループ内で自分の作ったプレゼン資料を見せ合い、感じたことを交流しました。その際、説明を加えないという条件で行い、プレゼンソフトにまとめた資料だけで自分が伝えたいことが本当に伝わるか確かめさせました。子どもたちは、「伝わった部分と伝わらなかった部分」があると気づきました。
　N児は、グループの友達に「みんなが笑顔になる」というキャッチコピーを提示し

〈写真1〉電子黒板によるH児の資料説明

ましたが、写真資料から伝えたい「やさしさ」は伝わったけれど、「笑顔」という点では伝わらなかったと感じていました。

そこで、全体の話し合いでN児の作品を取り上げることにしました。すると、「実際に笑顔で過ごしている芝園の人の写真資料が必要だ」という意見が出たので、笑顔の写真を扱ったH児の作品を比較資料として電子黒板で提示しました（写真1）。そのことによりN児は、ただ笑顔の写真資料を使うのではなく、「何をして笑顔になるのかが伝わるようにしたい」という思いをもつようになりました。

この話し合いの後、もう一度グループでどんな資料にすればよいのかについて話し合いをもったことで、多くの子どもたちが自分の資料をもっとよくしたいと考えるようになりました（写真2）。

〈写真2〉 資料を見せ合いながらグループで話し合う

本授業の後、子どもたちはもう一度、現地に行って資料集めをしたり、別の写真資料に切り替えたりしながら自分の資料とキャッチコピーの見直しを行いました。そして、今度は自分から友達に声をかけ、プレゼン資料を説明して回る活動を行いました。自分の伝えたいことが前回よりも伝わったと感じた児童が多く、達成感が得られました（写真3）。

〈写真3〉 資料を見せながら説明し合う

タブレットPCは、自分の作った資料を教室内で気軽に見せ合い、友達とかかわり合いながら広げられるツールだと感じました。また、電子黒板を使うことで、友達の考えを全体で容易に共有することができ、全体での話し合いがスムーズになりました。これらの支援により、子どもたちは、自分の思いを伝えるためにキャッチコピーと資料との整合性について考えを深めることができました。

タブレットPCの活用により、子どもたちに自分の集めてきた情報を分類整理させたり、まとめたものを友達と共有し、考えを交流させたりする活動を促すとともに、自分のプレゼン資料を推敲し、表現する力を高めることができました。

実践事例 5　　　　　　　　　　　　　富山市立芝園小学校

何度も見直し、楽しみながら主体的にアニメーションづくりに取り組む

5年　図画工作　「コマコマアニメーション」

実践事例の概要

　タブレットPCで10枚の写真をコマ送りにして見るアニメーションづくりを行いました。次のような手順で製作しました。
① 登場するキャラクター（アニメ）とストーリーを考える。
② 製作キットの「カラードフォルム」（日本色研）と割りピンを使ってキャラクターをつくり、考えたストーリーに合わせて10コマのアニメーションをつくる。
③ タブレットPCで10コマのアニメーションを撮影する。

　撮影は友達と協力しながら行いました。見直しや取り直し、編集が容易にできるタブレットPCを活用したことで、新たなアイディアが生まれやすくなったり、友達からアドバイスをもらいながら意欲的に作品づくりに取り組んだりすることができました。

タブレットPCの活用法

・タブレットPCで撮った写真の確認、見直し
・タブレットPCを持ち運びながら鑑賞会

授業の流れとポイント

　はじめに、教師が例を示し、タブレットPCを使って10コマ分の写真を撮影し、アニメーションを製作することを伝えました。製作キットを使用し、カラードフォルム1枚と割りピンでキャラクターを作りました。子どもたちは、パンダやイルカなどのキャラクターの特徴を生かしたストーリーを考え、おもしろい動きができるように関節などを工夫して作りました。製作したキャラクターを動かしながら、より具体的なストーリーをイメージし、ストーリーに合った背景を画用紙で作ったり黒板に描いたりしました。

〈写真1〉タブレットPCで撮った写真の見直し

　1人に1台タブレットPCを渡し、1コマずつ動かしながら10コマの写真を撮影しました。タブレットPCで撮った写真をその場で確認しながら何度も撮り直し、意欲的に製作に取り組むこ

とができました（写真1）。

　その後、よりよい作品にするために、二人一組で作業を進めるよう指示しました。ペアで活動することで、写真を撮影する児童とキャラクターの動きを細かく調整する児童に分かれ、役割を分担してスムーズに作業を進めることができました。

　また、写真を撮る前に「この位置でいいかな？」「頭の角度を少し下げた方がいいよ」などと、互いに確認し合ったりアドバイスし合ったりするなど、友達と楽しくかかわりながら作品づくりに取り組むことができました（写真2）。

　作品が完成した後、互いの作品のよさを伝え合う鑑賞会を行いました。鑑賞会では、画像ソフトのスライドショーの機能を使って「互いの作品を見合い、感想を伝え合おう」という課題を提示しました。自分のタブレットPCにできあがった作品が入っているので、データの移動などをせずに互いに見せ合うことができました。また、自分の意図したタイミングで画面を変えたり、好みの速さでアニメーションを見せたりすることができ、タブレットPCの機能を発表に生かすことができました（写真3）。

〈写真2〉互いにアドバイスし合いながら撮影

〈写真3〉持ち運びながらプレゼンテーション

　本単元では、タブレットPCで撮影した写真をすぐに確認したり見直したりしながら、主体的にアニメーションづくりに取り組むことができました。

　タブレットPCの大きな画面は、細かなところまで確認できるため、気づいたことを作品づくりに生かすことができました。また、タブレットPCを協同作業のツールとして活用することで、友達と協力しながら活動する楽しさを味わうことができました。タブレットPCの機能や特性を生かしながら作品づくりに取り組むことで、活動に対する意欲や主体性、プレゼンテーションで表す力などを高めることができました。

Ⅲ. 実践をふり返って〈アドバイザー〉

富山市立芝園小学校の実践を支える考え方

東京学芸大学 教育学部 准教授
高橋　純

1．はじめに

　児童1人1台のタブレットPC環境において、一般的な公立小学校が何から取り組むべきかを、現実的かつ丁寧に研究を行ったのが、芝園小学校の取り組みであった。図1は、初年度にタブレットPCが活用された授業の回数である。活用が開始されたのは9月であるが、5ヶ月目には一ヶ月間で24回とほぼ毎日のように活用された。5年生3学級が活用の中心であったが、短時間で、学習の道具としてタブレットPCが位置付いた。アンケート結果によれば、保護者も好意的にとらえていた。

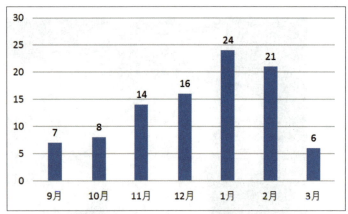

〈図1〉初年度に授業でタブレットPCが活用された授業の回数

　芝園小学校の実践の詳細については、既に別稿において報告されたとおりである。そこで、本稿では、どのような考え方に基づいて芝園小学校の実践が行われたのかを中心に述べる。

2．児童1人1台のタブレットPCを活用した実践の「前提」

　授業において、タブレットPCが短時間で効果的に活用されるためには、いくつかの前提がある。ここでは特に3つの観点から述べたい。

2.1　充実したICT環境の整備

　ICT環境を整備する際は、児童1人1台のタブレットPCのみならず、電子黒板、大型テレビやプロジェクタといった大型提示装置も欠かせない。加えてプリンタやファイル共有の仕組みなども必要である。このように考えていけば、必要な機器の種類は、従来のコンピュータ室の整備とあまり変わらない。それが普通教室に広がっていくというイメージといえよう。

　その上で、いうまでもないがトラブルがなく安定したICT環境整備が欠かせない。最新のシステムであっても、安定性に欠けるが故に、先生方が苦労しているケースが多く見受けられる。安価なだけではなく、安定性にも定評のある機器を導入すべきだろう。特に無線LANについては、同時接続台数が多く、接続可能なエリアを広めに整備することも多いだけに、単に

干渉等、無線 LAN 機器側を検討するだけでは不十分である。接続する端末側や、その相性も含めて、安定性を検討する必要がある。

2.2 タブレット PC を活用するための学習の基盤づくり

充電保管庫からのタブレット PC の出し入れには数分かかる。加えて児童がタブレット PC を活用すれば、活用しないときよりも、授業以外のことに気が散ってしまったり、机上が狭くなり整理が難しくなったりすることも多い。さらに、児童がタブレット PC を操作する基本的なスキルに欠けていれば、思ったような授業はできない。それでも授業時間をしっかりと確保し、従来と同等以上の授業を行うためには、まずタブレット PC を扱う際の学習ルールを明確にし、学習規律をしっかりと保つこと、基本的な操作スキルへの習熟が重要となる。

2.3 教員による ICT 活用の日常化

児童が 1 人 1 台のタブレット PC を用いる授業では、まず教員が大型提示装置を用いて学習課題等を一斉提示することが多い。同様に、まとめの段階でも作品や成果等を一斉提示することが多い。こういった一斉提示のための教員による ICT 活用は、板書による一斉の情報伝達のように従来の授業スタイルを大きく変えることなく取り組めること、教員が中心となって活用すればよいこと、ICT 機器が 1 セットでよいことといった特徴があり、最も普及しやすい。まず、このタイプの ICT 活用が日常化していることが、児童 1 人 1 台の実践をスムーズに行うための前提といえる。この段階を経ずに、児童 1 人 1 台の実践を行った場合、教員も児童も不慣れなことが多くなりすぎて、うまくいかないこともある。

3. 児童 1 人 1 台のタブレット PC を活用した授業とは

先に述べた前提を全てクリアしたとしても、児童が 1 人 1 台のタブレット PC を活用した授業は難易度が高くなりやすい。そこで、まずタブレット PC を活用した学習活動にはどのような特徴があるのかを示した上で、難易度が高くなる理由について述べたい。

3.1 先行実践の分析による児童 1 人 1 台の学習活動の特徴

児童 1 人 1 台を活用した学習活動には、どのような特徴があるかを明らかにするために、フューチャースクールに関する報告書等 4 冊を分析した（表1）。

	文献名	著書等	出版社等	発行年
文献 1	教育分野における ICT 利活用推進のための情報通信技術面に関するガイドライン（手引書）2013 実証事業〜3 年間の成果をふまえて〜【小学校版】	総務省		2013
文献 2	タブレット PC で実現する協働的な学び xSync-シンクロする思考	中川一史・寺嶋浩介・佐藤幸江	フォーラム・A	2014
文献 3	藤の木小学校 未来の学びへの挑戦	広島市立藤の木小学校	教育同人社	2014
文献 4	足代小学校 フューチャースクールのキセキ	徳島県東みよし町立足代小学校	教育同人社	2014

〈表1〉 分析対象とした文献

具体的には、まず、各文献の記述からタブレットPCを活用した学習活動を抽出した。こうして抽出された118件を、似たもの同士でまとめ、それらを表す見出しをつけた。

学年別に分類すると、6年生が最も多く（33件）、続いて、5年生（29件）、3年生（17件）、4年生（9件）、2年生（9件）、1年生（6件）、不明（15件）であった（図2）。

教科別に分類すると、社会が最も多く（26件）、続いて国語（21件）、算数（19件）、理科（13件）、音楽（7件）、総合的な学習の時間（7件）、生活（5件）、体育（5件）、外国語（5件）、特別活動（5件）、図画工作（3件）、道徳（2件）であった（図3）。

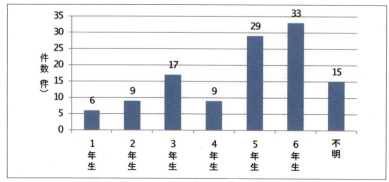

〈図2〉 タブレットPCが活用された学年別の件数

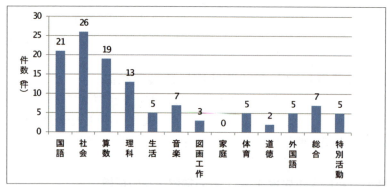

〈図3〉 タブレットPCが活用された教科別の件数

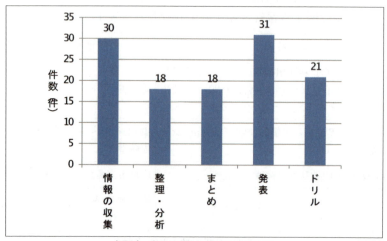

〈図4〉 学習活動の種類別の件数

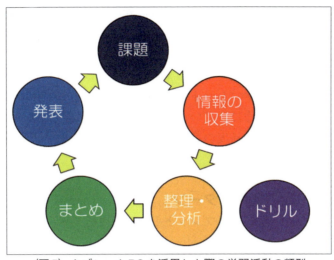

〈図5〉タブレットPCを活用した際の学習活動の類型

　学習活動別に分類すると、「情報の収集」「整理・分析」「まとめ」「発表」「ドリル」の5つのカテゴリに集約された（図4、図5）。また、いわゆる「協働学習」については、例えば「情報の収集」をグループで行うといったように分解でき、協働学習のみの単独での学習活動としては分類できなかった。同様に言語活動も、より詳細に分類すれば「まとめ」や「発表」となった。

　各カテゴリの上位にみられた学習活動を以下に示す。こういった活用法が現状では典型的なタブレットPCの活用法といえよう。

　「情報の収集」に分類された学習活動は、資料を読み取る（11件）、観察する（8件）、インターネットで調査する（6件）、ビデオを視聴する（5件）であった。

　「整理・分析」に分類された学習活動は、比較する（7件）、分類する（5件）、関連づける（4件）、多面的に見る（2件）であった。

　「まとめ」に分類された学習活動は、デジタルノートにまとめる（4件）、ワークシートにまとめる（4件）、絵を描く（4件）、プレゼンテーションを作成する（3件）、デジタルポスターにまとめる（2件）、音楽を作成する（1件）であった。

　「発表」に分類された学習活動は、ワークシートを見せて発表する（12件）、画像を見せて発表する（9件）、プレゼンテーションをする（4件）、デジタルノートを見せて発表する（2件）、テレビ会議をする（2件）、デジタルポスターを見せて発表する（2件）であった。

3.2　児童1人1台の授業づくりの難易度

　最も基本で最初に行うべき児童1人1台の活用法の1つは、児童が持つ全てのタブレットPCに対して、一斉に同じ図や表を配信することである。電子黒板を用いた一斉提示の形態と似ており、同様の効果や活用のしやすさが期待できる。前述の「資料の収集」における「資料を読み取る」にあてはまるような活動である。

　しかし、分析の結果、多くの学習活動では、タブレットPCの活用が、思考力の育成等の高次な学力の育成を意図し、問題解決的な学習活動の過程の一部や全体に位置づいていることの方が多かった。具体的には、授業において、「情報の収集」「整理・分析」「まとめ」「発表」といった学習活動が、一連の流れとして或いは一部分だけが位置づいているような授業である。

このようなタイプの授業づくりが難しいことは周知のことである。例えば、堀田・木原(2008)は、「体験や他の情報手段の活用とICT活用を組み合わせることを旨とするので、授業のデザインが複雑になり、そのコーディネーションにいっそうの工夫が必要とされる。それは、このようなタイプの取り組みが教員の授業力量の充実を伴わねば実現しがたいことを意味する」と述べている。つまり、そもそもタブレットPC活用以前に授業づくりそのものの難易度が高いのである。教員がICT機器の操作に詳しいだけでは、よりよい授業にならない理由といえよう。授業づくりの複雑さに起因する難易度の高さについて理解した上で、児童1人1台の実践に取り組むことが望まれる。

4. 3つのタブレットPCの活用パターン

　先の分析結果を踏まえて、典型的なタブレットPCの活用パターンを3つにまとめたい。

(1)　高次な学力育成のための活用「情報の収集→整理・分析→まとめ→発表」

　分析結果から、「情報の収集」「整理・分析」「まとめ」「発表」が認められた。このようなタブレットPCの活用は、コンピュータ室でのパソコン利用の際も重視されていた「調べて・まとめて・伝える」といった情報教育そのものともいえる。また、小学校学習指導要領解説「総合的な学習の時間編」に示される探究的な学習活動の過程（図5）とも一致する部分が大きい。つまり、分析対象の授業の多くは教科の学習活動であったが、その中で活動の大小はあるとはいえ、タブレットPCを用いて、探究的な学習活動が行われていたと考えられる。

　このような探究的な学習活動は、思考力の育成、最近では21世紀型スキルの育成といった高次な学力を育成する上での基本的な学習活動の過程といえる。また、探究的な学習活動は、学習者が主体的、能動的に取り組む必要もある。いわゆるアクティブ・ラーニングである。新たな時代に向けて特に期待される学習活動といえる。ただし、探究的な学習活動においては、体験活動や他の情報手段等も同時に用いられることや、学習者本人が学習過程に対して見通しを持って取り組むべきであること等を考え合わせれば、児童1人1台のタブレットPCさえあれば、学習が成立するとはいえない。

　つまり、高次な学力育成のための学習活動を支える「道具の一つ」として、1人1台のタブレットPCが役割を果たしている。これが、タブレットPCの最も理想的な活用パターンといえよう。

　もし実践者が児童1人1台の授業づくりに悩んだ場合には、この探究的な学習における過程を手がかりにするのが一つの方法であろう。例えば、社会科において「情報を収集」のためにインターネットを検索したり、理科において「整理・分析」のために実験で収集されたデータをグラフにまとめたり、具体的なタブレットPCの活用方法を発想する手がかりにできる。

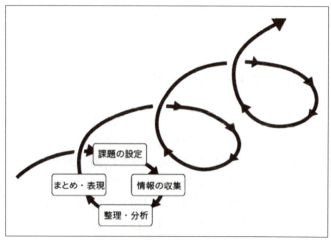

〈図6〉探究的な学習の過程（文部科学省）

(2) 各学習活動を支えるスキルトレーニング

　(1)が理想的な活用パターンであるが、例えば、タブレットPCがあればすぐに「情報の収集」ができる訳でもない。つまり、探究的な学習活動以前に、まずは「情報の収集」「整理・分析」「まとめ」「発表」といったそれぞれの学習活動が、タブレットPCも活用しながらスムーズにできるためのスキルトレーニングも重要である。このためにタブレットPCを活用することが、もう一つの活用パターンであろう。

　例えば、「インターネットで調べる」は、タブレットPCの操作スキルが必要であることはもちろん、検索キーワードを決めるために、調べたい内容を下位概念に分解し適切な用語を選定することが必要であり、検索して見つけた文章、グラフ、表、写真といった資料を読み取ることが必要となる。スキルの複合的な集合といえる。うまくインターネットで調査を行うためには、事前に身に付けておくべきいくつかのスキルがある。

　こういったスキルは、探究的な学習に取り組みながら身に付けるべきであるという意見もあるが、探究的な学習はそれ自身の難易度が高いことを考えれば、事前に基礎的なトレーニングをしておく方が望ましいであろう。特に、「情報の収集」や「発表」は現時点でも比較的多く行われている（図6）。しかし、「整理・分析」「まとめ」は実践例が多くないことから、スキル習得という面では、不十分な状態である可能性がある。また、近年話題の思考スキルの育成は「整理・分析」の段階に特にあてはまると考えられる。この思考スキルの考え方に、児童1人1台のタブレットPCを組み合わせて、スキルトレーニングを行うのも方法であろう。

(3) 基礎基本を支えるドリル学習

　漢字や計算といった学習において、タブレットPCを活用するパターンである。個別に繰り返し学習を行うためのタブレットPCの活用は、専用のソフトウエアが必要なケースも多いが、古くCAIの時代から行われきた効果が得やすい活用法の一つといえる。

5. おわりに

　以上のことは、芝園小学校の教員が参加した研修で繰り返し伝えられた。外部講師による研修は、1年半の間に17回開催された。それ以外にも校内で地道な取り組みが行われてきた。芝園小学校における多くの成功は、大きな目標を見据えつつも、慌てずに、足下から丁寧に準備や実践を積み重ねたことによる。富山市教育委員会や芝園小学校のリーダーシップによる大きな成果といえるだろう。

　専用のソフトウエアをイメージすると、自動的に出題、採点、履歴が保存されるといった大がかりなものを考えてしまうこともある。こういったソフトウエアも重要であるが、1問ずつ問題が表示され、児童はその回答を紙のノートに書き、次の画面で正答をみて自分で採点をするような単純な仕組みでも、便利に活用されていることもある。完全な独学・独習が可能な専用のソフトウエアのみならず、安価なソフトウエアでも適切な繰り返しができれば選択肢になるだろう。

【参考文献】堀田龍也、木原俊行（2008）我が国における学力向上を目指したICT活用の現状と課題、日本教育工学会論文誌 32（3）

Case 2 春日井市

自治体	春日井市教育委員会
実践校	春日井市立出川小学校
アドバイザー	稲垣忠（東北学院大学　准教授）

Ⅰ. 教育委員会の取り組みと成果

背景

　平成26年度・27年度に取り組んだ「パナソニックワンダースクール応援プロジェクト」に至るまでの経緯は下図の通りであり、春日井市教育委員会と出川小学校の取り組みは平成23年度から連綿と続いている。23年度から24年度にかけて、出川小学校自体が学習規律とICTの活用において、一定の成果を上げることができ、その後、平成25年度からは、その研究成果を春日井市全体へ還元していく段階を経て、26年度から27年度にかけてはタブレットPCを活用した授業開発を共同研究することとなった。

　出川小学校と春日井市の研究は、過去の研究成果を踏まえ、段階的に発展したものであり、パナソニックワンダースクール応援プロジェクトにおけるタブレットPCを活用した授業研究も過去の研究成果の延長上に達成したものである。

平成23年度				平成24年度						成果物
愛日事務協議会・春日井市教育委員会の研修委嘱										
6月22日	10月19日	12月14日	2月22日	5月9日	6月20日	9月26日	10月1日	10月24日	11月21日	
校内授業研究会①	校内授業研究会②	校内授業研究会③	校内授業研究会④	校内授業研究会①	教育事務所要請訪問①	校内授業研究会②	要請訪問②	校内授業研究会③	校内授業研究会④	研究要覧リーフレット ICT活用事例集	ICT活用事例集作成

※最後の成果物列：研究要覧リーフレット・ICT活用事例集作成

平成25年度					成果物
パナソニック教育財団第39回実践研究助成の研究委嘱					
6月12日	9月25日	11月27日	2月5日		
春日井市教務主任研修会 愛日地区初任者研修会 校内授業研究会①	市教務主任研修会 校内授業研究会②	市教務主任研修会 校内授業研究会③	市教務主任研修会 校内授業研究会④		「つながる研究システム」リーフレット作成 「学習規律の徹底とICTの有効活用」書籍発行・出版

〈写真1〉各種成果物

平成26年度				平成27年度					成果物
パナソニックワンダースクール応援プロジェクト									
6月22日	10月19日	12月14日	2月22日	6月11日	6月26日	8月24日	9月24日	11月13日	ICT活用事例集（改訂版）「学習規律の徹底とICTの有効活用」リーフレット作成
校内授業研究会① 市教務主任研修会	校内授業研究会② 市教務主任研修会	校内授業研究会③ 市教務主任研修会	校内授業研究会④ 市教務主任研修会	市初任者研修会	校内授業研究会① 市教務主任研修会	校内授業研究会② 教育事務所要請訪問①	稲垣忠准教授指導日	稲垣忠准教授指導日	校内授業研究会③ 教務主任研修会 研究発表会

目　的

　春日井市教育委員会が学習指導の研究実践に継続的に取り組んでいるのは、出川小学校との連携によって、その成果を市内全小中学校に広めることを目的としている。

　春日井市教育委員会では、平成11（1999）年より持続的に教育の情報化に取り組んできた。しかし、校務の情報化を優先して取り組んできたため、授業でのICT活用については、十分な成果を上げることができない時期が続いていた。そのため、出川小学校での研究成果を有効に市内に普及・還元することで、状況に変化をもたらし、わかりやすい授業に向けての授業改善の取り組みが進行する様々な仕掛け作りを実施することとした（図1）。

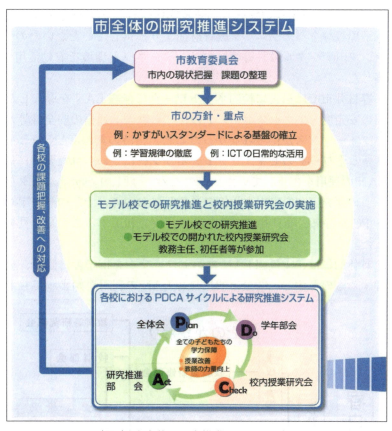

〈図1〉市全体の研究推進システムの概要

　仕掛け作りのポイントは、教務主任・初任者等がモデル校（出川小学校）の校内授業研究会に参加し、職制や立場に応じて研修することで、研究の成果や研究推進の仕組みを各校へ還元することが可能となる仕組みの構築である。そして、各学校ではPDCAサイクルでの研究推進をすすめることにより、春日井市教育委員会としての方針・重点が、全小中学校へ普及・浸透するこ

とをねらっている。

取り組みの内容・経過

1．環境整備

春日井市立出川小学校を含めた春日井市の ICT 環境の整備については、次のような経過と方向性を持って進められてきた。

- ・教育情報の共有化を目的に教育ネットワークを早くから整備してきた。
- ・校務の情報化を中心に ICT 環境を全小中学校に整備してきた。
- ・普通教室での学習指導に活用できるよう、実物投影機・プロジェクタ・指導者用デジタル教科書など比較的低コストで教育効果が期待でき、操作が容易な ICT 機器等を全小中学校に導入し、日常的に活用できるように整備を進めてきた。
- ・春日井市立出川小学校の研究実践成果の全小中学校への普及・浸透を図る。

「パナソニックワンダースクール応援プロジェクト」実施に向けては、タブレット PC および電子黒板等をパナソニック教育財団より提供していただいたので、タブレット PC で従来のコンテンツ（デジタル教科書等）やインターネット環境を有効活用するために、無線 LAN 環境を構築した。

春日井市では過去に校内ネットワークに無線 LAN を導入した経緯があったが、通信速度・通信の安定度・アクセスポイントの保守と管理・通信の安全性等が、日常の授業での利用で十分なパフォーマンスが得られなかったこと、当時の無線 LAN のセキュリティーレベルが春日井市教育ネットワークのセキュリティーポリシーに定められた要件に達していなかったことから、無線 LAN の運用を停止していた。そのため、今回、「パナソニックワンダースクール応援プロジェクト」の研究実践を出川小学校で進めるにおいて、上記の懸案事項を解決するとともに、タブレット PC を将来、春日井市内の全小中学校で利用することをも見据えた環境構築が必要であると考えた。

具体的には、①無線 LAN コントローラーを市庁舎に置き、全校のアクセスポイントを集中管理するものとする。②全市的に無線 LAN の利用が始まっても十分にトラフィックを処理できる性能の機器を選定する。③現在の無線 LAN の暗号化レベルなら設定を適切に行えば十分なセキュリティーが確保可能である、といったところが担保できたため、出川小学校を皮切りに、市内小中学校への無線 LAN 環境の整備に取りかかることができた。

これらのことがス

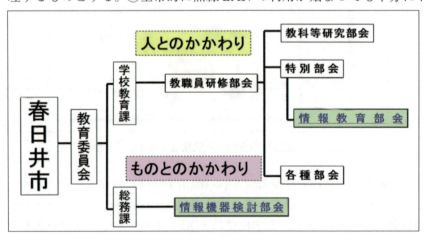

〈図2〉協働する組織

ムーズに実施できたことは、市役所の行政担当者と学校現場から選出した教員から構成される「情報機器検討部会」および春日井市の情報教育の推進を目的に設立された「春日井市情報教育特別部会」の存在が大きい（図2）。他の先進校や先進市町の成功例や失敗例を分析し、適切に方向性を示し、各学校への展開を助力できる組織を、教育の情報化に取り組んだ当初から立ち上げ運営してきたことが、春日井市の情報教育の推進に多大な好影響を与えている。

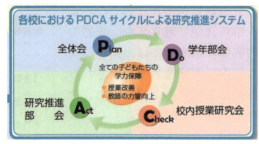

〈図3〉研究システムの仕組み

こうした学校と教育委員会、そして市政の他部局をつなぐ組織づくりと相互の意識的な協働が、実効性のある情報教育や環境整備に大変有効であると考える（図3）。

2．教員研修

(1)「かすがいスタンダード」と「つながる研究推進システム」

学習指導の研究委嘱を受け、実践研究に取り組んできた出川小学校の研究成果を元に、「かすがいスタンダード」として市内の全小中学校に普及・推進させるための仕組みを「『つながる研究推進』システム」として構築し、研究推進の手法の核として運用している。これは出川小学校の研究の進め方の手法であるPDCAサイクルを用いて、持続的な研究推進の仕組みを持てるようにしたものである。

なお「かすがいスタンダード」については、次のように定義している。

> 「かすがいスタンダード」とは
> すべての児童・生徒の学力保障をめざして、学習規律の徹底とICTの有効活用を中心としたわかりやすい授業を日常的に展開するための、市内全体で取り組むべき学習指導や学習環境のこと。

「かすがいスタンダード」は、春日井市内全校に展開するため、春日井市教育委員会で定義したものであり、市内小中学校で実現可能な「学習規律の徹底」と「ICTの有効活用」を基盤とする。そして、この「かすがいスタンダード」を浸透させるために、各職制に応じた研修を実施している。

(2) 教務主任研修

各校の研究や教育活動の推進リーダーであり、学年や担任との連絡調整役としての実務者である教務主任は「かすがいスタンダード」、ひいては出川小学校の研究成果やパナソニックワンダースクール応援プロジェクトで得られた成果の普及・浸透を図るためのキーマンである。その教務主任をターゲットにした研修会を、平成25年度以降で10回以上設定して実施した。この研修会は、出川小学校の「校内授業研究会」（校内研ではあるが、公開されている）に参加する形で設定している。もちろん研修前には、

〈写真1〉教務主任研修の一場面

当日の研修がより有効となるよう事前課題に取り組む。課題の内容は、基本的には出川小学校の校内授業研究会で公開される授業を参観する上での観点、その後の協議会で話題にしたい観点を明らかにすることとしている。

また、このような課題は、すべての教務主任と指導主事による「オール教務」と呼称されるメーリングリストで全員の教務主任が事前に発信し、互いに共有し合う仕組みとなっている（図4）。参観中は自校に持ち帰りたい場面をデジタルカメラで撮影し「この場面から学ぶ」として、事前課題と同じようにメーリングリストにて発信・共有をし、学びの共有をしている（図5）。あわせて、出川小学校の場を借りて初任者研修・拠点校指導教員研修・少経験者研修・管理職研修を教育委員会主体で適宜、実施した。

〈図4〉メーリングリストによる学びの共有

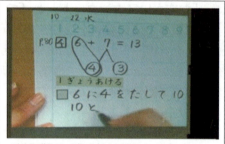

〈図5〉この一枚から学ぶ

こうした研修の仕組みが明確に構築されたのは平成25年からであるが、繰り返し実施されることが非常に有効であった。各校の課題を明確にして、研修に明確な意図を持って参加し、学びを入力・出力して各校に還元することが、当たり前のこととして継続されることで「かすがいスタンダード」の普及・浸透が無理なく、確実に行われた。こうした課題解決のための仕組みは、たとえば将来、全小中学校にタブレットPCを大量に導入し授業で活用するという場面でも、有効に機能することが期待できる。

成果

出川小学校の研究実践から、タブレットPCによる授業についても、多くの知見が得られた。春日井市では各学校で「学習規律の徹底とICTの有効活用」を土台として、習得・活用の授業を実践しているが、タブレットPCの授業での活用も、この授業スタイルに合わせ「ICTの有効活用」のひとつととらえている。したがって、「タブレットPCを使うため」の授業はしていない。タブレットPCを中心にした大きな授業改善をすることはせず「あるとちょっと便利」なツールとしての活用をめざしている。これは既に取り組んでいる実物投影機などを使った授業改善の手法を、無理なく発展させものである。現時点までのタブレットPCを活用した授業実践の成果はひとまず「ICT活用事例集」にまとめられている。と同時に、ワンダースクール応援プロジェクトで得られたもうひとつの大きな成果は「かすがいスタンダード」を普及・浸透させるための

数々の仕組みや取り組みが、タブレットPCを活用した授業改善にもごく自然に適用できることが実証できたことでもある。

課題

タブレットPCの有効性は本書の他の章で詳細に検証されているが、有用なツールであっても、それらを有効に活用できる素地を作っておかなければ導入する意味がない。市内の各校において全ての教員がタブレットPCを有効に活用するために、計画的な導入計画と予算確保が必要である。また、先進校での取り組みを市内全校に平準化して水平展開するためには、普及促進してきた「かすがいスタンダード」の取り組みを継続し、よりブラッシュアップしていく必要がある。

展望

2年間にわたる本プロジェクトへの取り組みは、春日井市におけるタブレットPCの導入を加速させる契機となった。今後は、毎年市内の各小中学校へタブレットPCの導入を進めていく。また、平成28年度に新規に開校した藤山台小学校において、1人1台のタブレットPC環境（One to One）を実現できたので、今後も研究の深化を訴求し、出川小学校とあわせて、新たな研究と研修の場とし春日井市がめざす教育活動を発信する拠点としていきたい。

おわりに

タブレットPCの大規模な導入に向けては、成果のある実践例・事例集が必要であるが、そのための得がたい研究実践の機会を与えていただいたパナソニック教育財団の皆様、適切な指導をいただいた東北学院大学の稲垣忠先生に感謝申し上げたい。「学習規律の徹底」と「ICTの有効活用」を軸とした日常を大切にした実践の積み重ねが、来たるべきタブレットPC活用の時代に向けても有効であることが実証できたことは、本市として大きな自信となった。

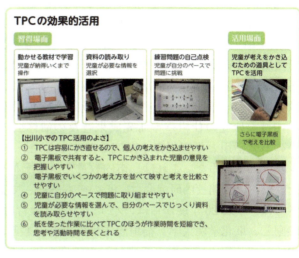

〈図6〉 「ICT活用事例集」より

Ⅱ. 実践校の取り組みと実践事例〈春日井市立出川小学校〉

背　景

　本校は平成23・24年度に春日井市教育委員会より学習指導についての研究委嘱を受け、東北大学大学院　堀田龍也先生の指導のもと、すべての児童の学力保障を目指して、ICTの活用による授業改善に取り組んできた。この2年間の取り組みにより、学習規律の徹底のもと、ICTの有効活用により意欲的に学習に取り組むとともに、基本的な知識・技能の習得や、習得したことを活用させる授業を全校で実践できるようになり、一定の成果を上げることができた。

　平成25年度からは、この成果を他校に対して発信・還元することに取り組んだ。パナソニック教育財団の一般助成を受け、平成25年度に4回の校内授業研究会を一般に公開し、これを核に校内授業研究の仕組みや研究成果普及の研修会の持ち方などのモデル化を進めるとともに、ICTの有効活用と学習規律の徹底を基本とした、本校の歩みと体制のノウハウを合わせてリーフレットにまとめた。これは、市内教員全員に配布をし、各校の校内研修体制の改善に役立てられた。なお、公開校内研究会は、その後も継続して実施している。

　さらに、平成26年度からは、パナソニック教育財団の「ワンダースクール応援プロジェクト」に参画し、東北学院大学　稲垣忠先生の指導のもと、タブレットPCの有効活用について高学年を中心に取り組んできた。まずは従来の情報提示型のICT活用に加えて、習得・活用型の一斉授業での教具的な活用に取り組み、その後は、段階的に、探究的な学習における児童が学ぶ道具としての活用にも取り組んできた。しかし、この2年間は高学年のみでの実践であったので、今後は低中学年での実践もして、タブレットPC活用普及のモデル化を進め、本市のみならず、全国の学校にも参考となるように情報発信をしていけるとよいと考える。

目　的

　児童生徒の確かな学力を育成するため、従来から取り組んできたICT活用に加えて、タブレットPCを導入し、タブレットPCの効果的な活用法の開発や教職員研修体制の確立を進める。
・児童各自のタブレットPCを活用した授業についての実践研究を行う。
・今後市内各校での無理のない活用を推進するために、タブレットPC活用普及のモデル化を進め、校内研修体制の構築を進める。
・既設の市内教育ネットワークを活用し、各校で開発した教材等を市教育委員会センターサーバーで共有することにより、各校での活用を推進する。

取り組みの内容・経過

1. 第1期（平成26年4月～平成26年9月）

> タブレットPCの日常的な活用のための環境・体制、学習形態等を整えるための時期
> ・実物投影機やデジタル教科書、フラッシュ型教材など、これまでに日常的に活用してきたICTと、

タブレットPCの活用との融合について、部会を編成し、無線LAN、充電庫、デジタル教科書などの環境整備やその扱い方のルール作成、学習指導におけるタブレットPC活用の学習形態や具体的な活用方法などを研究し、体制を整える。
・タブレットPCの導入後に、機器の扱いなどについて校内研修を実施する。

①校内研修Ⅰ（平成26年7月29日）
　タブレットPCと教材提示用ソフトウェア「e-トーキー」の操作研修を全職員対象に実施した。

②校内研修Ⅱ（平成26年8月16日）
　無線LAN環境の整備が完了したため、実際の授業の環境での第2回目の操作研修を全職員を対象に実施した。

③校内授業研究会Ⅰ（平成26年7月2日）
・学習規律の徹底と日常的なICT活用をもとにした学習指導についての研究授業として実施した。
・教務主任研修会としても実施した。

2. 第2期（平成26年10月～平成27年1月）

> タブレットPCの日常的な活用に関する実践を進める時期（主に個人での活用とその発展）
> ・学習指導におけるタブレットPCの活用について、グループ内での意見交換や発表などを中心に授業検討・授業実践・協議の流れで実践研究を重ねる。
> ・校内授業研究会を実施し研究授業をもとに協議するとともに、外部講師からタブレットPCの活用についての指導・助言を受け、課題を明確にし、校内全体での方向性を共有する。

①校内授業研究会Ⅱ（平成26年10月22日）
　・学習指導におけるグループでのタブレットPCの活用に関する研究授業と協議として実施した。
　・教務主任研修会としても実施した。

②校内授業研究会Ⅲ（平成27年1月14日）
　・学習指導におけるグループでのタブレットPCの活用その発展に関する研究授業と協議として実施した。
　・教務主任研修会としても実施した。

〈アドバイザーの助言と助言への対応〉
　出川小学校におけるタブレットPCの1時間の授業での活用場面は、総じて短時間でピンポイントな「禁欲的な」活用であるが、授業展開の中に無理なくタブレットPCを取り入れていく方向性は今後も続けていくべきであるとの指導をいただいた。
　→　単年度・単発の検証ではない先を見据えた研究実践を実施する体制を作る。

3．第3期（平成27年1月～平成27年3月）

> タブレットPCの日常的な活用に関する実践を進め、タブレットPCを使う、使わないの比較を中心に実践を重ね、年度のまとめをする時期
> ・学習指導におけるタブレットPCの活用について、グループ内での意見交換や発表などを中心に授業検討・授業実践・協議の流れで実践を重ねる。
> ・校内授業研究会を実施し研究授業をもとに協議するとともに、外部講師からタブレットPCの活用についての指導・助言を受け、課題を明確にし、校内全体での方向性を共有する。

①稲垣忠准教授指導日Ⅰ（平成27年2月23日）
　・5年生における算数と外国語活動で、タブレットPCを用いた授業及びタブレットPCを用いなかった場合の授業との比較を中心に、授業公開を実施した。
　・その後、全校で協議会を持ち、稲垣忠准教授にご指導・助言をいただいた。

②校内現職教育委員会
　・平成27年度の校内授業研究会実施予定日を策定した。
　　6月11日（木）校内授業研究会　　6月26日（金）校内授業研究会
　　9月29日（火）校内授業研究会　　11月13日（金）実践発表会

〈アドバイザーの助言と助言への対応〉
・「タブレットPCがあってもなくても」という段階から「あった方がよい」そして「ないとできない」という段階まで進めたい。
　→単元後半部分の活用中心の授業の中でも、児童が主体的にタブレットPCを活用する場面を設定するようにしたい。
・どの学年でもタブレットPCを日常的に活用することが大切である。
　→グループ1台、2～3人で1台という活用方法も探っていく。

4．第4期（平成27年4月～平成27年7月）

> タブレットPCの新たな日常的な活用場面を検討しながら実践を進める時期
> ・学習指導におけるタブレットPCの活用について、グループ内での意見交換や発表などを中心に、練習問題の自己採点としての使用なども加え、授業検討・授業実践・協議の流れで実践を重ねる。
> ・校内授業研究会を実施し研究授業をもとに協議するとともに、外部講師からタブレットPCの活用についての指導・助言を受け、課題を明確にし、校内全体での方向性を共有する。

①稲垣忠准教授指導日Ⅱ（平成27年6月11日）
- 6年における算数の授業「分数÷分数」と「文字と式」においてタブレットPCを用いた授業およびタブレットPCを用いなかった場合の授業との比較を中心に、授業公開を実施した。
- その後、全校で協議会を持ち、稲垣忠准教授にご指導・助言をいただいた。

②校内授業研究会Ⅳ（平成27年6月26日）
- 学習指導におけるグループでのタブレットPCの活用とその発展に関する研究授業と協議として実施した。
- 市内教務主任研修会としても実施した。

〈アドバイザーの助言と助言への対応〉
- 単元後半の児童の主体的な活用場面での使用について、手放しのタイミングの意識化を図るとよい。
  →教える場面と自分の考えを持つ場面を考えた授業展開を意識し、手放すタイミングを考えた授業展開に取り組みたい。
- 情報活用能力の育成を目指した活用も意識していきたい。
  →タブレットPCを使って調べたり、表現したりする授業展開の可能性も探っていきたい。

5. 第5期（平成27年8月～平成28年3月）

タブレットPCの日常的な活用に関する実践を進め、タブレットPCを使う、使わないの比較をしながら実践を重ね、まとめをする時期
- 学習指導におけるタブレットPCの活用について、グループ内での意見交換や発表などを中心に、

> 「授業検討・授業実践・協議」の流れで実践を重ねる。
> ・校内授業研究会を実施し研究授業をもとに協議するとともに、外部講師からタブレットPCの活用についての指導・助言を受け、課題を明確にし、校内全体での方向性を共有する。

①稲垣忠准教授指導日Ⅲ（平成27年9月29日）
・6年における算数の授業「図形の拡大と縮小」と社会科の授業「江戸幕府と政治の安定」において、タブレットPCを用いた授業およびタブレットPCを用いなかった場合の授業との比較を中心に、授業公開を実施した。
・その後、全校で協議を持ち、稲垣忠准教授にご指導・助言をいただいた。

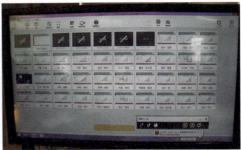

②授業実践発表会（平成27年11月13日）
・学習指導におけるグループでのタブレットPCの活用とその発展に関する授業を公開した。
・市教務主任研修会・市初任者研修会としても実施した。
【6年算数「比例と反比例」】
　5年の教科書に出てくる表を、タブレットPCから見る資料として用意した。授業前半で学習したことをもとに、表が比例しているかどうかを、児童が判定し、班で説明し合うことができた。

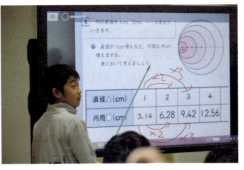

【6年社会「長く続いた戦争と人々の暮らし」】
　たくさんの資料から自分が必要な資料を選んで読み取り、情報を集めるためにタブレットPCを使った。子どもたちは、集めた情報をもとにグループや班で話し合うことができた。

【6年算数「立体の体積」】
　円柱の体積の求め方を習得し、タブレットPCで児童が自分のペースで円柱の体積の問題に挑戦した。個々のスピードで取り組むことにより、習熟を図ることができた。

 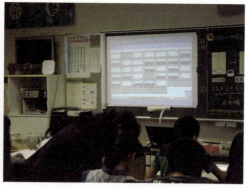

成　果

　タブレットPCを活用した授業の実践研究を通して、タブレットPCを授業で安定的に使うための環境が整備され、校内の研修体制が構築された。さらに、子どもたちも、タブレットPC操作への戸惑いがなくなり、意図した速さでの授業展開ができるようになった。
・授業でのタブレットPCの「使いどころ」や実物投影機など他のICT機器との「棲み分け」の感覚をつかみ、算数に限らず、他の教科やより多くの場面でタブレットPCを活用できるようになり、その実践を蓄積し、タブレットPC普及のモデル化を図ることができた。
・授業支援ソフトの利用にも慣れ、児童の意見をタブレットPCで収集し、大型ディスプレイで提示しながら意図的な指名をするなど、柔軟な授業展開が実施できるようになった。

課題

　タブレットPCを有効に活用した指導法や指導内容、またタブレットPCや授業支援ソフトの活用スキルのさらなる向上が、授業の効率化のためには必要である。今後は、教える場面と自分の考えを持つ場面を考えた授業展開を意識し、子どもたちの思考場面での有効な活用を図りたい。また、低中学年、違った教科での活用や活用場面を模索していきたい。

　この2年間は、どちらかというと、わかりやすく教えるための活用が中心であったが、今後は、子どもが自ら学ぶ「学習の道具」として、タブレットPCを使って調べたり表現したりすることができるようにしていきたい。そのために情報活用能力の育成を図っていきたい。

展望

　これまでの実践で、「日常的なICTの有効活用」による確実な知識・技能の習得や習得したことを活用させる授業を日常的に実践することができるようになり、さらに高学年については、この授業スタイルでのタブレットPCの活用にも取り組んだ。次年度以降は、他の学年でもタブレットPCの活用を組み入れ、児童が必要な情報を読み取ることや児童が自分の考えを書き込み比較・共有する等の活動を効果的に行い、わかりやすい授業づくりを進めたい。

　まずは習得・活用型の一斉授業でのタブレットPCの教具的な活用からスタートし、その後段階的に探究的な学習での、児童が学ぶ道具としての活用に取り組んでいきたい。この2年間の高学年での実践の成果をもとに、低中学年での実践も段階的に進め、タブレットPC活用普及のモデル化を進めたい。そしてこれをこの2年間の「ワンダースクール応援プロジェクト」の成果と合わせてリーフレットにまとめ、市内教員に配布するとともに、本校ホームページに掲載し、全国の学校にも参考となるように情報発信ができればと考える。

　また、年間2回程度の公開校内授業研究会を実施し、本校が従来から取り組んできた授業づくりに加え、タブレットPC活用についても参加者へ発信し、活用普及モデルの情報発信の場としたい。

おわりに

　本校では、従来から学習規律の徹底と日常的なICT活用を基盤とした「わかりやすい授業」を目指して取り組みを進めてきた。その上にタブレットPCの有効活用が加わった形となり、子どもたちも当初からあまり抵抗なく、タブレットPCを活用することができた。個人の思考場面や習熟の場面など、ここぞと思われる場面での活用が定着し、児童の思考の深まりや授業時間の短縮など、有効活用とともに、成果が現れるようになってきている。しかし、個人での活用には慣れてきたものの、タブレットPCを使って、グループ単位で何かを調べたり、表現したりする活動までには至っていない。今後、そのような活動も行い、さらなる有効活用の手立てを探っていけたらと考えている。

> 実践事例 1　　　　　　　　　　　春日井市立出川小学校

半具体物の操作を通して、通分の必要性に気づかせる指導

5年　算数　「分数」

実践事例の概要

　これまでに児童は同じ分母の分数のたし算・ひき算の学習をしてきました。本単元では、通分・約分の仕方も学習しています。本時は、異分母分数のたし算の仕方を習得することが目標です。ただ「異分母分数のたし算をするには、通分をすればよい」という授業で終わるだけではなく、タブレット PC で、コップの中のジュースという半具体物を操作させ、分母同士、分子同士を足し算すると答えが異なるということを実感させるようにしました。また、通分して単位分数がいくつ分かをそろえると、コップの目盛がそろうことも視覚的にとらえさせるために、通分後のジュースも教材として操作させました。タブレット PC での操作を通して、通分する必要性とよさを感じさせることもねらいとした実践を行いました。

タブレット PC の活用法

ジュースの模式図をかいたエクセルのファイルをタブレット PC に配信する

授業の流れとポイント

　まず、フラッシュ型教材で同分母分数の足し算の仕方の復習から入りました。フラッシュ型教材の最後の問題で本時解決すべき問題 $\frac{1}{2}+\frac{1}{3}$ を提示しました(写真1)。これまでの同分母分数のたし算との違いを児童に問うと、「2つの分数の分母が違う」や、「前は分母が同じだった」などと分数の分母が違うことに注目させることができました。児童の言葉をもとに、めあてを「分母のちがう分数のたし算の仕方を知ろう」としました。

　次に、本時のめあてでもある、異分母分数の計算方法の習得の場面に入り、「先生の友人は $\frac{1}{2}+\frac{1}{3}=\frac{2}{5}$ と考えた」ということを伝え、板書しました。同時に、$\frac{2}{5}$

〈写真1〉 フラッシュ型教材での導入

という数は半分より小さい数字であること、1を5つに分けた2つ分であることを確認しました。児童から「違う」「おかしい」「分母を足すことはおかしい」「分母が同じときは足さなかったのに、今回は分母も足している」などの意見が出ました。しかし、なぜ答えが $\frac{2}{5}$ では間違いなのかと

問うと、理由を説明できる児童はいませんでした。そこで、答えが $\frac{2}{5}$ とならないことを実感させるため、児童にタブレットPCを出すよう指示しました。

児童のタブレットPCにはあらかじめ通分前の目盛のジュースの図を配信してありました。児童にはその図のジュース分の図形をドラッグして動かし、たし算の動作をさせるよう指示しました（写真2）。通分前の図のジュースを動かすと、目盛がない場所にジュースが来るために、答えがよくわからなくなることを実感させることができました。その後、分母が揃っていれば計算できたことを確認し、児童にどうしたら分母をそろえられるかを問うと、「通分すればよい」という意見が出ました。児童にそれぞれの分数を通分させ、$\frac{3}{6}+\frac{2}{6}=\frac{5}{6}$ という答えを出させました。その後、「分母が違う分数の計算をするには、通分をして分母を揃える」ということを確認した後、図でも $\frac{5}{6}$ になっ

〈写真2〉通分前の図を操作させる

〈写真3〉通分後の図を操作させる

ているかどうかを確かめるためにタブレットPCを出させました。タブレットPCで通分後の図を出させた後、児童に「通分する前とどこが違う？」と問うと、目盛の数が揃っていることに気づく児童が多く見られました。その後、練習問題を解かせ、振り返りの時間としました（写真3）。

振り返りにおいて、児童の多くは「分母の違う分数のたし算をするには、分母をそろえるとよい」というように分母が違う場合は分母を揃えて既習事項と結び付けて考えることが大切であることを書いていました。中には「通分すると目盛りの大きさが揃う」などと通分の操作と目盛りの幅の関係についても気づいている児童もいました。

こうして、実際にジュースの中身を移動させる操作、さらには目盛りの幅に注目させることで、ただ単純な「通分」という作業だけでなく、単位分数を揃えて計算するという分数の学習における根幹をなす部分にも触れられたと考えられます。

> 実践事例 2　　　　　　　　　　　　　春日井市立出川小学校

平行四辺形の底辺と高さの関係を何度もかいて定着

5年　算数　「面積」

実践事例の概要

　本時で大切なことは、平行四辺形の面積を三角形に分けて求めたり、長方形に変形して求めたりしたことをもとに、平行四辺形の面積を求める公式を考えて使えるようになることです。平行四辺形の面積を求める公式を使えるようになるためには、図の「底辺」に対応する「高さ」を見つけられることが大切です。そこで、タブレット PC に平行四辺形の図を配信し、図の「底辺」に対応する「高さ」を見つけ、タブレット PC にかき込ませる活動を取り入れました。その際、複数のシートに平行四辺形を回転させて提示し、いろいろな向きから「高さ」を探し出せるようにしました。これによって、「高さ」は「底辺」に対して垂直であることを定着させました。

タブレット PC の活用法

平行四辺形の図（高さが底辺の外側にある平行四辺形を除く）を 1 つ貼り付けたパワーポイントのファイルをタブレット PC に配信する

授業の流れとポイント

　本時までに、平行四辺形の面積は三角形に分けて求めたり、長方形に変形して求めたりしたことを思い出させました。本時は、このことを使って平行四辺形の公式を導き出すことをめあてとしました。

　はじめに、平行四辺形の面積は、三角形の面積の 2 つ分であることから、面積を求める式は底辺 × 高さ ÷ 2 × 2 であることを導きだし、平行四辺形の面積の公式を作りました。また、平行四辺形の面積が長方形の面積と等しいことから、縦 × 横であり、縦と横が高さと底辺に当たることを確認し、公式を導き出しました。その上で、三角形から考えても、長方形から考えても公式は同じになることを確認しました。

　さらに、「平行四辺形の高さは何本あるでしょう」と考えさせ、「向かい合っている辺が平行だから、高さはみんな同じでたくさんある」ということに気づかせました。そして、1 つの底辺に対して、平行な辺の幅が高さであることを確認させ、三角形との違いを明らかにしました。また、底辺と高さの関係は垂直であることを確認しました。

　その後、黒板に教科書と同じ 2 種類の平行四辺形を貼り付けました。「平行四辺形の面積を求める公式は何ですか」と問い、「底辺 × 高さです」と指で底辺と高さを空書きしながら公式を答

えさせました。続いて「底辺と高さの関係は何ですか」と問い、「垂直です」と直角の記号を空書きしながら答えさせました。

次に、タブレットPCを机上に出させました。タブレットPCには授業前に配信しておいた6問分の平行四辺形の図が映されています。

始めの3問は底辺を指定した問題、残り3問は自分で底辺を設定する問題です。底辺を青、高さをピンクでかくこと、垂直である証に直角の記号を付けることを指示しました。平行四辺形の底辺が斜めの時に高さがわかりにくいため、直角の紙を当ててかかせました（写真1）。

1問から3問は個人で作業させました。自分のペースで高さと底辺の関係をかき込ませました（写真2・3）。

4問から6問については、電子黒板に4人の解答を選んで提示し、正答かどうかをクラスみんなで考えました。

このような授業展開で、自分のペースで高さと底辺の関係を理解することができました。

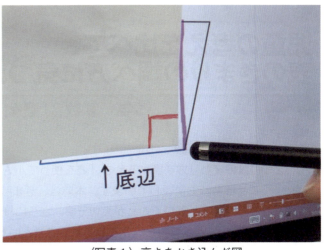
〈写真1〉 高さをかき込んだ図

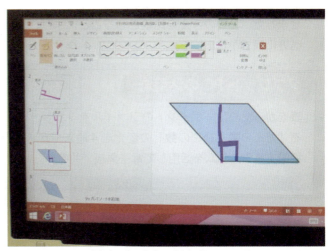
〈写真2〉 直角の紙を当ててかく

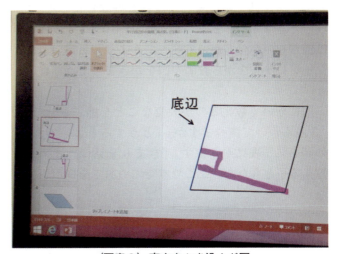
〈写真3〉 高さをかき込んだ図

実践事例3　春日井市立出川小学校

児童の考えを比べて、表のきまりの調べ方に気づかせる

5年　算数　「順々に調べて」

実践事例の概要

　2つの量の変わり方を調べるとき、「表を使って小さいものから順に調べてきまりをみつける」ということは前時に学習しています。本時は、きまりを使うと量が大きい場合も簡単に問題を解くことができると気づくことが大切です。さらに、6年生の学習へのステップとして、表を「横に調べる」「縦に調べる」ということを意識させたいと考えました。そこで、2つの量の変化をまとめた表から、どのようなきまりがあるか、タブレットPCを使って各自で思考させました。その後、タブレットPCにかき込んだ児童の考えを電子黒板で共有し、全体で意見を伝え合わせました。2つの考えを比較させることにより、「横に調べる」「縦に調べる」という2つの調べ方に気づかせました。

タブレットPCの活用法

表をかいたパワーポイントのファイルをタブレットPCに配信する。表は、教科書に載っている「だんの数とひごの数」の変化を4段までかき込んだもの。児童が考えを書き込んだ後に、授業支援システムを活用して電子黒板で共有。

■ 授業の流れとポイント

　はじめに、本時の問題を読ませました。ひごの階段の図をスクリーンに映し、全員で確認しました。「1段のときは4本、2段のときは10本…」「4段のときは図がないから、かいて調べてみよう」と言い、スクリーンに映しながら教師が図をかきました（写真1）。

　図にかいて数えるのが大変なことを感じさせた後、「5段もかいて調べますか」「どうするとよいですか」の問いに「表にかきます」「きまりを見つけます」と答える子どもたち。ここで本時のめあてを提示しました。

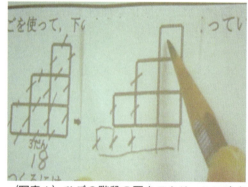
〈写真1〉ひごの階段の図をスクリーンに映す

　「どんなきまりがあるのか表にかきこんで調べましょう」と発問し、タブレットPCを机上に出させました。タブレットPCには授業前に配信しておいた表があります。かき込む時間は4分程度でした。子どもたちは全員、表にかき込んできまりを見つけることができました（写真2）。

各自でいくつか書いた中から一つを選び、画面に出させた後、「隣同士でどんなきまりを見つけたのか伝え合いましょう」と指示しました。子どもたちはタブレットPCを見せながら伝え合いました（写真3）。

　その後、タブレットPCを机の中にしまわせました。タブレットPCにかかれた全員の考えの中から2つの考えを意図的に選び、順に電子黒板に提示しました。
　さらに、「この人はどのように考えたのでしょう」と提示した考えを他の子どもに説明させました。
　2つの考えを比較しやすいように並べて電子黒板に映し、「この2つの調べ方の違いは何ですか」と聞くと、「左の考えは表を横に見て調べているけれど、右の考えは表を縦に見て調べている」と子どもが電子黒板に映った表を指しながら答えました（写真4）。

　ここで、「横に調べる」「縦に調べる」の2つの考えについて板書し、まとめました。

〈写真2〉 きまりをみつけてかき込む

〈写真3〉 隣同士で説明し合う

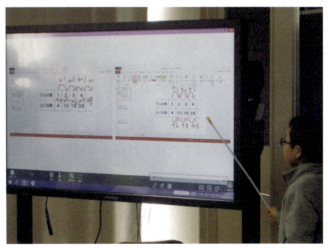
〈写真4〉 2つの調べ方の違いを説明

| 実践事例4 | 春日井市立出川小学校 |

自分のペースで問題を解いて、タブレットPCで答え合わせ

6年　算数　「分数÷分数」

実践事例の概要

　本時は、帯分数や整数のまじった「分数÷分数」の計算をできるようになることが大切です。計算の仕方を端的に習得した後、どの児童にもできるだけ多くの練習問題に取り組ませたいと思いました。教師が丸付けをしてまわると計算の苦手な児童をじっくり支援することができません。特に、T2の教師が入らず担任のみの授業の場合では、丸付けさえなかなか追いつきません。そこで、ノートに計算した答えをタブレットPCに入力すると、児童が自分で答え合わせができるようにしました。配信する問題の端に色をつけ、電子黒板で全員の進み具合が一目でわかるように工夫しました。

タブレットPCの活用法

練習問題がかかれたエクセルファイルをタブレットPCに配信する。練習問題は教科書の練習問題を使用する。エクセルのマクロ機能を用いて、児童が答えを入力すると、「〇」「×」が表示される。

授業の流れとポイント

　はじめに、フラッシュ型教材に取り組みました。「仮分数にして言いましょう」という発問に、子どもたちは「2分の5」「3分の10」とテンポよく答えました。

　次に、本時のめあてを提示しました。帯分数を仮分数に直すと計算できるということは「分数×分数」で学習しています。「帯分数のときはどうすれば計算ができそうですか」の発問に子どもたちはすぐ「仮分数になおします」と答えました。計算の仕方を一つ一つ確認しながら全員で計算しました。整数÷分数の問題も同じように確認した後、教科書の練習問題に入りました。

〈写真1〉計算はノートに書く

　まず、7問のうち基本となる2問のみ解かせ、全員で計算の仕方と答えを確認しました。
　その後、タブレットPCを机上に出させました。タブレットPCには、教科書の練習問題がかかれたものを予め配信してあります。なお、問題は難易度別にシートを分けてあります。「ノートに計算をし、タブレットPCに答えの入力をして確認をしながら練習問題に取り組みましょう」と指示しました（写真1、2）。

子どもたちはタブレットPCの問題をノートに写して計算し、計算結果をタブレットPCに入力しました。ノートの書き方はタブレットPCを使わないときと同じです。計算した答えを入力するとすぐに「○」「×」が表示されるので、自分のペースで計算問題に取り組むことができました（写真3）。

3回間違えたら先生を呼ぶルールになっています。また、シートの端に色を付けてあるので、どの子がどのシートの問題に取り組んでいるのかを、電子黒板で簡単に確認することができます（写真4）。

教師は丸を付けてまわる必要がないので、シートの進み具合を電子黒板で確認して、進み具合の遅い児童に声をかけたり、支援が必要な児童に助言したりしました。計算の苦手な子どもたちも安心して問題に取り組むことができました。

〈写真2〉問題に取り組む児童

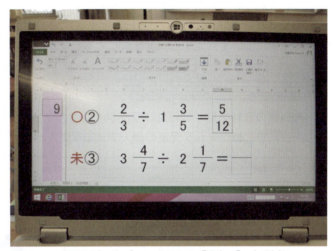

〈写真3〉タブレットPCで「○」「×」判定

〈写真4〉個々の進度を確認

> 実践事例 5　　　　　　　　　　　春日井市立出川小学校

多様な資料から、必要な情報を収集

6年　社会　「長く続いた戦争と人々のくらし」

実践事例の概要

　本時は戦争中の生活について話し合うために、多様な資料から戦争中の人々の生活を読み取り、より多くの情報を集めることが大切です。教科書の資料「戦争中の標語」「配給制」「工場で働く女子生徒」「集団疎開」「疎開先での食事の例」「学校での訓練」「当時の雑誌」や、教師が用意した補足資料など多くの資料から当時の生活の様子について読み取らなくてはなりません。そこで、ジグソー学習を取り入れ、たくさんある資料を班で分担し、タブレットPCを使って、それぞれの資料とそれに関する補足資料を読み取らせました。資料をフォルダ別に分けておくことで、児童はタブレットPCを使って、多様な資料から必要な情報を収集し、戦争中の人々の生活について共通する状況をまとめることができました。

タブレットPCの活用法

教科書の資料を貼りつけたパワーポイントのファイルや教師が用意した補足資料を1つのフォルダにまとめ、それを児童の個人フォルダに入れておいた。

授業の流れとポイント

　事前に児童の個人フォルダに本時で使うスライドなどの資料をフォルダに分けて入れておきました。そして、児童には、授業開始前にタブレットPCから本時で使う資料を開かせました。

　始めに、スクリーンに「戦争中の標語」を映し、本時は戦争中の生活について調べていくことを確認し、めあてを提示しました。

　「配給制」の資料を教師がスクリーンに映し、児童にはタブレットPC上に映させ、「何が見えますか。」と発問しました。自分のタブレットPC

〈写真1〉個人で調べる

で資料を拡大させ、気づいたことを答えさせながら全体で資料の読み取り方を確認しました。そして、資料から「物がない生活だった」ことが読み取れることを押さえました。

　その後、ジグソー学習をすることを伝え、ワークシートを配り、班の中で調べる資料を「工場で働く女子生徒」「集団疎開・疎開先での食事」「学校での訓練」「当時の雑誌」に分担させました。そして、タブレットPC上の資料や用意した補足資料からそれぞれが担当する内容について調べ

させました（写真１）。

　子どもたちは、タブレットPCを操作して自分で読み取りたい資料を選びながら、わかったことをワークシートに書きました。そして、同じ資料を選んだ人同士でグループを作り、必要があればタブレットPCに資料を映しながら、調べてわかったことを伝え合わせ、ワークシートに記入させることで自分のもつ情報を増やさせました（写真２）。

〈写真２〉グループで調べる

　グループでの話し合いの後、自分の班に戻らせ、「戦争中の人々はどのような生活をしていたといえますか。」と発問しました。それぞれが調べてわかったことについて伝え合い、話し合いシートに戦争中の人々の生活について短い言葉でまとめました（写真３）。

　「国や戦争にしばりつけられた生活」「子どもも大人も厳しい生活」「戦争中心の生活になり、国民に自由はなかった」「すべてを戦争にささげている生活」など、戦争が生活の中心となっていたことに気づくことができました。

〈写真３〉班で話し合う

　書き終わった話し合いシートは似た意見ごとに黒板に貼り、全体で各班の意見を見ながら、どの資料から読み取った情報をもとに考えたのかを問い、理由は読み取った資料をもとに説明させました（写真４）。

　最後に、本時の大切な言葉である「戦時体制」を全体で読み、押さえた後、本時の授業からわかったことと思ったことを振り返りとして自分の言葉で書かせ、まとめにつながる振り返りを書いている児童を意図的に指名し、発表させました。

〈写真４〉全体で話し合う

Ⅲ. 実践をふり返って〈アドバイザー〉

出川小学校の実践をふりかえって

東北学院大学 教養学部 准教授
稲垣　忠

1. 40台、1教室分の意味

　タブレットPCを導入した学校ではどんな実践からはじめていけばよいのか。出川小学校の取り組みはモデルのひとつになり得ると思う。ワンダースクール応援プロジェクトでは、40台1教室分の端末が導入された。1年目は5年生、2年目はそれを引き継いで6年生と主に使用する学年を限定した。出川小学校では4クラスでこの1教室、40台を共有していたことになる。充電保管庫にタブレットPCはしまわれているため、授業の前にタブレットPCを充電保管庫から出したり、片付けたりの手間がある。それでも、通常の教室と同じように机の上を使うことができ、不要な場面では机の中にしまっておける。電子黒板は、液晶タイプの独立型だったため、従来の黒板をフルに使いながら電子黒板を使用できる。出川小ではプロジェクターも持ち込んで2画面プラス黒板で授業をすることもあった。

〈図1〉電子黒板による画面共有とプロジェクターによる拡大提示

　タブレットPC教室の位置づけは、コンピュータ室とそう違う訳ではない。普段の教室ではなく、専用の教室に移動する点も似ている。従来のコンピュータ室は、インターネットに接続して調べ学習に使う、プレゼンテーションなどの制作活動、タイピングなどの技能習得といったところが代表的な使い方だった。これらの学習活動は、情報活用能力を育成する面から現在も重要であるだけでなく、「21世紀型スキル」と呼ばれるようなこれからの学力を育むための学び＝アクティブ・ラーニングの典型としても、ますますその重要性は増している。子どもたち全員が1人1台を持つ「完全1人1台」になるまでは、コンピュータ室にいけば端末を出したり運んだりすることなく、すぐに使える環境は無くすべきではない。そうだとすれば、今回のタブレットPC

教室とは何だったのか。学校全体で一部屋のコンピュータ室を共有する場合、学校規模にもよるが、週に1回か2回かの使用機会を割り当てる程度が限界である。普段の授業というより、先ほど挙げたようなコンピュータ室向きの学習活動を実施することになる。出川小学校のタブレットPC教室は4学級で一部屋であり、従来のコンピュータ室に比べればずっと日常感がある。普段の授業ともっと地続きで、タブレットPCを使うことが向いている場面で活用できる可能性は高まる。

なお、今回導入されたタブレットPCには残念ながら背面カメラが搭載されていなかった。学校現場で導入されているタブレット端末の多くは、背面にカメラがついている。体育でマット運動を撮影して振り返る、理科や社会科で観察の記録をとる、国語や英語のスピーチを録画するなど、「大きなカメラ」として日常的に活用されている。こうした活用方法は、1人1台無くても支障は無い。2～3人、あるいはグループに1台でも十分に効果的な活用ができる。また、学習者用のドリルやシミュレーション等の教材や、協働学習を支援するようなアプリケーションも含まれていなかった。ワンダースクール応援プロジェクトのモデル校の実践をご覧になられて、他地域・他校のタブレットPCを活用した授業と少し趣の違いがあるとすれば、こうした背景事情がある。

その一方で、安定した無線LAN環境、堅牢な端末、しっかりしたキーボードの搭載と、教師・子どもたちが安心して使える環境を提供できていた。2年間、何度かの会議で出川小学校をはじめ他地域の先生方から進捗状況の報告を聞く機会があったが、機器トラブルに関する報告を聞くことはほとんどなかった。環境構築の面からみても、価値のあるモデルケースだったと言えるだろう。結果として、タブレットPCを（さまざまなハードルを乗り越えながら）どう活用するか、ではなく、普段の授業を改善する手段と位置づけ、先生方の創意あふれる試行錯誤の場となったことに本プロジェクトの実践的な価値があると考える。

2. タブレットPCの使用場面と非使用場面のちがい

ワンダースクール応援プロジェクトでは、第1章で紹介したように、タブレットPCを使った授業とほぼ同じ授業展開でタブレットPCを使わない授業（プロジェクター等の提示機器はそのまま使用する）を他クラスで実施し、その効果検証を試みてきた。定量的な調査結果は第1章に譲るとして、具体的にタブレットを使った授業とそうでない授業ではどのような違いがあったのだろうか。いくつかの具体例をご紹介しよう。

算数では、長方形の1辺の長さをのばしていくと、面積が比例関係になることをつかむ場面。2つの数の関係を示した表をプレゼンテーションソフトで作成し、配布した。児童は表にタブレットPC上で気づいたことを画面に書き込み、電子黒板上で共有した。対してタブレットPC無しのクラスでは、同じ表を印刷して配り、実物投影機で提示、共有した。タブレットPC上では、スライドの枚数から思いついたアイデアをいくつも書きこみができる。「書きやすさ」では紙に劣るものの、提示した際の「見やすさ」では、タブレットPCは圧倒的に有利だ。2人ペアで見せ合うのにもちょうどよい。この授業でのタブレットPCの良さは、「お互いの考えを見えやすくする」にあったと思う。一方で、多様な考えはともすれば授業のねらいから外れた考えも含めて共有されることになる。子どもの考えをどう受け止め、授業展開に生かしていくか、学習課題

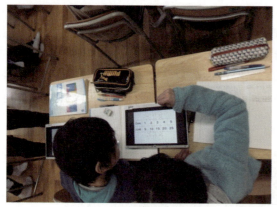 

〈図2〉タブレットPCで考えを伝える／ノートで伝える

の性質、単元上の位置づけを含めて討議された。また、ここで練り合った児童の考えは、そのままではノートに残らない。端末を共有する中で、学習の軌跡をどう残し、振り返りできるようにしていくかも今後の課題のひとつだろう。

　外国語活動の授業では、レストランの店員と客の立場になり、好きなランチメニューを注文する活動場面で、タブレットPC上のデジタル教科書が活用された。画面上でメニューを指でタッチし、ドラッグするだけで自分の好きなメニューをつくることができる。元の画面に戻すことも一瞬だ。

　一方、紙で実施したクラスでは、メニューを小さなカードにして配り、机上で必要なものをとりあげて同じ操作を行った。2人ペアの組み合わせをずらしながら、できるだけ多くの練習の機会を設けようとしていたが、タブレットPCの方が繰り返しできる数は明らかに増えていた。紙では元に戻したり、並べなおしたりする手間があるのが、デジタルの教材であればボタン1つでリセットできる。繰り返しの練習を効率よくできることも、ICTのメリットと言えるだろう。

　なお、ここで問題となったのは、タブレットPCを使ってペア活動する際の「視線」である。対面のコミュニケーションを重視した学習活動だからこそ、お互いの目をみて、しっかり話し、聴くことを期待したい。タブレットPCが入り込むことで、それぞれに自分の画面を見る時間が長くなり、不自然なコミュニケーションになる問題が指摘された。ペアやグループで活用する際、どのようなコミュニケーションを期待するのが適切で、どのような環境で、何を指導しておくべきか、さまざまな学習形態にトライしながら、検証していく必要がある。

　算数と外国語活動、2つの事例を紹介した。視認性、試行錯誤のしやすさなど、いずれもタブレットPCが明らかに有効と言える場面を設定している。ただし、タブレットPCがあらゆる場面で優れているという訳でもない。また、ウェブ検索した結果をまとめる、映像教材を各自で視聴する、カメラで撮影したものをもとに映像作品をつくるなど、タブレットPCがないと単元そのものが成り立たないような授業との比較は含まれていない。直接的な比較可能な範囲でメリットとデメリットを天秤にかけ、ここならという場面を教師が設定してきたことが伺えるだろう。

〈図3〉 タブレットPCでメニューをつくる／紙のカードでつくる

3．見えてきた出川小でのタブレットPCの活用スタイル

　平成27（2015）年11月13日。出川小の授業実践発表会は全ての学級の授業が公開された。タブレットPC活用は6年生4クラスのうち、機材の調達ができた3クラスで取り組まれた。タブレットPCのどんな機能がどのような学習活動において有効なのか、この2年間の取り組みの成果がみえてくる提案だった。タブレットPC上で書き込む試行錯誤のしやすさ、自動採点による個の習熟支援、多様な情報の収集、それぞれ実践の紹介は、実践報告をご覧いただきたいが、ここでは筆者の視点から簡単に紹介する。

　算数「立体の体積」では習熟場面で活用された。エクセルで自作したマクロを使った自動採点型のコンテンツが活用された。子どもたちは自分のペースで習熟問題に取り組み、即座に正誤が表示される。各児童の画面を電子黒板上で一覧表示しておくことで、教師は全体の様子を把握できる。自動採点と一覧表示により、教師は児童の個別支援の時間を増やすことができる。つまり、自動採点されることで全体を素早く周りながら丸を付ける時間を省略できる。児童も採点されるのを待つ必要がない。加えて、進捗状況が一覧表示されていれば、どの児童がつまずいているか、把握も早い。結果として、もっとも支援が必要な児童に対する時間を長くとることができる。

　社会「長く続いた戦争と人々のくらし」では、ジグソー学習による情報収集が行われた。ジグソー学習とは、米国の教育学者アロンソンが1970年代に開発した指導法だが、近年、日本でもアクティブ・ラーニングを実現する指導法のひとつとして実践が広がりつつある。学習課題を明らかにするために必要な資料をグループの人数分用意し、グループ内で各自分担して読み取る。途中、同じ資料をみている児童だけで集まり、大事なポイントや伝えるべきことを整理・確認する。もう一度、元のグループに戻り、お互いの情報を伝え合う。ジグソーパズルのように、一度バラバラになった個の学びをグループでつなぎあわせることで、1人1人が自分の集めてきた情報や考えに責任感と、伝え合う必要感をもって集まることで学び合いが活性化する。授業では、表面的な伝え合いにならないように、教科書資料だけでなく、Web上の資料についても教師が吟味し、議論が深まるよう工夫されていた。多くの情報から読み取らせたり、拡大・縮小しながら資料をじっくり読み解くことができるのがタブレットPCによる情報収集の利点である。

　算数「比例と反比例」では、発展課題として下学年の教科書の中から、比例や反比例の関係を

見つけ出す学習活動が設定された。パワーポイントのスライドには、これまで学習してきたさまざまな単元における数値の変化をあらわす表が貼り付けられている。児童は班の中で分担して、どの表を説明するか選び、スライドにペンを使い、横にみる、縦にみる、2つの説明方法を選んで書き込んでいった。デジタルなら教科書紙面に直接、自分の考えを書いたり、消したりの試行錯誤も難なくできる。共有する場面では、2つの説明がそれぞれ書かれている画面を選び、電子黒板に並べて表示することで、説明の仕方のちがいが際立つように工夫されていた。

　試行錯誤、習熟、情報収集、3つの活用方法は特定の教科・単元の一部の場面でのみ活用できる特殊な方法というよりも、日々の授業の中に取り込みやすいものである。1人1台の日常的な活用パターンが見えてきたと言えるだろう。ただし、試行錯誤を促すシミュレーション型の教材や習熟を促すドリル教材等は、市販のものも充実しつつある。より多くの先生方が日常的にタブレットPCを授業に取り入れていくには、こうした教材を活用していくことも選択肢にいれておくとよいだろう。

4．出川小の実践に学ぶ

　1クラス40台のタブレットPCを専用教室に設置し、学年を限定した形で出川小学校でのタブレットPC活用は実践が積み重ねられてきた。他校・他地域が参考にできる点は多々あると思われるが、ここではこの2年間の実践の前提にあったものとして、次の2点を紹介したい。

（1）提示機器によるICT活用の日常化：タブレットPCは子どもたちの学習の道具であり、電子黒板やプロジェクターは教師が指導する際の道具である。とはいえ、児童全員がタブレットPCを所持している訳でもない限り、タブレットPCの使用機会は教師の判断に委ねられる。学年限定ではあったにせよ、積極的な活用が進められた背景には、提示機器の活用が日常化していたことがある。教師がテクノロジーに対する抵抗感を減らし、むしろその良さを享受した経験があるからこそ、タブレットPCの活用にも前向きになれる。そのためにも提示機器は一部の教室やフロアに1台といった整備ではなく、すべての教室で電源ひとつで使えることがタブレットPC導入の前提条件である。

（2）授業を掘り下げる事後検討会：出川小学校ではICTは日常に既に埋め込まれており、タブレットPCもその中に違和感なく溶け込めるように活用方法が吟味されてきた。研究授業後の検討会では、実はICTの話はあまり話題には上らない。むしろ、学習課題の示し方、子どもたちの意見の取り上げ方、振り返りのさせ方など、授業展開と指導の手立てと子どもの姿が議論の中心であり、短い時間の中でも濃密な議論が展開されていた。ICTの良さを実感しつつも、高めるべきはICT活用の細かなノウハウではなく、まずもって授業として成立させること。この意識が共有され、授業改善に取り組む教師文化が確立していたことが、出川小のブレないICT活用の基盤となっていた。

　タブレットPCさえ導入すれば、授業が変わる、学力が向上するといった安直な発想ではない。タブレットPC以前の適切な環境整備と教師集団の高まりが積み重ねられてきた結果として、タブレットPCが導入されても、目指す授業のため活用することができた。

5．今後の展望と期待

　6年生の先生方と子どもたちが追究してきたことは、いかに日常の授業に違和感なく、タブレットPCを活用するかだった。授業を変えないことを前提としてきたからこそ、多くの現場で参考にしやすい実践を蓄積できたと言えるだろう。一方で、学習指導要領の改訂に向けて、アクティブ・ラーニングの視点からの授業改善が求められるようになってきた。しっかりした教材研究に基づいた綿密な授業設計ができる出川小の先生方だからこその、「深い学び」につながる豊かな学習活動の創造に今後も挑戦していただきたい。

　タブレットPCについては、ワンダースクール応援事業では学年を限定したことで、今後の本当の意味での1人1台、つまり1学級分の台数で特定の授業時間だけ1人1台環境ではなく、全員が所持するような環境へとステップアップしていくための、貴重な実践が積み重ねられたと思う。ただし、春日井市としての整備は、完全1人1台、あるいは40台とはいかずに、グループに1台、2人に1台を見据えた整備から進められていく。カメラ機能や教材・アプリケーションの充実、無線LANの使用場所の広がりなど、活用の幅はさらに広がっていくことが予想される。そしてこの変化は出川小学校だけではなく、自治体内の小学校・中学校すべてが対象である。ワンダースクールの成果が他の学年、他の学校にどのように波及していくのか、今後の取り組みを見守りたい。

Case 3 奈良市

自 治 体	奈良市教育委員会
実 践 校	奈良市立佐保小学校
アドバイザー	小柳和喜雄（奈良教育大学大学院　教授）

Ⅰ. 教育委員会の取り組みと成果

背　景

1．本市の教育の情報化のあゆみと方向性

　本市における教育ICTに関わる取り組みは、平成16年3月に国の小中一貫教育の認定を受けたことに伴い、小中一貫教育パイロット校として田原小中学校を開校、3年生から9年生（中学3年生）で新設教科である「情報科」を設置した。

　「情報科」では操作スキルや情報発信など一定の成果を得ることができた。ICTの進歩に伴い、児童生徒が日常生活で手にする端末はノートPCから、可動性の高いスマートフォンやタブレットPCが主流となっていった。その現状を踏まえ、平成25年度、奈良市の指定研究員制度に情報教育部会を設置し、研究員に対してタブレットPCを貸与し、実践研究を開始した。

　10月には済美小学校に本市初のタブレットPCを配置し、1クラスの児童が1人1台タブレットPCの活用できる環境が整った。

　平成26年度には奈良市版フューチャースクール構想事業の立ち上げに伴い、市の重点施策の一つとしてタブレットPCを活用した教育の研究を本格的に開始した。タブレットPCの積極的な活用による児童生

平成16年度	小中一貫教育特区認定。
平成17年度	施設一体型小中一貫教育校田原小中学校開校。新設3教科の一つとして「情報科」を設置。
平成21年度	パソコン室の整備と大型テレビを市立小中学校の普通教室に配備。
平成22年度	校務系ネットワークの敷設により教員1人1台のパソコンを配備。
平成25年度	奈良市指定研究員制度において、情報部会を設け、タブレット端末を活用した実践研究を開始。済美小学校で1クラス分の1人1台のタブレット端末環境を構築。
平成26年度	パナソニック教育財団ワンダースクール応援事業により、佐保小学校が1クラス分のタブレットPC及び電子黒板の助成を受け、研究を開始。奈良市版フューチャースクール構想事業を機に、6小中学校を奈良市教育ICT活用モデル実証校に指定し、研究を開始する。
平成27年度	新たにモデル校として4小中学校を指定。1人1台の環境を作り、持ち帰り学習も含めその効果検証を開始。平成26年度モデル校による実践事例集完成。
平成28.2.16	佐保小学校で全学年1クラスの授業を公開。

〈表1〉奈良市の情報化のあゆみ

徒の学力向上を主テーマに、平成26年度と平成27年度に教育ICT活用モデル実証校（以下、「モデル校」という。）を指定し、取り組みを進めている（表1）。

　なお、佐保小学校はパナソニック教育財団ワンダースクール応援事業により、全国4自治体との共同研究の機会をいただき、財団より1クラス分のタブレットPC及び電子黒板の助成を受け、研究に取り組んだ。

2．本市における教育の情報化の現状
2.1　教員のICT活用指導力の実態

　奈良県は全国で40位以下を推移している。
　（文部科学省実施「学校における教育の情報化の実態等に関する調査」より）

2.2 本市のICT環境

① 基本的なICT環境
- パソコン室への1クラスの児童生徒数分のノートPCと教員機を配置
- 小・中学校の全普通教室への大型テレビの配置
- 校務系ネットワークの構築による教員1人1台の校務用パソコンの配置

② 教育ICT活用モデル実証校 10校
- ①の環境の機器＋タブレットPC
  - 平成26年度 1クラス相当人数分のタブレットPC
  - 平成27年度 小学校4年生から6年生に1人1台、中学校全学年に1人1台
  - 無線LAN環境の構築

③ パソコンの入替に伴うタブレットPC導入校（以下、「リプレイス校」という。）10校
- ①の環境の機器1クラス相当人数分のタブレットPC
  - 無線LAN環境の構築

目的

本市では平成26年度、平成27年度にモデル校を設け、学力向上を主テーマとして設定し、学習ツールとしての可能性や教育的効果を探る研究に取り組んできた。平成26年度は下の表の5つの研究テーマで公募し、6つの小中学校をモデル校に指定している（表2）。

学校名	研究テーマ
富雄第三小学校 富雄第三中学校 （施設一体型小中一貫教育校）	系統性のあるICT活用で育てる確かな学力 ～小中一貫教育におけるICTと学力の関連の研究～
平城東中学校	語学力の向上と多文化理解を深める効果的なICTの活用 ～奈良発！国際社会で活躍するグローバル人材の育成～
佐保小学校	学力向上とICTの関連、学びの発展への可能性についての研究 ～多様な活用場面を設定した授業をとおして～ ※「パナソニック教育財団40周年ワンダースクール応援プロジェクト」調査研究関連事業
済美小学校	伝えたい！わが町の素晴らしい宝物 ～奈良のおもてなし 世界遺産でつながるネットワークの構築～
済美南小学校	わかる！楽しい！やりたい！授業づくりのための効果的なICT活用 ～基礎学力の定着と児童の学習意欲の向上を図るICT活用の研究～

〈表2〉 平成26年度各校の研究テーマ

さらに、平成27年度は、新たに小学校3校で小学校4年から6年、中学校では全学年で1人1台のタブレットPCを利用できる環境を実現し、検証する教科を絞り、タブレットPCの持ち帰りによる学習も含めたICT活用による授業改革と学力向上への効果の検証に取り組んだ（表3）。

学校名	研究テーマ
都跡小学校 辰市小学校 帯解小学校	One to OneのICT環境における学力向上の研究 ～算数科を中心とした学力向上とICT利活用による効果の関連について～
興東館柳生中学校	One to OneのICT環境における学力向上の研究 ～ICT利活用による教科学習と学力向上の関連について～

〈表3〉 平成27年度各校の研究テーマ

平成27年度の導入により、パソコン室で1人1台のタブレット端末を利用できる環境と、自教室や家庭で1人1台のタブレットPCを使用できる環境という2つの異なる環境を作ったことで、幅広い効果検証データを得ることが可能となっている。

取り組みの内容・経過

タブレットPCを活用した研究についての本市の取り組みは次のとおりである。

1. 平成25年度の取り組み

5月	奈良市指定研究員制度において、情報教育部会を設置し、タブレットPCを活用した実践について研究を開始。
10月	奈良市立済美小学校に1クラス分のタブレットPCを導入。
11月	奈良市初のタブレットPCを活用した授業（世界遺産学習）を済美小学校にて公開。
3月	モデル校を5つのテーマで募集し、指定校を決定。

〈表4〉平成25年度の取り組み

平成25年度は奈良市指定研究員制度において、ICTの効果的な活用についての実践研究を目的に情報教育部会を設置し、タブレットPCを活用した実践についての研究を開始した。

同年10月には、済美小学校に、本市で初めて1クラス分の1人1台のタブレットPCを配置し、実践研究を開始した。

また、情報教育部会においても、研究部員に交替でタブレットPCを貸与し、実践研究に取り組んだ。どちらも短期間ではあったが、児童生徒の学習意欲の高まりや利便性を体感し、その効果に期待と手ごたえを感じることができた。

2. 平成26年度の取り組み

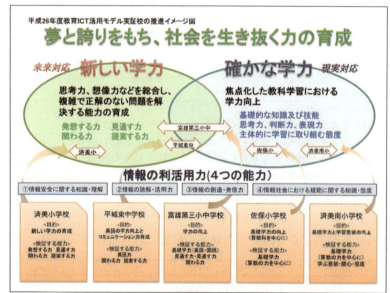

〈図1〉平成26年度 奈良市教育ICT活用モデル実証校 取り組みイメージ

平成26年度の推進イメージは左図のようになっている。先に示した五つの研究テーマに基づき、済美小学校、佐保小学校、富雄第三小学校・中学校（施設一体型小中一貫教育校、以下「富雄第三小中学校」という。）、済美南小学校、平城東中学校の6小中学校をモデル校に指定し、本格的にタブレットPCを活用した実践研究を開始した（表5）。

中心テーマを「学力向上」とし、タブレットPCの効果の可能性を幅広く検証するために、基礎基本の学習からいわゆる21世紀型スキルまでを検証範囲となるようにテーマ設定をしている。

佐保小学校では、研究を開始するにあたり、検証対象学年である5年生だけでなく、全学年が

活用しやすいように整備するにはどうすればいいかを考え、LAN 配線やタブレット PC の設置場所を計画した。

佐保小学校は、東西に約 100m の長く広い校舎となっており、校舎の中を児童がタブレット PC を運ぶことは、要する時間などを考慮すると現実的ではない。そこで、タブレット PC を移動させるよりも児童が移動する方が実用的で、活用の幅が広がると判断し、全ての学年の動線が交錯しないことと各学年が最短距離で移動できることを条件に、ICT ルームを開設、機器の配置、整備を行った。

8月	各校に LAN 配線工事、機器の配置
9月	運用開始 児童生徒及び教員の意識調査の実施（導入前）
11月	済美小学校、佐保小学校、済美南小学校、平城東中学校で公開授業を実施
3月	児童生徒及び教員の意識調査の実施（年度末） 平成 27 年度新規モデル校公募及び決定

〈表5〉平成26年度の取り組み

実際に研究が始まると、校内研究授業をはじめ、研究プロジェクトチームでの研修、部会別の研修、放課後実施のイブニング研修などで研究を深めることができた。

各モデル校においても、職員研修に積極的に ICT 研修が組まれ、それ以外にも学年研修、放課後の自主研修が盛んに行われた。

この年度の取り組みでは、
・タブレット PC を活用することで学習意欲が高まる傾向がある。
・タブレット PC を活用することで学習の理解が深まる傾向がある。
・タブレット PC を活用することで学習問題が考えやすくなる傾向がある。
・計算技能や作図技能の定着に効果的である。
・学習のふり返りがしやすく、繰り返し確かめることができる。
など、一定の成果を得ることができた。

一方で、課題として、以下のことが見えてきた。
・タブレット PC の活用方法や学校の実態、教科などによっては、それに応じた対応を考えないと学習意欲の低下につながることもあり、教員はこれまで以上にしっかりとした授業設計を行い、活用することが大切である。
・教室に 1 人 1 台が常備されている状態ではなく、基本的に 1 クラス分での活用であるため、学力向上の要因の一つとして ICT が大きく関わっていることは明らかだが、他の要素も深く関わっていると考えられる。

学校教育においては、学力向上に関わる何らかの成果を確認するときに、一つの成果に対し、同時に多数の要因が相互に関連して働いていると捉えられ、因果関係をはっきりさせにくい面がある。ICT の活用が学力向上にどのように働いたかを明確にするためには、より身近に使える ICT 環境の構築などの条件を絞って検証する必要がある。平成 27 年度は、こういった条件をできる限り満たし、正確な効果検証を行うことをめざして取り組むことになった。

3．平成 27 年度の取り組み

平成 27 年度は、取り組みの目標として、授業改革を挙げてきた。ICT を活用することによって、従来の授業を改善すること、子どもたちの学びを広げること、それに取り組む教員の意識を改革することをめざしている（図2）。

そのモデル校として新たに都跡小学校、辰市小学校、帯解小学校、興東館柳生中学校の 4 小中学校を指定し、合わせて 10 校体制で研究を進めた。新しく指定した小学校では 4 年生から 6 年

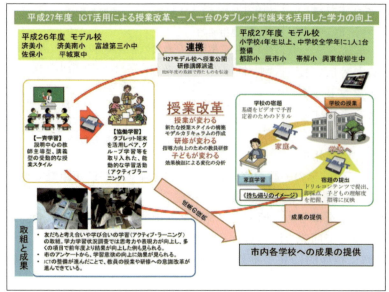

〈図2〉平成27年度　奈良市教育ICT活用モデル実証校　取り組みイメージ

生で、中学校では全学年で1人1台のタブレットPCが利用可能な環境を実現し、反転学習を含む持ち帰り学習などにも取り組み、学力向上への効果について検証を行っている。

平成27年度に指定したモデル校においては、小学校では算数科で、中学校では全教科で研究を進めた。その理由として、小学校においては全国学力・学習状況調査の結果から算数科における課題が明確であることや活用したことが効果として比較的出やすいと考えられること、平成26年度に指定したモデル校で佐保小学校、済美南小学校との整備環境や児童の実態の違いも含め、違う条件での比較検証が可能であることなどが挙げられる。

中学校では、モデル校が小規模校であり、教員が教科の枠を超えて研究を進められることを期待して、全教科での研究としている。

平成27年度に指定した4校では、1人1台の環境を生かして、個人の学習状況をより正確に把握することが可能になった。また、児童生徒個人の振り返りや学習記録を残すことにより、簡単に学び直しができ、さらに、児童生徒の学習態度や学習規律の確立にも効果が期待できることがわかってきている。

また、モデル校以外の学校でもパソコン室の入替に伴い、リプレイス後10校（小学校6校、中学校4校）でタブレットPCを配置している。小学校はパソコン室の機能としても使えるように、これまでと同じ授業支援などの機能をタブレットPCに装備し、入替による使い勝手の違和感を極力少なくするよう配慮している。中学校は教科学習の内容を考慮し、キーボードと接続できるタブレットPCを配置している。これら入替に伴う導入校においても、配置と同時に、ICTを活用した研究授業などに積極的に取り組む学校も多く、教育におけるICT活用の意識改革、啓発、推進につながっている。

成　果

この2年間のモデル校での取り組みを通して、得られた成果として次のことが挙げられる。
・これまでICT活用に消極的だった教員が、前向きに教材研究やコンテンツ作成をはじめとする授業研究に取り組み、授業改善につながった。
・児童生徒の学習状況を素早く把握し、より個に応じた指導が可能になった。
・授業実践事例、指導案や指導計画、研究組織等の事例が蓄積でき、今後、タブレットPCを導入する学校の活用に役立てることができる。

・タブレットPCを持ち帰らせることで、児童生徒の家庭学習に対する保護者の関心が高まった。

課　題

　これまでの取り組みで、効果的なICT活用ができる学校や教員の共通点として明らかになってきたこととして、
　・効果的な活用に向けた組織的な研修体制が組まれている。
　・学校の実態、児童生徒の実態を配慮した上で、ゴールイメージを明確にし、ステップアップ
　　を体感できるしっかりとした年間計画が立案されている。
　・効果的に活用するためのスタンダードな要素が明確になっている。
ことなどが挙げられる。
　これらのことから、
　・校内で中心となってICT活用の推進をマネジメントできる教員の育成
　・指導技術や児童生徒理解など、教員の資質能力の向上
が、本市の課題であり、課題克服の手立てとして、
　・担当指導主事だけでなく、全指導主事によるICTを意図的、効果的に活用することを意識
　　した授業に対する指導
　・校内ICT活用推進リーダー教員の育成を目的とした研修講座を開設
など、人材の育成にも積極的かつ計画的に取り組むことが必要である。

展　望

　現状としては、2年間の取り組みで得られた成果が他校での活用に充分に生かされているとは言い切れない。今後は、この成果を本市の財産として、全体に広めていくために校内研修などをマネジメントできる人材育成のための研修講座を実施し、学校における中核となる教員を育成するなど、具体的な手立てと計画を立て、取り組む必要がある。モデル校を中心に、さらに経年で効果の検証に取り組むとともに、研究と人材の育成、環境の充実などに計画的に取り組み、ICTの活用推進を図りたい。

おわりに

　平成25年から始まった、タブレットPCを中心とした教育におけるICT活用の研究を通して、本市は多くの成果と課題を得た。これらは本市がめざす「質の高い公教育の実現」につながる貴重な財産である。今後は、この研究成果を生かした教育実践が市立小・中学校で活発に展開されるように、啓発・推進を図っていきたい。
　最後になったが、今回ワンダースクール応援プロジェクト事業共同研究の一員として、貴重な機会を与えていただいたパナソニック教育財団の皆様、奈良市立佐保小学校に指導助言をしていただいた奈良教育大学小柳和喜雄教授、手厚くサポートしていただいた奈良市担当のパナソニック関係の皆様に感謝したい。

Ⅱ. 実践校の取り組みと実践事例〈奈良市立佐保小学校〉

背　景

　奈良市の学校では大型テレビが各教室に配置され、電子黒板も学校に1台配置されている。それは本校も同様であるが、本校では日常的にICTを活用するといった環境は整っておらず、提示用にノートPC1台を使い授業を行う程度であった。

　奈良市教育ICT活用モデル実証校の一つとして指定を受け、パナソニック教育財団ワンダースクール応援事業による全国4自治体との共同研究の機会をいただいた。財団より1クラス分のタブレットPC及び電子黒板の助成を受けたことで、本校のICT環境は一気に充実する。

　一方で、この充実したICT機器をどのように活用していくのか、どんな教科でどんな使い方があるのか、当初は大変戸惑ったことも事実である。これまで進めてきた「言語活動の充実」の研究との関連を探りながら、ゆっくりであるが全教職員で歩みを共にしようと本研究を進めてきた。

目　的

　本校は「児童一人一人の学びを確かなものにし、共によりよく生きようとする児童の育成」と研究主題を掲げている。奈良市教育ICT活用モデル実証校とパナソニック教育財団の研究指定を受け、「学力向上とICTの関連、学びの発展への可能性についての研究」を副題に、これまでの「言語活動の充実」と関連させながら研究を進めた。

　ICT活用の目的は「分かりやすい授業の実現」である。また、「児童が主体的に参加できる授業の実現」でもある。そこでICTを活用するときには「ICTがあってよかった！」と指導者も児童も実感できる取り組みを進めようと話し合い、この言葉が本校の合言葉になった（図1、2）。

〈図1〉合言葉「ICTがあってよかった」と佐保小学校のICT機器

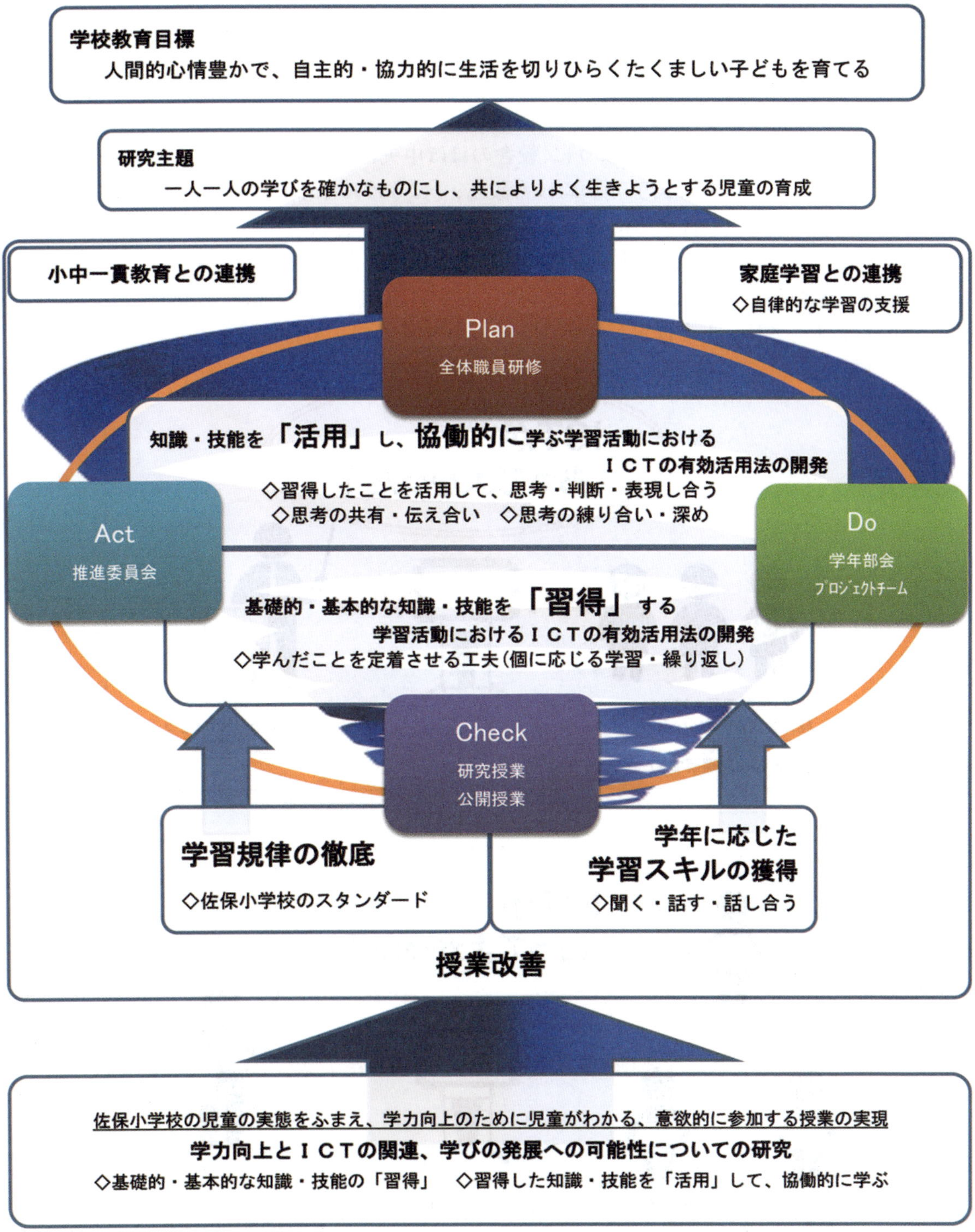

学校教育目標
　人間的心情豊かで、自主的・協力的に生活を切りひらくたくましい子どもを育てる

研究主題
　一人一人の学びを確かなものにし、共によりよく生きようとする児童の育成

小中一貫教育との連携

家庭学習との連携
◇自律的な学習の支援

Plan
全体職員研修

知識・技能を「**活用**」し、**協働的**に学ぶ学習活動における
　　　　　　　　　　　ＩＣＴの有効活用法の開発
◇習得したことを活用して、思考・判断・表現し合う
◇思考の共有・伝え合い　◇思考の練り合い・深め

Act
推進委員会

Do
学年部会
プロジェクトチーム

基礎的・基本的な知識・技能を「**習得**」する
　学習活動におけるＩＣＴの有効活用法の開発
◇学んだことを定着させる工夫（個に応じる学習・繰り返し）

Check
研究授業
公開授業

学習規律の徹底
◇佐保小学校のスタンダード

学年に応じた学習スキルの獲得
◇聞く・話す・話し合う

授業改善

佐保小学校の児童の実態をふまえ、学力向上のために児童がわかる、意欲的に参加する授業の実現
学力向上とＩＣＴの関連、学びの発展への可能性についての研究
◇基礎的・基本的な知識・技能の「習得」　　◇習得した知識・技能を「活用」して、協働的に学ぶ

〈図２〉　研究構想図2015

取り組みの内容・経過

1.「ICTがあってよかった！」

　この合言葉を実感できる実践に向けて、本校は取り組みを進めた。研究指定の高学年だけではなく、全校児童がICTを活用できるように、校舎のほぼ中央にある教室にICTルームを開設した。

　タブレットPC・電子黒板はICTルームに常設し、「ぼうけんくん」は職員室で充電ステーションを設けて、どの学年でも日常的に使えるように工夫した。各教室にある52インチの大型テレビを活かすこととも関わって、実物投影機の活用も2年間で大きく進んだ。

　この環境を生かし、「ICTがあってよかった！」を具現化するために、本校では次のように、授業でICTを使うメリットを仮定して研究を進めた（図3、4）。

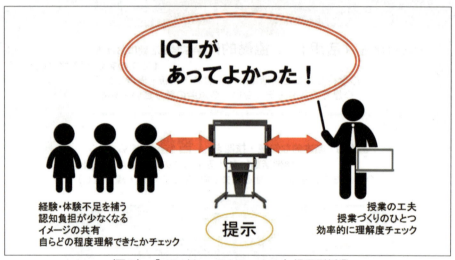

〈図3〉　「ICTがあってよかった！」提示型授業

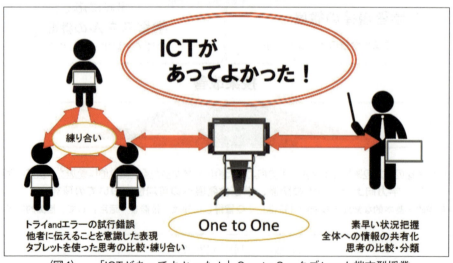

〈図4〉　「ICTがあってよかった！」One to Oneタブレット端末型授業

　研究授業後の研究討議では、討議の柱としてその授業でのICTの活用目的を明確にさせ、その目的の妥当性と効果について話し合った。また、ICTが授業のどの場面でどのように活用することが効果的なのか（導入・展開・まとめ）、板書とICTの組み合わせ方や児童の思考をいか

にノートに残すのかなど、常に児童の実態や具体的な指導や学習活動を関連させて話し合いを進めることができた。

2. 全員で研究に取り組むための研究組織を構築する

本校には授業実践を中心にして共同研究を進める「学年部」という組織がある。これは低学年部・中学年部・高学年部と呼ばれ、特別支援学級担任や専科担当、養護教諭なども適所に分かれて7～8人の人数で構成された部会である。

「ICTがあってよかった！」の取り組みを進めるにあたり、本校ではこの「学年部」の他に、「プロジェクトチーム」という組織を発足させた。2年間の本校プロジェクトチームは次の通りある。

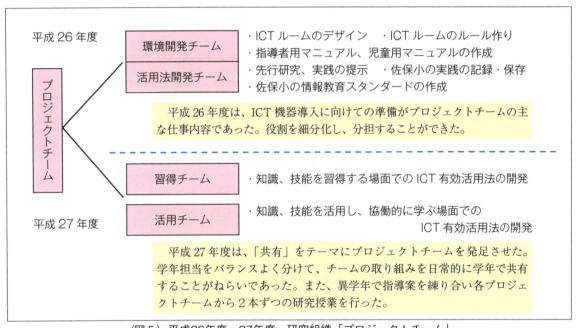

〈図5〉平成26年度・27年度　研究組織「プロジェクトチーム」

3. 学習規律・学習技術を身につけさせる

学びを確かなものにし、共によりよく生きる集団づくりをするためには、児童が落ち着いたよい雰囲気の中で学習できる環境を整えることが必要である。そのために、学びの基盤となる全校共通の学習規律が必要である。

学習規律は指導者の意図的・計画的な指導によって、児童に身についていくものであると考える。どこかの学級や学年だけが行っているのではなく、全指導者による共通理解のもと、一貫したぶれのない指導が欠かせない。そこで、本校では佐保小学校の学習規律（佐保小学校のスタンダード）を作成し、指導者で共有・徹底することにした（図6）。

また、どの教科・領域においても「練り合い・学び合い」に必要であると考える学習技術については、これまでの研究の中で開発されていたものを見直し、整理した。6年間で育てたい学習技術を基本的な学習技術として一覧にまとめることができた（図7）。

これにより、一定の基本的な学習技術が身につき、児童の学びが深まると考えられる。

佐保小学校の学習規律（佐保小学校のスタンダード）

		低学年	中学年	高学年
学習用具とその整理		学習に必要なものだけを道具箱に入れ机の中に入れる。もう片側には、授業で使う教科書やノートなどを整理して入れる。机の横には必要な袋だけをかける。（給食ナフキンおはし・本）		
持ち物※学習用具には全て記名	筆箱	削った鉛筆5本程度、赤鉛筆1本、よく消える消しゴム1個、15cm程度のものさし、ネームペン		
	道具箱	のり、はさみ、色鉛筆、クレパス、セロハンテープ、カスタネット	のり、はさみ、色鉛筆、セロハンテープ、三角定規、コンパス、分度器（4年）	のり、はさみ、色鉛筆、セロハンテープ、ホッチキス、三角定規、コンパス、分度器
休み時間		【準備】次の時間の教科書やノートの準備をしてから休み時間をとる。		
		【5分休み】チャイムが鳴る前にお茶を飲んだり、トイレに行ったりする。		
授業中		正しい姿勢をとり、丁寧に取り組む。		
		鉛筆を正しく持って書くなど、学習用具の使い方に習熟する。		
		授業者は授業のめあてを黒板に示し、児童はノートにめあてを書く。（学習の振り返りにも使用）		
		授業者、児童共に名前を呼ぶときは敬称を用いて呼ぶ。名前を呼ばれたら、「はい。」と返事をする。		
		挙手する時は、「はい。」と一回言い、ひじの曲がっていない状態で真上に挙げる。		
		机の上は整った状態にし、利き手側にノート、その反対側に教科書を置く。筆箱は机の上側に置く。筆箱から必要なものを取り出し、ふたは閉めておく。		
家庭学習（宿題）		【授業者】基礎・基本の反復練習や、授業内容と関連させた課題を設け、自律的な学習を促す。		
		【児　童】宿題は家で行い、分からないところはっきりとさせておく。		

〈図6〉佐保小学校の学習規律（佐保小学校のスタンダード）

基本的な学習技術（話す・聞く・話し合う）　《　》は掲示物などの手立て

	低学年	中学年	高学年
話す	聞き手が聞き取りやすい声の大きさや速さで話す。《声のものさし》		
	聞き手の方に体を向けて話す。《話し方》		
	順序よく話す。《話型》	つなぎ言葉を使って話す。《話型》	話の構成を工夫しながら話す。《話型》
	丁寧な言葉と普通の言葉との違いに気を付けて話す。《話し方》	丁寧な言葉を用いるなど適切な言葉遣いで話す。《話し方》	相手や場に応じた適切な言葉遣いで話す。《話し方》
	自分の考えを言ってから、理由を話す。《話型》		
		絵や図を指示しながら話す。《指示棒》	必要な資料を選択し、示しながら話す。《指示棒》
聞く	話し手の方に体を向けて、最後までだまって聞く。《聞き方》		
	「なるほど」と思ったら、うなずく。《聞き方》		
	大切なことを落とさないように聞く。《聞き方》	話の中心に気を付けて聞く。《聞き方》	話し手の意図をとらえながら、自分の考えと比べながら聞く。《聞き方》
	わからないことは質問する。《聞き方》		
話し合う	隣同士で、話題からはずれないように話し合う。《話し合い方》	自分の立場をはっきりさせて話し合う。《話し合い方》	互いの立場や意図をはっきりさせながら話し合う。《話し合い方》
		相手の話を聞き、自分の意見と関連付けながら話し合う。《話型》　質問　感想　付け足し　賛成・反対　まとめ	
		司会をたて、進行にそって話し合う。《マニュアル》	

〈図7〉佐保小学校の基本的な学習技術（話す・聞く・話し合う）

4. 学習技術　日常の手立て

　児童が主に学習活動を行う所は教室である。学習中にいつでも確認できるように、全ての教室に学習技術「話し方」「聞き方」（図8）と学習技術「話型」（図9）を掲示している。

 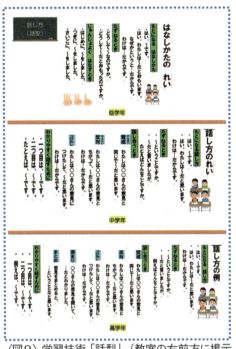

〈図8〉学習技術「話し方」「聞き方」（教室の右前方に掲示　上から低学年・中学年・高学年）

〈図9〉学習技術「話型」（教室の右前方に掲示　上から低学年・中学年・高学年）

　また、話型とは別に、人に伝える大切な要素として、声の大きさや聴衆の人数などの場面に応じた話し方が挙げられる。

　しかし、これらの基準は感覚的なものになりやすい。そこで、児童がイメージしやすくするために、具体的な場面、声の拡がりをイメージした声のものさし（声の大きさ）（図10）を教室の見やすいところに掲示している。

　ICTを活用して視覚的にわかりやすくし、はっきりと大きな声で自分の考えを説明することで、考えや思いはより伝わっていく。伝わった実感を体験することで学ぶ楽しさや喜びを知り、より積極的な学びにつながると考える。

〈図10〉「声のものさし」（声の大きさ）

5. GPDCA サイクルによる授業改善

本校では授業改善につながるシステムとしてGPDCA サイクルを設けている（図11）。

G　授業改善
P　全体会
D　学年部会・プロジェクトチーム
C　研究授業・公開授業
A　推進委員会

全体研修で「共通理解」（P）し、学年部会やプロジェクトチームで「実践」（D）する。その「実践」を「共有」する場として研究授業・公開授業（C）を行い、推進委員会（A）で「方向付け」を行う。そしてまた全体研修で共通理解するというサイクルを基本とした。

〈図11〉佐保小学校のGPDCA

6.「実践」の「共有」

上記のGPDCA サイクルに則り、「実践」の「共有」を図るために平成26年度には研究授業を3本、公開授業を3本行い、平成27年度には研究授業を4本、公開授業を6本行った。アドバイザーである小柳和喜雄先生には全ての研究授業にご指導をいただいた。

【平成26年度】

			使ったICT機器
第1学年	国語科	じゅんじょよくかこう	大型TVに提示
第2学年	算数科	1000より大きい数	One to One タブレットPC
第3学年	算数科	三角形のなかまを調べよう	One to One タブレットPC
第4学年	算数科	広さを調べよう	One to One タブレットPC
第5学年	算数科	面積の求め方を考えよう	One to One タブレットPC
第6学年	道徳	情報モラル	ICT活用なし

【平成27年度】

「習得」プロジェクトチームより

第2学年	算数科	100より大きい数	大型TVに提示　書画カメラ
第6学年	外国語科	I can swim.	グループ一台のタブレットPC

「活用」プロジェクトチームより

第4学年	理科	閉じ込めた空気と水	大型TVに提示「ぼうけんくん」
第6学年	算数科	速さの表し方を考えよう	One to One タブレットPC

成　果

　ICTの活用の効果については、児童の興味・関心をひきつけ、「学習への意欲を高める」こと、大きく映し出すことで情報の共有化が図れ、「授業効率をよくする」ことや「児童にとってわかりやすくなる」こと、また画面を通して自分の考えや意見を発表でき、「言語活動への主体的参加を促す」ことなどの効果が見えてきた。

　児童から「今日の勉強の内容なら、ICTルームに行ってもっとみんなの意見が聞きたかった。」、「みんなの意見を聞くことが楽しくなってきた。」という声が聞かれるなど、特に共有化については、「ICTがあってよかった！」ことを児童もはっきりと実感している。

課　題

　課題としては「ICTが日常的に活用できるための準備の工夫」や「ICT機器の常設化に向けたICT機器の充実の必要性」などがある。

　ICT機器に教材を仕込む作業において、負担感を感じる教員が多いことが分かり、さらなる教員のスキルアップを図らなければならないと考える。しかし研修の時間も限られており、教員同士の伝え合いや一緒にやってみようという日常の会話が、今後一層大切になってくると考える。

展　望

　2年間、全教職員でゆっくりと歩みを共にしてきた。本校が2年間行った研究はICT活用のほんの一端にすぎないと考えるが、牛の歩みも千里である。今後も着実に歩んでいきたい。

　これからの社会は先の見通しが立ちにくく、複雑な社会であると言われる。この社会を生きていくためには思考力・判断力・表現力・コミュニケーション能力など、いわゆる生きる力が求められる。複雑な社会を生き抜く子どもたちにしっかりとした力を育成するために、学校教育が担う役割はますます大きくなってくる。その役割の一つが児童に情報活用能力を付けることだと言われている。佐保小学校の児童の実態から見ても、情報活用能力の育成は必須であり、中でも主体的に情報を得て、それらをもとに思考・判断・表現することは大切であると考える。

　これまでの取り組みを継続し、発展させるとともに、情報活用能力の育成に着目して研究を進めていきたいと考えている。

おわりに

　本校はこれからも分かりやすい授業のために「ICTがあってよかった！」の取り組みから「使うことが当たり前になったICT」へICTの活用法を探り、子どもたちに確かな力、生きる力を育んでいきたいと考えている。

　最後に、2年間指導し続けてくださった奈良教育大学大学院　小柳和喜雄先生、本研究を助成してくださったパナソニック教育財団、並びにパナソニック関連のみなさま、本当にありがとうございました。

> 実践事例 1　　　　　　　　　　　　奈良市立佐保小学校

四角形の内角の和について自分の図を使って演繹的に考え説明する活動

5年　算数　「四角形の内角の和の求め方を考えよう」

実践事例の概要

　前時に学習した三角形の内角の和が180度であることを利用して、四角形の内角の和の求め方を考える学習です。まず、前時の振り返りで、「三角形の内角の和は何度か」という質問の答えをタブレットPCに書き込ませます。次に、長方形の図を提示し内角の和を予想させ、選択肢から解答を選ばせます。そして、本時の課題であるすべての角が異なる四角形を提示し、内角の和が何度になるのか考えさせます。考え方はタブレット端末の画面に書きこませ、発表するときに電子黒板に大きく映したり、異なる考え方を横に並べて違いを説明させたりするときに使います。最後に、対角線になるように補助線を引いて、2つの三角形に分けられない四角形はないことを確認し、どんな四角形でも内角の和は三角形2つ分の360度であることを、学習のまとめとしました。

タブレットPCの活用法

　本時の課題の四角形の図形をタブレット端末に配信。複数のパターンの四角形を作り、補助線を書きこんで2つの三角形に分けられるかを確かめさせました。

授業の流れとポイント

【前時の学習を振り返る】

　はじめに、「三角形の3つの角の大きさの和は何度になるでしょう。」と、前時に学習した内容の振り返りを行いました。電子黒板に児童の画面を一覧表示させ、すべての児童が「180度」と書いているのを確認します（写真1）。また、なぜ180度だと言えるのかを尋ね、「三つの角を分度器で図った。」「紙に書いた三角形の3つの角を切って、組み合わせて直線をつくった。」など、前時の思考の過程を思い出させました。

〈写真1〉前時の学習をふり返る

　そして、電子黒板に長方形の図形を提示し、「長方形の4つの角の和は何度になると思う？」と問いかけました。「180度、270度、360度、400度」の4つの選択肢を与えると、「長方形の角はすべて直角だから。」と、大半が360度を選びます。ここで、本時の課題となる図形を見せます。

【4つの角の大きさの和を求める方法を話し合う】

すべての角度が異なる四角形を提示し、「分度器で角度を測らずに、4つの角の大きさの和を求める方法はないかな？」と発問しました。児童のタブレットPCに図形を転送するとともに、同じ形の四角形が印刷されたワークシートを配布しました。児童から、「画面に書き込んでもいいですか？」や「ワークシートの図形を切り取ってもいいですか？」という質問が出ます。どんな方法でもよいことを伝えると、児童は試行錯誤をしながら、課題に取り組みました。

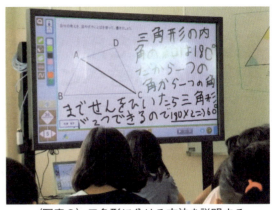

〈写真2〉三角形に分ける方法を説明する

すべての児童が自分の考えをもつことができたところで、考え方の交流です（写真2）。「ワークシートの四角形の角を切り取ってつなげると360度になったので、360度です。」「対角線を引いて2つの三角形を作りました。三角形の3つの角の和は180度なので、2つあるから360度だと思います。」という2通りの考え方が出ました。

どちらの考え方でも内角の和は同じになることを確認したうえで、どんな四角形でも、簡単に調べられるのはどちらの考え方か問いかけると、「いつでも角を切り取って確かめられないので、三角形にわける考え方がよい。」という考えにまとまりました。

【全員の考えの共通点で本時のねらいをおさえる】

最後に、タブレットPCの画面に自由に四角形を作らせ、対角線で三角形に分けられるかを確かめました。画面に書いた四角形や補助線は、一瞬で消すことができ、何度もいくつものパターンの四角形をつくって思う存分に確かめることができました（写真3）。

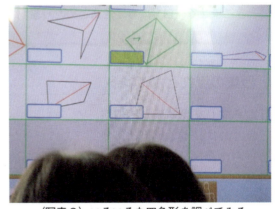

〈写真3〉いろいろな四角形を調べてみる

本時の学習を振り返り、「四角形は、どんな形の四角形でも、対角線を引いて三角形に分けることができる。」「三角形の3つの角の大きさの和は180度だから、どんな四角形でも、4つの角の大きさの和は360度だ。」と、児童のまとめを板書し、学習のまとめとしました。

また、電子黒板に五角形を提示し、次時は、五角形の5つの角の大きさの和を求めてみることを知らせました。「今日、分かったことが使えるかも。」と、学習の見通しをもっている児童が多く見られ、本時の学習について十分に理解している様子がうかがえました。

> 実践事例 2　　　　　　　　　　奈良市立佐保小学校

画像や映像を用い具体的な事例から抽象的な思考へと導く

5年　算数　「比べ方を考えよう」

実践事例の概要

　この学習は、「いくつかの数量を、等しい大きさになるようにならす」という平均の意味と考え方を知るところから始まります。運動場の地面の凹凸を平らにするという生活経験に基づいた「ならす」の考え方は、児童にとってわかりやすいものですが、「数量をならす」考え方はイメージしにくい児童もいます。そこで、タブレットPC上で画像や動画をみせ、視覚的にイメージをつかませやすくしました。また、棒グラフを用いて具体的操作によって数を均一化する（平均を求める）場面では、何度も書き込んでは修正ができるタブレットPCの特性を生かし、画面上のワークシートに考え方を書き込ませました。その後、電子黒板にいくつかの児童の考えを並べて表示し、考え方の違いを説明させました。

タブレットPCの活用法

　身近にある「ならす」場面を、画像やアニメーションで見せ、イメージをつかませました。また表と棒グラフが書かれたワークシートを、児童のタブレットPCに配信し、棒グラフに書きこませて、自分の考えをまとめたり説明したりさせました。

授業の流れとポイント

【「ならす」を見て確かめる】

　はじめに、電子黒板に、でこぼこになった地面を平らにならしたり、いくつか積み上げた積み木の高さをそろえたりなど、具体的で身近な場面について、写真や、パワーポイントのアニメーションを使用して見せました。そうして、「ならす」とは高さや数量が不均一なものを、すべて等しく分けることであることを確認しました。

【操作をしながら法則性を考える】

　次に、本時の課題「6個のオレンジから同じ量ずつしぼれたとすると、1個あたり何mlのジュースがしぼれたことになるか」をつかませました。電子黒板に大きさの異なるオレンジの写真を示し、それぞれ絞ってジュースにする様子をアニメーションで示すことで、具体的な操作と抽象的な思考をつなげられるようにしました。ジュースの量が、コップのどの高さまで入っているかと

〈写真1〉きまりをみつけてかき込む

いう図を見せることで、次に示すジュースの量を表す棒グラフと関連付けをしやすくすることをねらいました（写真1）。

児童のタブレットPCにそれぞれのオレンジからしぼることができるジュースの量を表す表と棒グラフがかかれた画面を一斉送信しました。1個当たりのジュースの量を求めるためには、すべて同じ量にならすことを確認し、「どのようにすれば、それぞれのジュースの量をならすことができるのでしょう。」と発問しました。表の数字を見

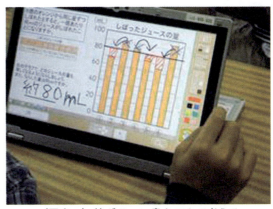

〈写真2〉棒グラフに書きこんで考える

ながら、「ここが少ない分を、ここからもらって…。」と考える児童もいましたが、積み木の高さをならす場面を見せた後なので、棒グラフの高い所と低い所をならす方法で考える児童が多くいました。画面の棒グラフや計算スペースに書き込みながら、それぞれの考え方でジュースの量をならし、1個あたりのジュースの量の求め方を考えることができました（写真2）。

児童のタブレットPCの画面は、教室の前の電子黒板に一覧表示されているので、思考が止まってしまった児童は、前に映されたほかの児童の画面を参考にします。全員が考えを書けた様子を見て、「隣の席の友達と自分の考え方を交流しましょう。」と指示しました。自分の書いた画面を見せながら交流する中で、一度自分の書き込みを消して、もう一度書き込みをしながら説明をする児童も見られました。

【自分の考えを説明する】

隣の児童との交流が済んだ児童から自分の画面を整理させた後、クラスに向けて考え方の発表をしました。自分なりに計算の仕方を考えて発表する児童もおり、「この式のここの部分は…。」と言いながら画面を操作し説明することで、聞いている側も納得しながら考え方の交流ができました（写真3）。

「平均」という用語を知らせ、本時で学習したことや気づいたことをノートにまとめ、振り返り

〈写真3〉自分の考えを説明する

をしました。「棒グラフの高さをならすことで、一つ当たりの量を求められるようになった。」と、本時の学習の振り返りをする児童もいましたが、「わざわざ棒グラフにしてならすのはめんどうだ。」という感想を書いている児童もいました。

そこで、計算の方法を考えていた児童がいたことをおさえ、次時は、計算で平均を求める方法を考えることを伝えて学習をまとめました。

実践事例3　　　　　　　　　　　　　　　奈良市立佐保小学校

動かしたり、組み合わせたりしながら既習事項と結び付けて考える算数的活動

6年　算数　「円の面積（複合図形の求積）」

実践事例の概要

　円の面積については、円の形と既習の図形の形を比較したり、円の面積を既習の面積をもとに見当をつけたり、長方形の縦の長さは半径、横の長さは円周の半分であることから、円を長方形（平行四辺形）に変形させる操作活動を通して、円の面積の公式に気づかせ活用できるようにしていきました。円をおうぎ形に分割したり、並べ替えたり、重ね合わせたりしてできる複合図形の面積の求積では、どのように図形をみれば面積を求めることができるか、見通しを立てさせました。タブレットPCで、図形を移動したり回転させたりして、形の組み合わせ方を考えることによって、既習の求積公式を使って面積を求められることを理解させることができました。

タブレットPCの活用法

　パワーポイントを使って、正方形とおうぎ形を組み合わせた図形をgif形式で保存をしました。それを、eトーキーのファイルに保存し、授業時に児童タブレットPCに配信することで、児童用タブレットPCでも画像を動かすことができるので、操作活動を通して思考を深めることができました。

授業の流れとポイント

【学習のねらいを提示し、確認・共有する】

　はじめに、問題となる図（図1）を電子黒板で提示し、学習のねらいを共有しました。

　「曲線でできたひし形のような形です。面積を求めましょう。」児童からは「この形では面積を求めることはできません。」そこで、「それでは、どうすればいいでしょうか。」と発問をしました。しばらく考えを出し合う中で「動かしたり並び方を変えたりしても、青い部分の面積は変わらない」ことから、それらを移動したり裏返したりする操作をしながら、求積公式が使える形を見つけることができるかを各自で考えさせました。ここでは、1人1台のタブレットPCを用いて複合図形の部分を切り取り、移動したり組み合わせたりを繰り返し行い、自分の考えをまとめました（写真1）。

　次に、ペアで互いにタブレットPC画面を見せ合い、自分が考え操作した方法と他の児童の方

〈図1〉曲線でできたひし形

法について考えの交流を行いました。その後、全体で考えを出し合いました。

児童一人ひとりの考えは、電子黒板に一覧表示することができるので、他の児童にとっても考え方に違いがあることや同じ考え方でも説明の仕方に違いがあることがよくわかったようです（写真2）。そして、多くの児童が電子黒板に映し出されている自分の考えを発表することができました。

ここでは、元の図を変化させることで、正方形とそれに内接する円であることが分かり、既習の学習内容に結びつけることができました。電子黒板に映った一覧から、図や言葉を使って説明し合ったので、ほとんどの児童が考え方を式に結びつけることができました。「この形の面積は、一辺が12cmの正方形の面積から半径6cmの円の面積を引くのと同じです。」「形を部分に分け、それを移動したり並び替えたりして形の組み合わせを考えると、簡単に面積が求められることがわかった。」などの振り返りがありました。

【トライ＆エラーで複合図形を作成させる】

最後に、各自のタブレットPCで切り取った部分を並べ替えさせて、いろいろな複合図形を作らせました。でき上がった形を電子黒板で一覧し、それらすべてが正方形の面積から内接する円の面積を引いたものになることを示すことができました（写真3）。

複雑そうに見える図形が、移動や並び替えにより既習の図形の形になるということが、児童にはなかなかイメージがわいてきません。そこで、タブレットPCのタッチパネルの操作を通して図形の移動ができるようにすることで、児童は失敗を気にすることなく複合図形の部分を動かすことができ、イメージを膨らませることができます。

また、試行錯誤を繰り返しながら操作した画面が電子黒板に映し出されたことで、共有・発表して練り合うことができました。

楽しみながら「なるほど」と考えを共有し合って進めることが複雑な問題の理解にもつながったと考えます。

〈写真1〉児童用タブレット端末で図形を移動させる

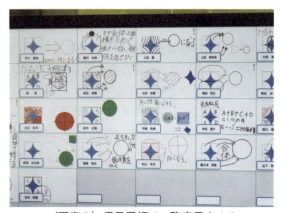

〈写真2〉電子黒板で一覧表示させる

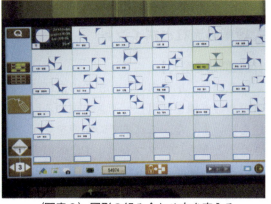

〈写真3〉図形の組み合わせ方を変える

> 実践事例4　　　　　　　　　　奈良市立佐保小学校

演算を決定するまでの思考過程を
タブレット端末を用いて表し練り合う協働学習

6年　算数　「速さの表し方を考えよう」

実践事例の概要

　現行の学習指導要領では、4つの領域を横断する形で「算数的活動」が具体的に示されています。なかでも、「計算の意味や計算の仕方を、言葉、数、式、図を用いて考え、説明する活動」は、低学年から高学年にわたって繰り返し例示されており、重要な活動として位置付けられています。
　本単元「速さの表し方を考えよう」では、速さの表し方や比べ方について単位量あたりの考え方を基に考えます。そのため、教科書には2本の数直線（比例数直線）が示されており、伴って変わる二つの数量の関係を図や式を用いて考え、表現することができる単元です。タブレットPCに2本の数直線をかき、その画面を見ながらペアやグループ、また学級全体へ自分の考えの説明を行う活動は、児童が自らの力で計算の意味や計算の仕方を考えられるようにするための大きな手立てになると考え、本実践を進めました。

タブレットPCの活用法

　演算を決定するまでの思考過程を図に表し、タブレットPCを用いて考えを説明し合ったり、電子黒板を用いて書き込みの共有を行ったりしました。

授業の流れとポイント

【復習問題を解く】

　はじめに、単元内のこれまでの既習の事項や数直線を活用し、速さを求める問題を扱いました。これまでの学習を想起させるとともに、タブレットPCへの書き込み方の確認をするためです。

> 問題1
> 　新幹線はやて号は、3時間に630km走り、のぞみ号は2時間に480km走ります。どちらが速いでしょうか。

　児童は2本の数直線を用いて、道のりと時間という二つの数量関係を整理します。この時、道のりは赤色の線で表し、

〈写真1〉思考過程をタブレット端末に書き込む

時間を青色の線で表すことを約束にしていました（写真1）。児童は1時間あたりに走る道のりで比べるとよいという結論に達しました。

【本時の問題を解く】

> **問題2　本時の問題**
> 　A、B2つのプリンターがあります。縦が89mm、横が127mmのカラー写真を、Aのプリンターは1時間で90枚、Bのプリンターは12分で20枚印刷することができます。
> 　速く印刷できるのは、どちらのプリンターですか。

　次に、本時の問題を示し、実際にプリンター2台が稼動している動画を見せ、問題のイメージをつかませました。この問題は、これまでの問題とは違い、「道のり」にあたるものを「枚数」や「台数」に置き換えることが重要です。問題から読み取ったことを2本の数直線上に表し、これまでと同様に単位量あたりの考え方を用いて、他の児童に自分の考え方を説明する学習を進めました。

　個人解決を図った後に、ペアやグループで自分の考え方を説明しあう時間をつくりました。友達の考えを知り、気づきが生まれたり、理解が深くなったりしている様子が見られました。そして、考えを全体に広げるために、指導者が電子黒板の一覧から指名し、児童に自分の考え方を説明させました（写真2）。

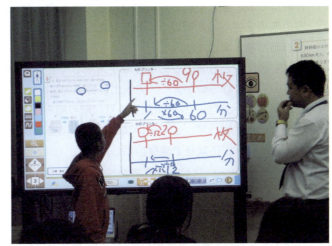

〈写真2〉自分の考え方を説明する

【練習問題を解き、本時を振り返る】

　その後、練習問題を行い、前述の流れと同様に学習を進め、学習のまとめに入りました。「これまでの問題の考え方を使うことができましたか。」と発問し、児童に話し合いをさせました。

　はじめはこの問いに戸惑っていた児童もいましたが、本時の流れが残された黒板を見ながら、これまでの学習との共通点は2本の数直線を用いて考えることができることだとわかりました。

　また、これまでの学習と異なる点は、「道のり」にあたるものがなく、それを「枚数」や「台数」に置き換えたことでした。この発言を踏まえて、作業の速さの問題もこれまでの学習と同様、単位あたりの量を比べることで解決できるという結論に達することができました。

> 実践事例 5　　　　　　奈良市立佐保小学校

問題の提示と配信、思考過程を共有するためのタブレットPCの活用

6年　算数　「算数を使って佐保小学校を紹介しよう」

実践事例の概要

　本単元では主体的な学びを展開させるために、学習課題を「算数を使って佐保小学校を紹介しよう」と設定しました。6年間通い自分たちがよく知っている佐保小学校について紹介するという児童に身近な教材の設定は、これまで受け身になりがちであった学習に対する姿勢を主体的なものに変えることができると考えました。また、これまでの算数の学習を振り返り、既習の事項を生かした問題づくりをしたり、問題を解き合ったりすることで、学習の理解がより深まると考えました。

　はじめに、これまでどのような学習をしてきたのかを振り返り、どんな身近な事象が問題づくりの対象になるのかアイデアを出し合いました。その後、児童自身の興味・関心に従いグルーピングを行い、グループで問題づくりに取り組みました。つくった問題をクラス全員で解き合い、評価の観点に従って、よりよい問題になるように練り合いました。最後にそれらの問題を本校のホームページに載せて発信しました。

タブレットPCの活用法

　問題の提示を行うとともに、その問題を各タブレットPCに配信。また、思考過程をタブレット端末に書き表し、考えを説明し合ったり、電子黒板を用いて書き込みの共有を行ったりしました。

授業の流れとポイント

【めあてと評価の観点を提示する】

　はじめに、本時のめあてを提示し、学習の見通しを持たせました（写真1）。また、問題を評価する観点も提示しました。

めあて
つくった問題を解いて、評価し合おう。

評価の観点
○これまでの学習が使えているか。 ○佐保小学校を紹介することができているか。

〈写真1〉問題を提示する

問題をつくったグループから問題が出されます。本時の問題は近鉄奈良駅から佐保小学校までの道のり、距離を求めるという問題でした。どういった意図で問題をつくったのかを明確にしながらプレゼンテーション形式で問題を出させました。

【問題を解き、練り合いを行う】

その後は問題を解く時間です。問題を解く際には、既習事項のどの考え方を使うことができるのかを明らかにさせました。教科書の該当のページをめくったり、ノートをめくったりするなどして、学習を想起しながら個人解決を図る姿が見られました。また、ペア学習やグループ学習の際には、自分のタブレットPCを友達に見せながら、考え方の道筋を説明する姿が見られました。個人では解決に至らなかった児童も、友達に説明を聞いた後、再び個人解決を図ろうとする姿がありました（写真2）。

〈写真2〉個人解決からグループ学習へ

指導者が電子黒板の一覧から指名して、電子黒板の前で自分の考え方を説明させました（写真3）。同じ考え方や似た考え方をした児童や、なるほどと思った児童は拍手をしました。

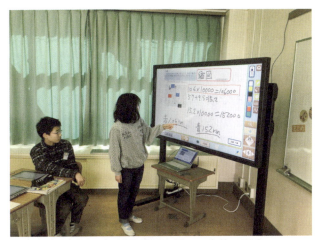
〈写真3〉電子黒板を用いて全体に説明

【評価の観点に従い、問題を評価する】

その後、評価の観点に従い、問題の評価を行いました。近鉄奈良駅から佐保小学校までの道のりや距離の問題は、2つの評価の観点を満たしているとの判断をした児童が多く、問題を作成した児童にフィードバックを行いました。

しかし、ある児童から近鉄奈良駅からの道のりを示すだけでは、佐保小学校の紹介としては弱い面があるとの指摘がありました。そこで指導者は全員に、どのようにすれば佐保小学校の紹介になるかを問いました。すると、「今回作ってくれた問題から道のりがわかったのだから、歩く速さがわかると、かかる時間が分かるね。ホームページに近鉄奈良駅から佐保小学校まで歩いてかかる時間を載せるとよいのではないかな。」という意見が出ました。多くの児童が賛同し、「徒歩○分と書いてある看板を見たことがあるよ。」や「近鉄奈良駅から歩いてくるお客さんに便利な情報だね。」などの意見も出されました。この問題を作成したグループは今回の授業を生かして、追加の問題をつくることになりました。学習の振り返りでは、問題から問題をつくることができたことに楽しさを感じる児童が多く見られました。

Ⅲ. 実践をふり返って〈アドバイザー〉

奈良市の取り組みに関するコメント

奈良教育大学大学院 教育学研究科 教授
小柳 和喜雄

はじめに

　本取り組みと関わって、平成25年夏に奈良市の佐保小学校を訪問する機会を得た。その時、最初の全体研修で、これまで佐保小学校で大切にしてきた「学び合いと言語活動の充実」と、これから取り組む「ICTの活用」の関係を丁寧に考えようとする姿と出会った。「学力向上の取り組みにICTが活かせるのか」、「今まで大切にしてきた取り組みや自分たちがよく行ってきた取り組みとどのようにつながるのか」を互いに明確にしようとする姿であった。一般的に、ICT活用が、今まで取り組んできたことと別な取り組みとして急に入ってくる場合、必然性が感じられず、負担感が感じられ、合意を得た全体的な取り組みにはなりにくくなる。それに対して佐保小学校では、初めの段階で、しっかりと職員で考え、思っていること考えていることを視覚化して語り合う場を作っていた。

　この取り組みは、それぞれの教員の思いや疑問を大切にし、それを互いにわかり合おうとすること、その上で、「活用してみよう、活用場面を見極めようとするような」学校全体の雰囲気を作っていこうとすることにつながっていた。この姿がとても新鮮に感じられたことを覚えている。

　以下では、まずこのワンダースクール応援プロジェクトに参加した奈良市の佐保小学校の取り組みも含まれる、奈良市の取り組み全体について振り返る。次にこの2年間の取り組みを通じて、佐保小学校で行われてきたこと、つまりこの取り組みは、どのような成果を我々に知らせてくれているかを考えてみたい。

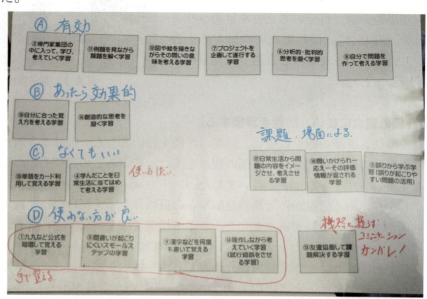

〈図1〉 日頃行っている学習活動とICTの関係をグループ討議

1．奈良市の取り組みと関わって

（1）現状把握と課題解決に向けた教育の情報化の推進

　奈良市の教育の情報化の取り組みは、「平成16年3月に国の構造改革特区の認定を受けたことに伴い、小中一貫教育パイロット校として田原小中学校を開校、3年生から9年生（中学3年生）で新設教科である情報科が始まった」とあるように、情報教育スタンダードなども明確にした「情報活用能力」の育成を大切にした取り組みからスタートされていた。その歩みには歴史がある。その後、ICTの進歩に伴い、児童生徒が日常生活で手にする端末はノートパソコンから、可動性の高いスマートフォンやタブレットPCが主流となる現状を鑑み、平成25年度から奈良市の指定研究員制度に情報教育部会を設置し、研究員にタブレット端末を貸与し、実践研究を開始している。そして、平成26年度には奈良市版フューチャースクール構想事業の立ち上げに伴い、市の重点施策の一つとしてタブレット端末を活用した教育の研究を本格的に開始し、タブレット端末の積極的な活用による児童生徒の学力向上を主テーマに、平成26年度と平成27年度に教育ICT活用モデル実証校を指定し、取り組みを進めてきた。

　一連のこの動きを見る中で、奈良市の取り組みから学べることは、時代の流れ、求められる教育のチャレンジ課題と学校の現状を分析し、市の大きな方針を実際に全学校に展開する前に、必ずその手応えを教員が感じられるように、また学校が感じられるようなステップを経て、ボトムアップを意識した施策の展開（トップダウン）のハイブリッド方式で、進めてきたことが読み取れる。さらに過去に取り組んできた財産を活かす（情報科設置の取り組みで築いてきた情報教育スタンダード）ことも大切にし、時間はかかるが一歩一歩、計画的に進めようとしている姿が見られる。

　自治体で教育の情報化を進める際には、その規模にもよるが、奈良市のように比較的に大きな自治体の場合、一気に進めることは難しい。しかしながら、あまりにも環境整備などで公平性などを意識しすぎると、広く浅い環境整備に繋がり、実践の手応えやそれへの教員や学校への推進力が築かれないまま、整備が進むことがあり得る。奈良市は、その点、指定研究員制度として情報教育部会を設置し、パイロット的に取り組む教員を支援する取り組みや、それを推進していく直接的な取り組みとして市の重点政策に載せて奈良市版フューチャースクール構想事業の立ち上げ、また間接的には、小中一貫教育などこれまでの取り組みで培われてきた「情報科」の取り組みの財産を活かし、総合的に計画的に進めようとしている点が、参考になる取り組みと考えられる。

（2）現状への対応と未来を見つめた教育の情報化のグランドデザイン

　また奈良市の本取り組みで興味深いのは、「平成26年度、平成27年度にモデル校を設け、学力向上を主テーマとして設定し、学習ツールとしての可能性や教育的効果を探る研究に取り組んできた」点の中で、そのデザインとして、「未来対応　新しい学力」「現実対応　確かな学力」という2つを考えていることである。子どもたちに培いたい資質能力に関わって、奈良市のビジョン「夢と誇りをもち、社会を生き抜く力の育成」にもとづき、2つの学力へ挑んでいく姿、またそれを確かなモノにしていく上で、過去の財産である「奈良市の情報教育スタンダード」を発展させ、「情報の利活用能力」との関係も明らかにし、モデル校がそれぞれどのような学力の育成に重点的に取り組むかをデザインしている点は、非常に興味深い。「何を知っているか、何ができるか」「知っていること・できることをどう使うか」「どのように社会・世界と関わり、よりよ

い人生を送るか」など育成すべき資質能力の3つの柱が問われてきている昨今、奈良市の取り組みはこれらとも呼応する形で、ICTが子どもたちの現状の課題への対応と子どもたちの未来を見つめた学力形成の取り組みにどのように活かされているかを考えようとしているからである。その教育の情報化のデザインを通じて、丁寧にその成果を見ようとしている姿（直接的に測れるところと間接的に測れるところ、それらを持ってしてもなかなか判断が難しいところを真摯におさえている）も参考になる。本グランドデザインから見えてきつつある取り組みの評価結果を下に、現状と課題に即しながら、モデル校以外の自治体内の各学校が、今後選べる取り組みに向けた環境整備や実践へ豊かでヴァリエーションのある手がかりを蓄積していくことを期待したい。

5年 四角形の内角の和について	5年「比べ方を考えよう」	6年円の面積（複合図形の求積）	6年「速さの表し方を考えよう」	6年「算数を使って佐保小学校を紹介しよう」
◎自分の図を使って演繹的に考え説明する活動	◎画像や映像を用い具体的な事例から抽象的な思考へと導く活動	◎動かしたり、組み合わせたりしながら　既習事項と結び付けて考える算数的活動	◎演算を決定するまでの思考過程をタブレット端末を用いて表し、練り合う協働学習	◎問題の提示と配信、思考過程の共有にタブレット端末を用いた、児童グループ自作問題の協働解決
前時の学習を振り返る	「ならす」を見て確かめる	学習のねらいを提示し、確認・共有する	文脈に即して、問題を考える、復習問題を解く	めあてと評価の観点を提示する
4つの角の大きさの和を求める方法を話し合う	操作をしながら法則性を考える	トライ＆エラーで複合図形を作成させる	日常場面の課題解決に挑む問題（本時の問題）を解く	問題を解き、練り合いを行う
全員の考えの共通点で本時のねらいをおさえる	自分の考えを説明する		これまでの学習との共通点を見いだし活用する練習問題を解き、本時を振り返る	評価の観点に従い、問題を評価する
本時の課題の四角形の図形をタブレット端末に配信。複数のパターンの四角形を作り、補助線を書きこんで2つの三角形に分けられるかを確かめさせる。	身近にある「ならす」場面を、画像やアニメーションで見せ、イメージをつかませまる。また表と棒グラフが書かれたワークシートを、児童のタブレット端末に配信し、棒グラフに書きこませて、自分の考えをまとめたり説明したりさせる。	パワーポイントを使って、正方形とおうぎ形を組み合わせた図形をgif形式で保存する。それを、eトーキーのファイルに保存し授業時に児童タブレット端末に配信し、児童用TPCでも画像を動かすことができるようにする。それを使って操作活動を通して思考を深めさせる。	演算を決定するまでの思考過程を図に表し、タブレット端末を用いて考えを説明し合う。電子黒板を用いて書き込みの共有を行う。	問題の提示を行うとともに、その問題を各タブレット端末に配信。また、思考過程をタブレット端末に書き表し、考えを説明し合い、電子黒板を用いて書き込みの共有を行う。

〈表1〉 5つの事例の取り組みの中でのICTの活用場面とそのねらい

2．佐保小学校の取り組みと関わって

　次に上記奈良市の教育の情報化の取り組みのモデル校であり、本ワンダープロジェクトの参加校の1つでもある奈良市立佐保小学校のこの2年間の取り組みから学べることを整理してみたい。

　左ページの表1は、先の報告に記載されている5つの事例を横並びにしたモノである。他にも多くの取り組みがなされてきたが、典型として紹介されているこの5つの事例から、ICT活用が用いられている場面に共通点（既習事項の想起や復習場面、課題把握の場面、個々人による学習課題に対する試行錯誤の場面、考えを集団で練り上げていく場面、考えを共有したり説明し合ったりする場面、何がわかりできたかを評価する場面等）が見られる。

　以下では、ここで紹介された5つの事例も含めた、佐保小学校の2年間の取り組み全体から見えてきた5つの姿をとりあげ、学べる点として整理したい。

（1）「主体的に学習に取り組む態度」の育成と関わるICTの活用

　1つめは、学力の3要素でいえば「主体的に学習に取り組む態度」と関わる取り組みである。ICTの活用がどのような意味や効果を持つのかを実践を通じて子どもの姿から丁寧に読み解き、その効果的活用場面や手立てを、校内研修を通じて共有してきた点が上げられる。たとえば学習の目的と関わって学習内容の何をどこでどのように見せることが子どもたちの学習意欲を喚起し、課題把握を確かなものとし、学習活動へと誘えるか。そこで有効な「課題設定は」「問いは」「教材や学習環境は」「学習活動の組織の仕方は」などを丁寧に検討し、その手応えの確認をしている様子が見られた（図2のY軸との関わり）。

（2）「基礎的・基本的な知識・技能の習得」と関わるICTの活用

　2つめは、学力の3要素でいえば「基礎的・基本的な知識・技能の習得」と関わる取り組みである。ICTの活用がどのような意味や効果を持つのかを、教員が活用する場面、子どもが個人

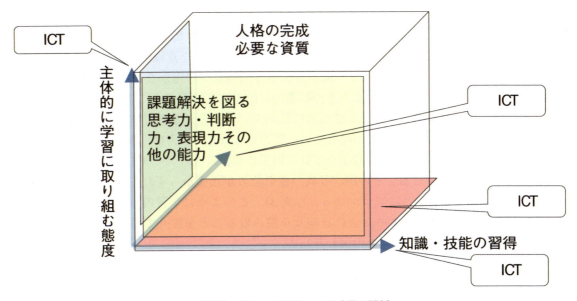

〈図2〉　学力の3要素とICT活用の関係

やペア・グループでまた一斉に学ぶ場で活用する場面に分けて考えていこうとする姿があげられる。たとえば、「教員が活用する」と「子どもが学習の道具として活用する」の交互転換に関して言えば、既習事項と関わる練習問題や本時の課題を全体で一斉に見せて確認する。その後、手元の一人ひとりのタブレット PC などに切り替えて見せる。子どもたちは、それを見ながら課題を解いたり、定着と関わって練習をしたり、習得した技能を用いて表現したり、習熟を導く姿が見られた。学習方略を児童に培う丁寧な指導とその見通しが重要であることもこの取り組みの姿から感じられた（図 2 の X 軸との関わり）。

（3）「課題解決を図る思考力・判断力・表現力などの育成」と関わる ICT の活用

3 つめは、学力の 3 要素の「課題解決を図る思考力・判断力・表現力などの育成」に関わる取り組みである。ICT の活用が、習得した知識・技能を活用して、課題解決を通して「思考力・判断力・表現力等の力」を育成していく上で、どのような意味や効果を持つのかを実践を通じて子どもの姿から丁寧に読みとこうとする姿がみられた。例えば、既習事項のうち、課題解決の方法に関わって、自分がやりやすい方法を選ばせ、それを活用して、視覚化しながら解法を試みさせる際に、タブレット PC を試行錯誤の道具として活用する。そして様々なアプローチの選択根拠など考えさせていく取り組み等が見られた。また本事例の中でも紹介されているが、日常生活の事例を取り上げ、算数で学んだことを用いて、ICT を活用しながら課題解決をし、算数の意義や意味を原体験する（日常生活の文脈に即して思考し、判断し、表現する）学習の場を設ける取り組みが見られた。さらに「算数を使って佐保小学校を紹介しよう」などでは、自ら、また協働で課題を見いだし、それを問題化し、互いに算数を使って考えていく活用や探究の楽しみを味わっていく学習経験をさせる取り組みなどが見られた。課題解決において「ICT があってよかった」と児童にも教員にも感じられる、また思考し判断し、それを説明し考えを練り上げていく上で自然と用いられる姿が見られた。これらはやはり課題設定や発問系列の工夫、また児童の考えがどのように展開していくかを見通す学習活動のデザインによるところが大きいことも実感された（図 2 の Z 軸との関わり）。

（4）「子どもたち自身の ICT の活用力、情報活用能力」と関わる ICT の活用

4 つめは、「子どもたち自身の ICT の活用力、情報活用能力」を意識的に導いていく取り組みである。各教科での学習活動の深まりや広がり、学んだ知識等の確かな習得などに ICT の活用力や情報活用能力が後押しする。つまりその授業の目的の達成に近づくには、子どもたち自身の ICT の活用力、情報活用能力も併せて意識的に導いていくことが重要であることをおさえ、実践を遂行する場面で螺旋的に重ねて指導している姿が見られた。例えば、本事例の中に含まれていないが、実験前と実験後の変化の様子を写真で撮影させ、前後のデータを正確に読ませるために ICT を用いる経験をさせる。その際、写真の撮影位置が正面からずれていると、正確なメモリの読みがしにくくなることに気づかせる（写真 3）。このように学習内容に則して、ICT を活用していく力の育成とそれにより正確に目盛りを読み取ることを併せて導く工夫等が見られた（図 2 の X 軸と Y 軸に囲まれた面との関わり）。

（5）「学校での取り組みの文化作り」と関わる ICT の活用

最後に 5 つめは、上記全ての実践とかかわることであるが、その手応えを感じていくために、

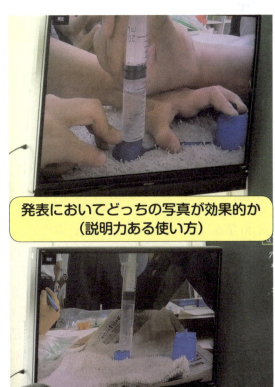

〈写真3〉 ずれている写真、ずれていない写真

どのような場面で、誰にとって有効か、などを実証的に取り組む専門集団への働きかけ（文化づくり）があることがあげられる。日常の授業の流れの中で（①既習事項の復習や想起、②課題の提示、③個人思考、④ペアでの学び合い、⑤学級全体での学び、⑥学びの整理と振り返り）、ICTを活用する場合と活用しない場合を設定し、学年で丁寧に実践をし、授業のねらいと子どもの姿からその効果を見極めていこうとする姿が、実践の中で、また事前事後の検討会を通じて見られた。ICTを活用することで、子どもたちにどのような新たな学びの機会を与えることができるのか、誰にとって有効となるのか、どのような場面で有効となるのか、などを考えていこうとする文化を学校全体で築いていこうとする姿が見られた。

　以上のように、佐保小学校での取り組みは、斬新な取り組みをしているというよりは、実際の学力保障や学力向上と関わって、これまでの取り組みでなかなか手応えが感じられなかったところ、もう少し工夫したら子どもたちにより学習への関心や達成感、そして自信を与えられる場面、これまでも追求してきた「学び合いと言語活動の充実」により貢献する上で、ICTが結果として意味を持つと感じられる取り組みをみんなで目指してきたと思われる。
　佐保小学校のこの取り組みの歩みとその歩みを支えた奈良市の研究姿勢と体制が、これから似た関心を持つ学校にとって、一歩踏み出す貴重な情報や機会となることを期待したい。

Case 4 柏市

自治体	柏市教育委員会
実践校	柏市立大津ケ丘第一小学校
アドバイザー	中橋雄（武蔵大学　教授）

Ⅰ. 教育委員会の取り組みと成果

背景

　柏市は、千葉県の北西部に位置し、人口は41万人を超え、現在も増え続けている中核市である。学校数は、小学校42校・中学校20校・高等学校1校の計63校あり、平成30年度には、新設中学校が1校開校予定である。

　柏市は、教育に力を入れており、その中でもICT教育に関しては、県内でも先進的な取り組みを行ってきた。

　昭和62年に柏市立田中北小学校でパソコンが導入されたのを皮切りに、1人1台の環境でコンピュータを利用したり、教室に数台持ちこんでグループで活用したりするなどの研究が継続して行われてきた。平成元年には、柏市立旭東小学校にFM-R50という機種が入り、田中北小学校と旭東小学校の2校が、柏市のICT教育の中心となって進んできたという歴史がある（写真1）。

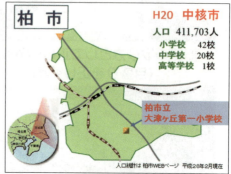

〈図1〉柏市の概要

　平成13年度から、ミレニアムプランに対応した教育用PC環境の整備を開始した。普通教室にコンピュータとプロジェクタを設置し、視聴覚室と同じような環境が整ったが、さほど教員のICT活用率は上がらなかった。その理由としては、「使わなくても授業はできる」「準備が大変」ということが原因としてあった。そこで、当時としては最先端だったプロジェクタとコンピュータを収納できる格納型教卓を整

〈写真1〉FM-R50

備したが、これでも実際に使えるように設営するまでに、どんなに頑張っても3分30秒ほどかかっていた。設営に時間がかかる以外にも、コード類が邪魔になったり、プロジェクタを下から映すと影ができたりする等、教員が面倒くさい、使いたくないと感じてしまう部分があった。

　そこで平成24年度から、中学校には全ての普通教室に、天吊式のプロジェクタを導入し、校内無線LANの環境整備を行った。また小学校では、全ての普通教室に電子黒板機能付きのプロジェクタを黒板の上に設置した。小学校の場合、黒板のどの位置にプロジェクタの画面を映すかは、教科によってこだわりがあるため、黒板にレールを付けてプロジェクタが動くようにした（写真2）。また黒板の湾曲で発生する歪みに対応できる補正メモリ機能付きの超短焦点プロジェクタを設置することにより、電源を入れれば、約30秒で使えるような環境が整った。

〈写真2〉小学校の普通教室のICT環境

さらに、教員から、「すぐに使えるコンテンツがない」という声に対応するために、指導者用デジタル教科書（算数・社会）を導入した。

こうした丁寧な整備の結果、この仕様を入れた学校と入れていない学校の使用率を比較すると、「ほぼ毎日使う」率が、パソコンの場合で4倍、プロジェクタの場合で2倍になった。また、文部科学省の「学校における教育の情報化の実態等に関する調査」によると、大項目B「授業中にICTを活用して指導する能力」について、柏市の小学校では、従来も順調に伸びていたが、常設型にリプレイスしたことで、伸び率が大幅にあがった。

このように、教員が授業中にICTを活用することへの抵抗感がなくなり、日常的な活用が進んできたため、今後柏市としては、児童生徒が活用するタブレットPCの導入をどのように進めていくべきか検討していた。そのような時期に、パナソニック教育財団様からワンダースクール応援プロジェクトの話をいただいたことは、柏市としても非常にありがたく感じていた。今回、柏市立大津ケ丘第一小学校が実証研究校として参加し、WindowsタブレットPC40台と電子黒板、授業支援システムを活用した1人1台タブレットPCの実証研究を行ってきた2年間の実践と研究結果を検証し、今後の柏市のICT環境の整備に生かしていきたいと考える。

目的

柏市教育委員会としては、パナソニックワンダースクール応援プロジェクトを通して、次の5点に重点を置き、授業実践に取り組んできた。
- タブレットPCを活用した授業を行うためのネットワーク整備や環境構築方法の習得
- タブレットPCを活用することを通して、児童の確かな学力の育成と、思考力・判断力・表現力の向上
- タブレットPCを効果的に活用し、魅力ある授業ができる教員の育成
- タブレットPCを効果的に活用した実践事例の収集と普及促進
- タブレットPCの効果検証とエビデンスを生かした今後の整備計画の策定

取り組みの内容・経過

1. ICT環境の整備

まずは、タブレットPCを使用する教員や子どもたちの抵抗感を減らし、使いたい時にすぐに簡単に使えるような環境整備を構築した。

〈タブレットPCの特性を生かすための設定〉

タブレットPCの電源投入後に児童がすぐに使用できるようWindowsローカルアカウント（note）で自動ログオンを設定した。そのため、電源を入れたら、すぐに使用できるようになった（写真3）。

〈児童が既設PC教室と同様に使用できるような設定〉

既存のPC教室サーバー資源を利用できるよう、児童1人に1アカウント付与されている情報をWindows起動後に実行させるよう設定し、従来使用されているアカウントを入力するこ

〈写真3〉ネットワーク設定の様子

とで、PC教室と同様にホームフォルダ、共有フォルダ（みんなのフォルダ）へアクセスできるように設定した。

〈充電保管庫の整備〉

　タブレットPCを22台充電できる保管庫を2台導入した。設置場所は、6年1組と2組の間の空き教室で、教室の前と後ろに1台ずつ設置した。電源は、教室の前と後ろの2カ所から取ることで、ブレーカーが落ちるのを防ぐことができた。また、充電保管庫を2台にしたことで、児童が取り出したり、しまったりする時間を短縮することができた。キャスター付きなので、授業でタブレットPCを活用する際には、充電保管庫を移動することも可能だが、充電保管庫はそのままで、タブレットPCを取り出して活用する場面が多くあった。また、ラックに番号を付け、戻す場所を固定することで、出し入れがスムーズになり、管理もしやすくなった（写真4）。

〈写真4〉充電保管庫

〈無線環境の整備〉

　無線のアクセスポイントを空き教室にある充電保管庫の上に2台設置することで、アクセスポイントを移動することなく、6年1組も2組も無線環境の中で授業をすることができた。しかし、柏市の回線速度では、全員が一斉に動画を見ようとすると、画面が固まってしまう状況があったため、今後はLANの増強が課題である（写真5）。

〈写真5〉アクセスポイントの設置

〈ネットワーク設計〉

　既設の整備済み情報機器の設定と整合性を図った設定（IPアドレス、無線LAN設定）を行う事で、新たにネットワークの設計や構築をすることなく使用することができた。

〈タブレットPCの機動性を活かした利活用の促進〉

　無線LANアクセスポイントの数が当初計画では2台であったが、他学年の教員からも、タブレットPCを活用した授業をしてみたいと強い要望があったため、校内のどこでも無線LANを利用できるよう、教育研究所保有の無線LANアクセスポイントを複数台追加した。各階にアクセスポイントを設置することで、タブレットPCを活用する学年の幅が広がり、タブレットPCの利活用の一助となった。

〈デジタル教材の整備〉

　タブレットPCを活用した授業をする上で、授業内容に合ったコンテンツが必要であるという要望を受け、また柏市としても今後導入する教材の検証を兼ねて、デジタル教材を整備した。

○「学習探検ナビ」
　（ベネッセコーポレーション）
　・算数：図形の学習
　・体育：器械運動の見本の動
　　　　画の視聴　など
○「キューブきっず」
　（スズキ教育ソフト株式会社）
　・社会：校外学習の新聞作り
　　　　など

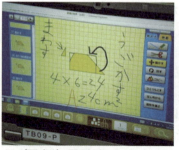
〈写真6〉図形のコンテンツ

〈写真7〉跳び箱の動画

○「コラボノート」
　（ジェイアール四国コミュニケーションウェア）
　・総合的な学習の時間：ゲストティーチャーへのお礼
　　　　　　　　　　　　の寄せ書き　など
※全てのコンテンツは、授業ですぐに活用できるよう
　に、デスクトップにショートカットを作成した。

<ITアドバイザーのサポート>

　柏市では、IT教育支援アドバイザー（ITアドバイザー）を平成11年より、活用している。ワンダースクール応援プロジェクトでは、大津ケ丘第一小学校に常駐はしていないが、学校からの要望に応じて、優先的に対応した。特に、事前の授業作りの相談から、当日の授業にもT2として参加し、授業者のサポート、機器トラブル対応、児童への支援等を行った。授業者からは、「安心して授業ができる」と好評であった。

〈写真8〉新聞作り

〈写真9〉お礼の寄せ書き

2. 研究の経過

〈教員研修（平成26年7月・8月）〉

　夏季休業中に2日間、教員研修の時間を取った。
　1日目は、ワンダースクール応援プロジェクトの概要と今後のスケジュールについて説明し、その後タブレットPCと電子黒板を活用した実技研修を行った（写真10）。ほとんどの教員が、初めてタブレットPCに触るということもあり、ログインの仕方やカメラの使い方など、一通り研修した。2日目は、アドバイザーである武蔵大学の中橋教授を招いて、「授業に生かすタブレットPCの活用」について、講演していただいた（写真11）。その後は、タブレットPCを実際に操作し、授業支援システム（eトーキー）を活用した模擬授業を体験した。
　先生方からは「早く授業で使ってみたい」というような感想があった。

〈写真10〉教員研修の様子

〈写真11〉中橋教授の講演

〈授業実践開始（平成26年9月～）〉

　2学期がスタートし、タブレットPCを活用した授業実践が始まった。最初は、タブレットPCの取り出し方や持ち方、電源の入れ方などの授業を行った。今の子どもたちは、携帯ゲーム機やスマートフォンなどが身近にあるため、抵抗なく活用することができていた。
　実際の授業の中での活用は、まずは調べ学習やカメラ機能を活用した実践からスタートしていき、徐々に授業支援システムを活用した授業へと進んでいった。ただタブレットPCを活用した授業を実践するのではなく、タブレットPCの良さを生かした授業作りに重点を置き、研修を進めることができた。授業でタブレットPCを活用した場合は、「タブレットPC利用記録」に、実践の内容（日時・教科・単元・活用のねらい・活用の効果・改善点・写真等）を記録し、実践事例を

収集していった（写真12）。

〈公開授業研究会の実施〉

1人1台タブレットPCを活用した授業を広く周知するために、市内の全小中学校62校に案内を配付し、授業研究会を実施した（写真13）。当日は、アドバイザーである武蔵大学の中橋教授を招いて、授業への指導助言をしていただき、その反省を踏まえて、次の実践へと繋げていった（写真14）。

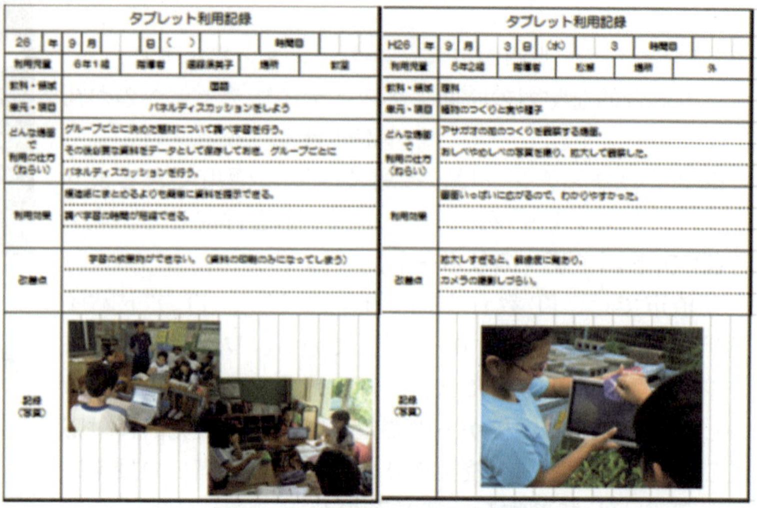

〈写真12〉タブレットPC利用記録

- 第1回公開授業研究会　平成26年12月11日
  算数「四角形と三角形の面積」（5年）
- 第2回公開授業研究会　平成27年3月4日
  社会科「自然災害を防ぐ」（5年）
- 第3回公開授業研究会　平成27年6月29日
  社会科「武士の世の中へ」（6年）
- 第4回公開授業研究会　平成27年11月24日
  算数「順序よく整理して調べよう」（6年）

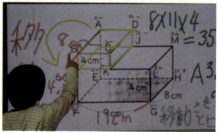

〈写真13〉児童の発表の様子

成　果

このワンダースクール応援プロジェクトの2年間は、柏市にとって非常に大きな成果となった。特に、学習になかなか集中できなかった児童にとっては、タブレットPCを活用することにより、授業への興味・関心が高まり、集中して取り組むことができた。また、授業の中に、ペアトークやグループトークを意図的に取り入れること

〈写真14〉研究協議会の様子

で、タブレットPCを見せながら自分の考えを説明するなど、相手を意識した発表ができるようになった。昨年度までは、研究対象である5年生中心の実践であったが、今年度は校長のリーダーシップのもと、校内研究体制の見直しを図り、全校での活用を進めていった。

また、昨年度までは、他の学年で使用するとなると、無線のアクセスポイントを移動しなければならないため、この環境ではなかなか活用が進まなかった。そのため、今年度からは、各階にアクセスポイントを常設することで、授業での活用は飛躍的に伸び、多数の実践事例も収集することができた。

このように、タブレットPCを導入して、授業での活用推進を図る場合には、常設で無線環境を整備したり、授業で活用できるデジタル教材を導入したりするなど、この2年間で得た成果を、今後の柏市のICT環境整備計画に反映させていきたいと考えている。

課題

　柏市の場合、ここ数年で若い教員が増えてきて、授業でのICT機器の活用に、抵抗感はほとんどなくなり、日常的な活用が進んできている（図2）。しかし、全ての授業で効果的な実践ができているかと言えば、そうとも言い切れない現状がある。武蔵大学の中橋教授から、「タブレットPCなどのICT機器は、ただ使えばよいのではなく、本当に効果的な活用場面はどこなのかを見極める、指導方略（授業デザイン）が大切である」とご指導い

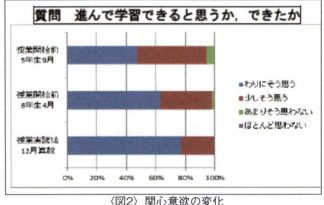

〈図2〉関心意欲の変化

ただいた。柏市としても、まずは教員の指導力の向上が課題であると感じている。今後は、ICT機器を効果的に活用できるよう、研修等をさらに工夫し、教員の指導力向上へと繋げていきたいと考えている。また、タブレットPCの利活用と学力の相関関係については、まだ明確な結果が出ていないため、今後も継続して調査・研究していきたいと考えている（図3）。

　今後はタブレットPCの導入だけでなく、教員が安心してタブレットPCを活用した授業実践ができるよう、LANの増強や安定した無線環境の整備、ITアドバイザーのサポート強化など、環境面での充実も図れるよう検討し、改善できるようにしていきたいと思う。

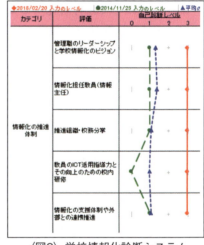

〈図3〉学校情報化診断システム

展望

　今年度で、ワンダースクール応援プロジェクトの実証研究は終了となるが、柏市としては、今後もタブレットPCを活用した先進的な研究に継続して取り組み、児童のよりよい学びの実現に向けて、研究していきたいと考えている。

おわりに

　最後になるが、パナソニックワンダースクール応援プロジェクトの実践に際し、パナソニック教育財団の皆様、指導助言をしていただいた武蔵大学の中橋雄教授、機器の導入やサポートをしていただいたパナソニックシステムネットワークス株式会社の皆様、共同研究をさせていただいた富山市・春日井市・奈良市の関係者の皆様、そして2年間の実践にご尽力いただいた細田校長先生をはじめ柏市立大津ケ丘第一小学校の先生方に感謝申し上げる。

【参考文献】・「教育と情報の歴史通信」（No.03）　・学校情報化診断システム

Ⅱ. 実践校の取り組みと実践事例〈柏市立大津ケ丘第一小学校〉

背　景

　本校の教育目標は、「豊かな人間性と創造性を備えた児童の育成」である。「豊かな人間性と創造性」とは主体的に学ぶことのできる下地からつくられるものであろう。そこで主体的に学ぶ、意欲的に学ぶために「わかる・できる」授業の構築が必要不可欠であると考えた。そのため、ICT や学校図書館の活用を進めていくことを方向性とした。

　基礎的な力と応用力を同時に伸ばしていくためには、児童が継続して興味関心を持ち、主体的に学習に取り組むことのできる手立てが必要である。その方法として ICT の活用と学校図書館の活用の二本立てが効果的であると考える。どちらもこれまでにも活用をしてきたが、教師側が意識して教材研究することで、より効果的に活用できるであろう。デジタル教科書やタブレット PC を使った授業や、図書館司書教諭と協力して行ってきた読書教育はどちらも児童の主体的に学ぶ姿を見ることができた。主体的に学ぶ児童の姿と、工夫された授業展開によって「わかる・できる」が実感できるようになるだろう。

　また、上記の二点にあげられるように、現在児童を取り巻く時代の要請として、ICT や学校図書館などの情報処理能力を高めていくことは必要不可欠である。その能力を育成するとともに、活用の工夫によって主体的に学び、意欲を継続していくこと、ひいては学力の向上、「できる・わかる」が実感できる学習活動を展開していく。

> 　各教科等の指導に当たっては、児童がコンピュータや情報通信ネットワークなどの情報手段に慣れ親しみ、コンピュータで文字を入力できるなどの基本的な操作や情報モラルを身に付け、適切に活用できるようにするための学習活動を充実するとともに、これらの情報手段に加え視聴覚教材や教育機器などの教材・教具の適切な活用を図ること。
> 　　　　　　　　　　　　情報教育の充実、コンピュータ等や教材・教具の活用（総則　第1章第4の2（9）

> 　学校図書館を計画的に利用しその機能の活用を図り、児童の主体的、意欲的な学習活動や読書活動を充実すること。　　　　　　　　学校図書館の利活用（総則　第1章第4の2（10）

　平成 26 年度より 2 年計画でパナソニックワンダースクール応援プロジェクトの指定校となった。40 台のタブレット PC と 4 台のアクセスポイント設置によってよりハード面の整備が進み、児童・教員が ICT を活用しやすい環境が整った。この環境を生かした授業展開を考えていきたい。

目 的

本校では、研究主題にかかげた「わかる」「できる」を、次のように解釈している。

「わかる」とは
①問題の意味がわかる
②学習の課題がわかる
③解き方がわかる
④先生や友達の説明がわかる

「できる」とは
①意欲を持って学習に参加できる
②具体物を操作できる
③ICT の操作ができる
④本を使って調べることができる
⑤自分の力で問題を解くことができる
⑥自分の考えを説明できる
⑦学習したことを活用できる

そのための手立てのひとつとして、「ICT や学校図書館」を活用することが有効なのではないか、と考えた。

「ICT や学校図書館の活用」とは
①主体的に学習に取り組むようにするためには、ICT や学校図書館をどのように活用していくか研究する。
②ICT や学校図書館を活用した教材教具の工夫・開発を行う。
③ICT の日常化を図る。
④ICT や学校図書館を活用しての言語活動の充実を図る。

取り組みの内容・経過

1．研究主題
主体的に学び「わかる・できる」喜びを実感できる授業づくり
― ICT や学校図書館の活用を通した教材教具の工夫 ―

2．研究教科
国語科・算数科

3．研究仮説

ICT と学校図書館を活用し、コンピュータと紙媒体の両輪から教材教具の工夫を行えば、主体的に学習に取り組むことができるだろう。

算数・国語を中心に学力全体を向上させ、主体的に取り組むことができるよう、全教育活動において働きかけていく。そのために以下の項目を同時に推進し、総合的に教育課題に向けて取り組む。

〈手立て〉
・ICTを使用することで、主体的に学ぶこと、情報活用能力・応用力・思考力・表現力の育成を図る。
・学校図書館を活用することで、読書習慣の形成や情報活用能力の育成を図る。
・ICT・学校図書館を必要に応じて授業に取り入れながら、紙媒体でより学力を確実なものとできるよう、工夫する。
・指導形態の工夫をし、少人数指導やTT、教科担任制を設けることで、児童の「わかる」「できる」を感じる機会を増やす。
・授業力の向上のため、積極的な研修会への参加を奨励する。
・主体的に学ぶ力・表現力を育成するために、学校図書館やICTを用い、日常的な言語活動の充実を図る。

〈学力向上に向けた具体的な手立て〉

★基礎学力の向上	★授業力の向上	★読書活動の推進
・バリ漢タイム（漢字練習、週1テスト） ・国語辞典の活用 ・大一小オリジナル音読集による検定 ・スピーチ ・九九検定 ・少人数指導・TT・一部教科担任制の授業形態	・ICT・学校図書館の活用 ・ICT利活用研修会の実施 ・授業研究・授業実践（一人一授業） ・ビデオによる授業検証 ・異校種による相互授業参観 ・他校へ授業研究会の参加 ・教科主任による授業	・調べ学習 ・ボランティアによる読み聞かせ ・読書カード ・図書室の有効活用 ・並行読書 ・学校図書館指導員と連携した授業

〈ICT、学校図書館と従来の紙媒体との相関関係〉

```
┌─────────────────────────────────────────────────┐
│  ┌─────────┐      指・タッチペン    ┌───────────┐  │
│  │ ICT活用 │──────────────────────│学校図書館活用│  │
│  └────┬────┘                      └───────────┘  │
│       │  ・思考力・情報処理能力    ・読書活動の推進 │
│       │  ・応用的な問題            ・情報処理能力   │
│       │  ・主体的・意欲的な学習活動の継続  ・主体的・意欲的な学習活動の継続 │
│  ┌────┴─────────────────────────┐               │
│  │従来の紙（ノート・掲示物等）を用いた授業│ 紙・鉛筆    │
│  └──────────────────────────────┘               │
│       ・基本的な知識・理解の定着                   │
└─────────────────────────────────────────────────┘
```

4．研究の進め方
（1）児童の実態をつかみ、取り組むべき課題を明確にする。
（2）仮説を立て、それを検証する手だてを考える。
（3）ICTや学校図書館の日常の使い方について研修する。
（4）ICTや学校図書館を取り入れた指導案を作成し、事前授業を複数回行いながら他者からの指導・助言・評価を受ける。
（5）授業研究会を行い、仮説を検証する。

5．研究経過

期　日	形　態	内　容
4月30日（木）	全体研修	平成27年度研修計画
6月16日（火）	全体研修	ICT利活用研修会 講師　柏市立柏第二小学校教頭　佐和　伸明先生
6月29日（月）	授業研	パナソニックワンダースクール応援プロジェクト授業研修会 6年1組　社会「武士の世の中へ」 講師　武蔵大学教授　中橋　雄先生
9月29日（火）	授業研	パナソニックワンダースクール応援プロジェクト授業研修会 6年1組　算数「割合の表し方を考えよう」
10月1日（木）	全体研修	指導案説明会（1年生・3年生）
10月21日（水）	授業研	1年2組　算数「繰り上がりのある1位数どうしの加法計算」 3年2組　国語「わすれられないおくりもの」 講師　柏市立柏第二小学校教頭　佐和　伸明先生
10月29日（木）	授業実践	5年2組　社会「これからの食料生産とわたしたち」
11月2日（月）	授業実践	3年1組　算数「はしたの大きさの表し方」
11月12日（木）	全体研修	指導案説明会（4年生・6年生）
11月20日（金）	授業実践	あおぞら学級 算数「数に親しみ、楽しみながら簡単な計算に取り組もう」
11月24日（火）	授業研	4年1組　国語「ウミガメの命をつなぐ」 6年1組　算数「順序良く整理して調べよう」 講師　柏市立柏第二小学校教頭　佐和　伸明先生 　　　　武蔵大学教授　中橋　雄先生
12月1日（火）	授業実践	4年2組　算数「面積のはかり方と表し方」
1月14日（木）	全体研修	指導案説明会（2年生・5年生）
1月21日（木）	授業実践	5年1組　国語　「まんがの方法」
1月25日（月）	授業実践	4年1組　音楽　「拍の流れにのってリズムを感じ取ろう」
1月26日（火）	授業実践	2年2組　算数　「分けた大きさのあらわし方をしらべよう」 6年2組　国語　「興味ある人物を紹介しよう　伊能忠敬」
1月27日（水）	授業研	2年1組　国語　「きつつき」 5年2組　算数　「百分率とグラフ」 講師　柏市立柏第二小学校教頭　佐和　伸明先生
2月8日（月）	全体研修	研修全体会　「1年間の研修のまとめ」 講師　柏市立柏第二小学校教頭　佐和　伸明先生

成　果

調査結果は以下の通りである。

「ICT を使った国語や算数の学習は好きですか。」

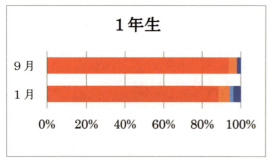
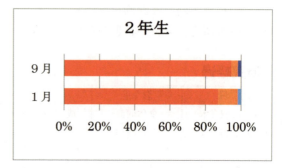
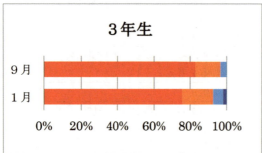
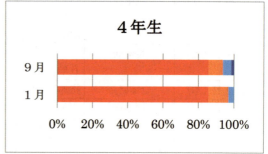
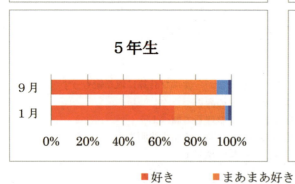
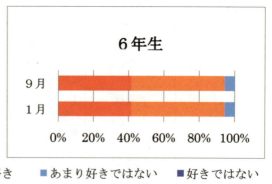

■好き　■まあまあ好き　■あまり好きではない　■好きではない

　わずかながら「好き・まあまあ好き」という回答が減少傾向にある。これは、昨年度まで「非日常」の学習であったものが、「日常」へと変わりつつあることの表れではないだろうか。また、「好き・まあまあ好き」という肯定的な意見が9割を超える回答であることは、児童が意欲を持って学習に臨んでいると言えるであろう。

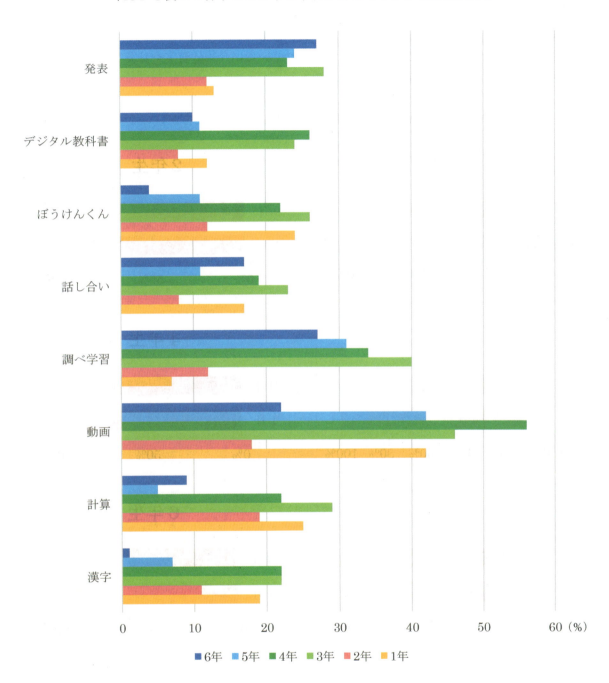

「ICTを使って行うどのような学習が好きですか。(複数回答)」

　動画の人気は圧倒的である。やはり視覚的に児童の興味関心を引きつけると考えられる。この動画については「NHK　for　School」や既成の動画だけでなく、教員自作の動画も含まれる。自作のものについては導入で使われることが多く、既成のものは導入や単元終了時の確認などに使われていることが多い。この結果から見ても、動画を活用した授業展開は今後も継続していくメリットがあるだろう。

課 題

　今年度は動画の導入や話し合い活動、調べ学習、ともにタブレットPCを多用してきた。特に3年生以上で多く活用してきたので、結果にも表れている。今後は漢字や計算などのドリル学習で活用できるよう、ソフトの環境整備が課題である。

「ICTを使った国語や算数の学習の時間はもっと増えた方がいいですか。」

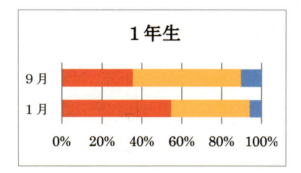
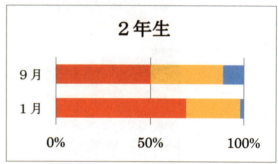
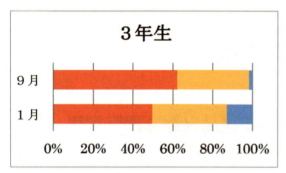
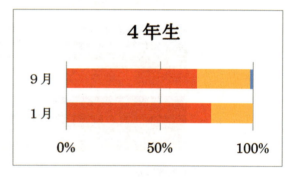
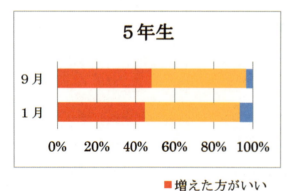
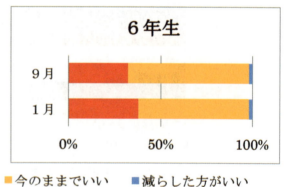

■増えた方がいい　■今のままでいい　■減らした方がいい

展望

　調査結果より、年度当初よりもICTや学校図書館を活用した学習が身近に感じられていることがわかる。これは全体として授業研究だけでなく日頃から継続して活用してきた成果であると言えるだろう。児童の意識が「日常化」へと向かってきただけでなく、教員側の指導の中に「日常的」に組み込まれてきたことの証である。

　継続して行ってきたことの中で、見えてきたものがある。それはどの教科においても、誰が行っても効果があると思われる取り組みである。それを今後「大一小スタイル」として研究に位置付けていきたい。

考えられる「大一小スタイル」

> ○デジタルフラッシュカード
> ○デジタルコンテンツ
> ○「ぼうけんくん」による意見の比較検討・学習規律の徹底
> ○焦点化したタブレット活用
> ○NHK for school のコンテンツ活用
> ○自作動画による導入や意欲づけ
> ○思考ツールの活用

　今年度の研究の成果としては、全体の統一した流れや方法が見えてきたことがあげられる。来年度に向けてこれらを検証し、また新たに考え出していくことで児童の「できる・わかる」を引き出していきたい。

おわりに

　これまでご指導いただいた、武蔵大学の中橋雄教授、パナソニック教育財団の皆様、パナソニックシステムネットワークス株式会社の皆様、そして、校内研究の講師としてご指導いただいた柏市立柏第二小学校の佐和伸明教頭先生に、心から感謝申し上げます。

実践事例 1　　　　　　　柏市立大津ケ丘第一小学校

児童の考えを比べて、台形の面積の求め方に気づかせる

5年　算数　「四角形と三角形の面積」

実践事例の概要

　台形の面積の求め方を学習する前に、正方形、長方形、平行四辺形、三角形の面積の求め方を学習しています。本時は、既習の図形の面積の求め方を活用して、台形の面積を求めることができることを目標としています。既習の図形の面積の求め方を活用して台形の面積を求めることができれば、次時のひし形の面積でも活用することができると考えました。まず、紙媒体の素材を配布し面積の求め方を予想させました。次に、自分の考えをもとに、タブレットPCのアプリ『学習探検ナビ』で、実際に操作して確かめる活動を行いました。紙媒体で考えたことと実際に操作して考えたことを比較しながら思考する時間を与えました。その後、タブレットPCに書き込んだ児童の考えを電子黒板で共有し、全体で意見を伝え合わせました。いくつか台形の面積の求め方を説明してもらい、その中で、台形の面積の公式が、平行四辺形を半分にしたものだということに気付かせました。

タブレットPCの活用法

・「学習探検ナビ（Benesse）」の素材
・「eトーキー」に考え方を送信

授業の流れとポイント

　はじめに、既習事項のふり返りとして、これまでに学習した図形の面積の確認をしました。確認する際には、掲示物を活用しました。その後の本時の学習に対するヒントとするように、見やすい位置に掲示しました（写真1）。

　既習事項を確認した後、「台形の面積を求めるには、どのようにしたらよいだろうか。」という学習課題を設定しました。紙媒体の素材をノートに貼りつけて、どのような方法で求めればよいかを、個人で予想させました。

　子どもたちは、これまでさまざまな図形の面積を求めてきたので、学習の流れ

〈写真1〉素材の提示

を把握しています。学習の流れをパターン化することで、子どもたちはスムーズに学習に取り組むことができるようになりました。

次に、アプリ「学習探検ナビ（Benesse）」を起動させて、紙媒体を見て予想したことをもとに、線を引いたり、切ったり、動かしたり、回転させたりして台形の面積の求め方を考えさせました（写真２）。

個々で導き出した考えをグループで共有する際には、「学習探検ナビ」の発表機能を使って、児童は説明をしました。考えを導き出せなかった児童は、友達の考えを聞いた上で、理解できたことを自分の考えとさせました。

〈写真２〉学習探検ナビで考える

「ｅトーキー」のスクリーンショット機能を用いて、「学習探検ナビ」を使って考えた方法の中で、１番わかりやすい考え方を電子黒板に送信させました。送信された考え方の中から、教師がいくつかの考え方を意図的に選びました（写真３）。

選ばれた児童は、全体の前で順番に発表しました。公式につながる考え方を最後にして、印象づけるようにしました（写真４）。

〈写真３〉ｅトーキーに提出された考え

最後に、どのやり方が一番わかりやすいのかを確認しました。多くの児童が、公式につながるやり方を一番やりやすいと考えました。そこで、まとめとして公式の確認と台形の面積の求め方をノートに書きました。台形の面積の求め方は、最初に配った紙媒体に書き込み、児童それぞれが、まとめの文章を書きました。

〈写真４〉全体共有

> 実践事例 2 　　　　　　　　　柏市立大津ケ丘第一小学校

資料から、元寇とはどのような戦いだったのかを考える

6年　社会　「武士の世の中へ」

実践事例の概要

　源頼朝亡き後も、源頼朝と御家人との主従関係である「ご恩と奉公」が鎌倉幕府を支えてきました。そのため、執権北条氏時代に移っても「ご恩と奉公」は引き継がれてきました。元寇後、これまでに支払われてきた恩賞が一部の武士にしか与えられなかったため、「ご恩と奉公」の関係が崩れていき、鎌倉幕府の滅亡につながっていく大切な学習です。本時では、「ご恩と奉公」により、周辺国から攻め込んできた相手に対して、御家人たちはどのような戦いを挑んだのかを資料集の資料から考えさせることを目標にしました。今回の学習のように、資料集の資料を「eトーキー」で配信・送信し、児童が考えることができれば、算数の素材の配信・送信と同じように学習の流れをパターン化することができると考えました。まず、あらかじめデジタル化した資料集の資料を配布し元寇とはどのような戦いだったのかを考えさせました。次に、自分の考えをもとに、タブレットPCで直接書き込んで、武器の違いや戦法などを見つけ出すなど思考する時間を与えました。その後、タブレットPCに書き込んだ児童の考えを電子黒板で共有し、全体で意見を伝え合わせました。時代背景を含め、大陸の武器や戦法などの違いから、鎌倉幕府は不利な戦いを強いられた中で、2度も元軍を退けたことに気づかせました。

タブレットPCの活用法

・「eトーキー」に資料集の資料を配信・送信

授業の流れとポイント

　はじめに、既習事項のふり返りをしました。これまでに学習した鎌倉時代の流れを確認しました。特に、鎌倉時代には「ご恩と奉公」があり、幕府と御家人との間には強いつながりがあることを、掲示物を用いて確認しました（写真1）。

　既習事項を確認した後、「なぜ、鎌倉幕府の力は弱まったのだろうか。」という学習課題を設定しました。今回の学習課題は、2時間で1つの課題を考えてい

〈写真1〉前時までのふりかえり

くことにし、本時の学習ではそのうちのはじめ1時間分の学習を行いました。紙媒体の素材をノートに貼りつけて、どのような戦いなのかを予想させました。

児童は、これまで算数の学習を通して、「eトーキー」による素材の配信・送信を活用した学習の流れを把握しています。社会でも学習の流れをパターン化することで、子どもたちはスムーズに学習に取り組みました。

　次に、「eトーキー」を起動させて、教師から配信された資料集の資料に、児童は武器や戦法などに注目させるために線を引いたり、印をつけたり、文字を書いたりしていました。細かなところにもヒントが多くあるのが資料集の資料です。タブレットPCの特徴でもある拡大機能を用いて、小さなヒントも見逃さないようにしている児童もいました（写真2）。

〈写真2〉 自力解決

　個々で導き出した考えをグループで共有する際には、タブレットPCに書き込んだ根拠をもとに、自分の考えをグループで説明し合いました（写真3）。考えを導き出せなかった児童には、友達の考えを聞いた上で、理解できたことを自分の考えとさせました。また、友達の考えを聞いて、納得できた場合には、自分のタブレットPCに書き込んでよいと伝えました。

　「eトーキー」を用いて、訂正したり付け加えたりした資料を電子黒板に送信させました。送信された資料の中から、教師が幕府軍と元軍との武器や戦法などの違いに着目しているものを意図的に選びました。選ばれた児童は、全体の前で順番に発表しました（写真4）。

〈写真3〉 グループでの比較検討

　最後に、元寇とはどのような戦いであったのかを確認しました。鎌倉幕府は不利な戦いを強いられた中で、2度も元軍を退けたことに気づかせました。次時では、元軍を退けたにも関わらず、「ご恩と奉公」の関係が崩れ、やがて鎌倉幕府の滅亡につながっていったのはなぜかということを2時間扱いの2時間目で確認させました。

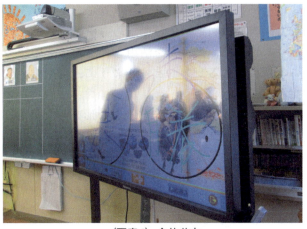
〈写真4〉 全体共有

| 実践事例 3 | 柏市立大津ケ丘第一小学校 |

児童の考えを比べて、複雑な形をした角柱の体積の求め方に気づかせる

6年　算数　「角柱と円柱の体積」

実践事例の概要

　角柱や円柱の体積の求め方の既習事項として、5年生の時に、直方体と立方体の体積の求め方を学習しています。さらに、前時では底面積にすると、底面積×高さでも体積を求めることができることを学習しています。本時は、既習の図形の体積や、底面積の求め方を活用して、複雑な形をした角柱の体積を求めることができることを目標としています。今回の学習のように、既習の図形の体積や底面積の求め方を活用して、複雑な形をした角柱の体積を求めることができれば、次時の円柱の体積でも活用することができると考えました。まず、教科書の問題と同じ紙媒体の素材を配布し体積の求め方を予想させました。次に、自分の考えをもとに、タブレットPC配信された紙媒体と同じ素材に、考えを書き込みました。グループで考えを比較検討した後、タブレットPCに書き込んだ児童の考えを電子黒板で共有し、全体で体積の求め方を発表しました。そこから、複雑な形をした角柱の体積でも、底面積×高さを使えば求めることができると理解させました。

タブレットPCの活用法

・「eトーキー」に、教科書の素材を送信・配信

授業の流れとポイント

　はじめに、既習事項のふり返りをしました。これまでに学習した図形の体積の求め方を確認しました。確認する際には、掲示物を活用しました。その後の本時の学習に対するヒントとするように、見やすい位置に掲示しました。

　既習事項を確認した後、「複雑な形をした角柱の体積を求めるには、どのようにしたらよいだろうか。」という学習課題を設定した。子どもたちは、これまで角柱の体積は、底面積×高さをすれば求めることができると学習してきました。

　まずは、タブレットPCを使わずに配布された紙媒体の素材に自分の考えを書き込ませました（写真1）。考え方は、1つだけではなくいろいろなやり方を考えるよ

〈写真1〉ノートに考えを書く

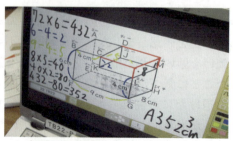

〈写真2〉タブレットPCに考えを書く

う指導しました。

　次にタブレットPCを起動させて、配信された素材に紙媒体を見て考えたやり方をタブレットPCに書き込ませました。タブレットPCには線を引いたり、矢印を書いて動かしたり、角柱の体積の求め方を考えさせました（写真2）。

　個々で導き出した考えをグループで共有する際には、タブレットPCに書き込んだ根拠をもとに、自分の考えをグループで説明し合いました（写真3）。

　考えを導き出せなかった児童には、友達の考えを聞いた上で、理解できたことを自分の考えとさせました。また、友達の考えを聞いて、納得できた場合には、自分のタブレットPCに書き込んでよいと伝えました。

　「eトーキー」を用いて、訂正したり付け加えたりした資料を電子黒板に送信させました。送信された資料の中から、教師が角柱の体積の求め方を集約し、意図的に選びました。選ばれた児童は、全体の前で順番に発表しました（写真4）。

　最後に、複雑な形をした角柱の体積でも、底面積×高さを用いると求めることができることを確認し、児童はノートに本時のまとめを記入しました（写真5）。

〈写真3〉グループでの比較検討

〈写真4〉全体共有

〈写真5〉まとめの記入

実践事例4　柏市立大津ケ丘第一小学校

身近にある長方形を探し出し、縦と横の比がどのようになっているかを考えさせる

6年　算数　「比と比の値」

実践事例の概要

　これまでに「比と比の値」では、比で2つの数を表すときには、簡単な比で表すことを学習しました。本時は、身近な長方形の縦と横の長さの比を調べ、簡単な比に表すことや等しい比について理解しているかを確認することを目標としています。今回の学習では、校内無線LANを設置したことを活かして、身近な場所にあるものをタブレットPCで撮影し、それを「eトーキー」を使って送信させました。電子黒板で友達の考えと比較させました。その際には、友達の比と等しい比があるかを考えさせたり、簡単な比で表しているかどうかを確認させたりしました。まず、学校内にはどのような長方形があるかを考えさせました。次に、自分の考えをもとに、タブレットPCの「eトーキー」を起動させ、カメラ機能を使って、校内で自由に写真撮影をさせました。縦と横の長さの比を書き込んで電子黒板に送信し、全体で共有し、等しい比はないかを考えさせたり、小数比を整数比に直してあるかを確認させたりしました。

タブレットPCの活用法

・「eトーキー」のカメラ機能で撮影した画面を送信

授業の流れとポイント

　はじめに、既習事項のふり返りをしました。これまでに学習した等しい比や簡単な比について、掲示物を活用して確認しました。その後の本時の学習に対するヒントとするように、見やすい位置に掲示しました。

　既習事項を確認した後、「身近にある長方形の縦と横の長さの比を調べよう。」という学習課題を設定しました。子どもたちは、これまで学習してきたことをもとに、身近なものでも比で表すことができることを理解しているので、今回の学習のように、活動を通し

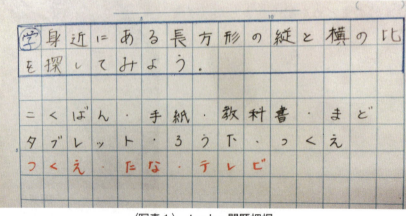

〈写真1〉ノート・問題把握

て算数の利用を実体験することも大切であると考え、本時では実際に自ら調べたものを比で表すという活動をしました。まずは、学校内には長方形の形をしているものは何かを考え、思いつく限りいくつもノートに書かせました（写真1）。

次に、実際に学校内を自由に移動させ、身近にある長方形を探しに行かせました（写真2）。時間を20分に設定して、その時間で戻ってこられるのであれば、校舎内外どこでもよいと伝えました。注意事項として、無線LANは校内にしか設置されていないので、「eトーキー」で送信する場合は、教室に戻ってからにするようにと伝えました。タブレットPCの「eトーキー」を起動させて、カメラ機能を使って撮影させました。撮影した画面に縦と横の長さの比を書き込みました（写真3）。児童によっては、どの部分が長方形かを分かりやすくするために、画面に線を引いて調べた長方形はどれかを分かりやすくする工夫をしていました。

自分の考えをグループで共有する際には、タブレットPCに書き込んだ根拠をもとに、自分の考えをグループで説明し合いました。アドバイスを聞いて、納得できた場合には、自分のタブレットPCに書き込んでよいと伝えました。「eトーキー」を用いて、訂正したり付け加えたりした資料を電子黒板に送信させました。

送信された資料の中から、教師がいろいろな長方形の比を集約し、意図的に選び抜きました。選ばれた児童は、全体の前で順番に発表しました（写真4）。

〈写真2〉長方形探し

〈写真3〉画面に比を書き込む

〈写真4〉全体共有

実践事例5　柏市立大津ケ丘第一小学校

児童の考えを比べて、落ちやもれがなく、簡単に乗り物に乗る順序を考える方法に気づかせる

6年　算数　「並び方と組み合わせ方」

実践事例の概要

　本時は、「並び方と組み合わせ方」の学習の1時間目の学習です。教科書では、最初の導入として、遊園地の乗り物に乗る順番を考えさせることで、この学習の意欲付けを行っています。そこで、教科書と同じ素材がある学習者用デジタル教材を用いて、タブレットPCの画面上で、乗り物の描かれた4枚のカードを操作し、自分の乗りたい順番を考えさせました。考えた順番を「eトーキー」で送信させ、友達との違いに気づかせました。全体で比べると、三者三様の考え方があることから、何通りの乗り方があるかを調べることにしました。そこで、「4つの乗り物を乗る順番には何通りあるのかをもれなく簡単に調べるにはどうすればいいのだろうか。」という課題を設定しました。まずは、ノートに考えを書き、考えたことをもとにグループで共有し、一番わかりやすく簡単な方法を「eトーキー」に書いて電子黒板に送信させました。タブレットPCのカメラ機能を使って、ノートに書いた考えを撮影して送信してもよいことを伝えました。教師は、児童の考えを集約し、発表する児童を選んで、全体で共有させました。

タブレットPCの活用法

・学習者用デジタル教材
・「eトーキー」で考えを送信、カメラ機能で撮影した画面を送信

授業の流れとポイント

　はじめに、本時の学習に興味を持たせるために教科書の導入の素材として使われている遊園地で乗り物に乗る順序を各自で考えさせました。本時では、教科書と同じ素材がある学習者用デジタル教材を活用しました。タブレットPCの操作性を活かし、指で4枚の乗り物カードを動かして、乗り物に乗る順序を考えさせました（写真1）。考えたものをグループで紹介した後、全体で共有させました。
　全体で児童全員の乗る順序を比較したところ、乗る順序が様々あることに気がついたので、一体何通りの乗り方があるのかという疑問が生まれました。そこで、

〈写真1〉学習者用デジタル教材

「4つの乗り物を乗る順番には何通りあるのかを落ちやもれなく簡単に調べるにはどうすればいいのだろうか。」という課題を設定しました。まず、児童は電子黒板に映し出された10通りほどの乗る順序をもとに、実際には何通りあるのかを予想させました。次に、どのようにしたら落ちやもれがなく簡単に乗る順序が何通りあるのかをノートに書かせました（写真2）。考えはいくつ書いてもよいと伝えました。

個々で導き出した考えをグループで共有する際には、ノートに書いた根拠をもとに、自分の考えをグループで説明し合いました（写真3）。考えを導き出せなかった児童には、友達の考えを聞いた上で、理解できたことを自分の考えとさせました。また友達の考えを聞いて、納得できた場合には、自分のタブレットPCに書き込んでよいと伝えました。

eトーキーを用いて、訂正したり付け加えたりした資料を電子黒板に送信させました。タブレットPCの画面には、考えを書く範囲が制限されているため、タブレットPCに書ききれない場合は、カメラ機能を用いて、ノートに書いた考えを撮影して送信してもよいということを伝えました。送信された資料の中から、教師が児童の考えを集約し発表させたい児童の考えを意図的に選び抜きました。選ばれた児童は、全体の前で順番に発表しました（写真4）。

〈写真2〉ノートに予想を書く

〈写真3〉グループでの共有

電子黒板に映し出された画面が小さくて見えづらい場合には、各自のタブレットPCに電子黒板と同じ画面を児童用タブレットPCに再配信し、各自のタブレットPCを見ながら理解を深めさせました（写真5）。どの方法が落ちやもれもなく簡単に何通りあるのかを見つけることができるのかを全体で確認して、ノートにまとめさせました。

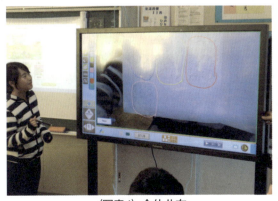
〈写真4〉全体共有

〈写真5〉児童用タブレットPCに再配信

Ⅲ. 実践をふり返って〈アドバイザー〉

柏市の取り組みに対するコメント

武蔵大学 社会学部 教授
中橋　雄

はじめに
　柏市教育委員会・柏市立大津ケ丘第一小学校の取り組みにアドバイザーとして関わり、研修会の講師や授業実践を伴う校内研究会の指導講師をしながら、多くの授業実践を参観することができた。その中で、「ICTの導入および運用体制のあり方」や「授業でICTを効果的に活用する方法」についてアドバイザーの立場で気がついたこと、明らかになったことを以下に整理する。

1. 授業力向上につながる校内体制
　本校では、ICTを日常の学習活動に位置づける方法について全ての学級で実践と研究が行われてきた。本プロジェクトで整備された電子黒板とタブレットPCは、どのクラスでも使えるようにアクセスポイントごと移動させることができる環境整備が行われた。このような運用は授業で使う準備をするための時間がかかるというデメリットがある。しかし、特定の学級だけが活用するのではなく、全校でICT活用に取り組んだことのメリットも大きかったように思う。
　整備されたICTを効果的に活用する方法やトラブルを回避する方法は、多くの活用経験を通じて明らかになってくるものである。もちろん他校の実践事例などを参考にすることも重要であるが、整えられた環境、学習者の実態が異なることで、そのままその方法が適用できないこともあるだろう。そのため、学校内で各学級が蓄積した知を共有することが、ICT有効活用の近道になるといえる。例えば、「こんな機能があることを見つけて活用したところ、実に効果的だった」「こういうトラブルがあったが、このようにして解決することができた」というような経験は、特に同じ環境にある他の教師にとって有益な情報となるだろう。
　ICTは、これまでに出来なかった授業の形態、内容を学ぶために活かすことができるが、ICTを活用すれば必ず学力が向上するわけではない。学習の目的を達成させるために有効なICT活用を行う必要があり、教師の授業力がより一層重要になるといえる。本校では、機器操作に関する研修、他校の実践事例に学ぶことを目的とする研修だけでなく、校内での授業実践を伴う研究協議による研修など、多様な研修の機会が設けられてきた。校内の研究授業で行われた実践は、何のためにICTを活用するのか、その意義をよく考えて授業がデザインされていた。そして、学習の目的を達成するためにその活用が効果的であったのか、しっかりとした協議が行われていた。
　本校では、整備したICT機器がどのような機能をもっているか教師が把握するという段階から、学習に活かされる活用場面を具体的に検討していく段階に早く移行することができた。それは、全校で研究に取り組む体制を作り、学級ごとの蓄積を全体で共有してきたからではないかと考えられる。

2. タブレットPCを活かす指導方法の検討

　タブレットPCは、思考の過程を可視化して見せることができるメリットがある。学習者同士が自分たちのタブレットPCをお互いに見せ合いながら説明をするような協働学習の場面で活用することが考えられる（写真1）。多様なものの見方・考え方を示しあうことでお互いが学び合えることに意義がある。しかしながら、タブレットPCがあるからといって、うまく自分の考えを言語化できるとは限らない。また、意味のある協働学習が成立するとは限らない。

　例えば、タブレットPCのデジタル教材を用い、台形の面積を求める方法について自分の考えを説明する実践が行われたときのことである。このデジタル教材は、台形をコピーしたり、分割させたり、回転させたり、移動させたりすることができる。個々の考えを比較することで、他者の多様な考え方から学ぶことができることを示す教材としても活用することができる（写真2）。

〈写真1〉見せながら説明する場面

〈写真2〉多様な考え方を比較させる

　このような機能は試行錯誤して考えたり、相手に画面を見せながらわかりやすく説明したりできる点にメリットがある。そのようなことが簡単にできる反面、見せることで相手に理解させたつもりになってしまう事象も実際の授業では確認された。ある学習者は、他の学習者に自分の考えを説明する際に、「これをコピーして、回転させて、ひっつけて、12×4÷2なので答えは24です」と表現した。答えは間違っていないが、他者に考え方を伝えるための説明として思考を言語化できているかというと不十分であろう。このような学習者がいた場合に、どのような指導が必要となるか、校内の授業研究における協議会で話し合われた。

　本時の目標から考えて、理想とするのは、算数の用語を使い、聞き手が理解できるように、省略せずに順序立てて説明することである。例えば、「まず、同じかたちの台形を2つつなげて平行四辺形を作ります。平行四辺形の面積は、底辺×高さで求めることができるため、この平行四辺形の面積は12センチメートル×4センチメートルで、48平方センチメートルです。これを2で割ることで台形1つ分の面積を求めることができます。48÷2で、24平方センチメートルがこの台形の面積です」というような説明である。

　このように視覚に訴えかける動きのある映像を提示できるタブレットPCだからこそ、学習者が思考を言語化できるようなるための教師の指導が、今後ますます重要になると考えられる。例えば、教師が、説明方法のモデルを示すこと、学習者が自分の成長を評価できるよう観点を示すこと、そのような説明ができているか机間指導を行うこと、学習者同士で相互評価させることな

ど、様々な可能性を検討していくことが重要であろう。このように、ある具体的な事象から教科の目的を達成させる効果的なタブレット PC 活用について考えることができたことは、大きな成果であったといえる。

3. 学習活動を組み合わせた授業デザインと ICT 活用

　「学習者の思考を可視化・共有し、対話を活性化させ、他者から多様なものの見方・考え方・学び方を学ぶ」ICT 活用について研究を進めてもらいたい。これは、本プロジェクトが始まった当初から本校の先生方に要望してきたことのひとつであった。それを受けてか、あるいは、もとから取り組まれてきた授業スタイルだったのかもしれないが、以下に示す要素を組み合わせた実践に取り組む中で、そうした要望に応えていただいたと感じている。

> （1）活動の目当てと方法を伝える一斉学習
> （2）タブレット PC で自力解決を行う個別学習
> （3）タブレット PC を用いグループ内で考えを伝え合い学び合う協働学習
> （4）タブレット PC に表された学習者の思考を教師が教材化して説明し、目当ての達成を確認する一斉学習

　これらの要素を組み合わせた実践は、算数（台形の面積の求め方を考える・順列の考え方を説明しあう）、社会（災害対策の工夫を調べて伝える）などで確認できたが、他の教科においても応用できるひとつの型となりうる。ここでは、そのひとつの例として、社会科で取り組まれた「幕府は元に勝てたのかどうか写真資料を読み解き根拠をもって予想を説明する」学習活動の流れに基いて具体的に説明する。

　まず、授業が始まってすぐに行う一斉学習の場面で、教師は、前時の振り返りから本時の目的を示すとともに、その後個々に行う活動の説明を行った（写真3）。具体的には、元と幕府、どちらが勝ったのかがわかる理由を説明するのに適した箇所について丸で囲って資料に印をつけるという活動である。学習者は、タブレット PC に取り込んだ資料集の画像を拡大・縮小させ、資料をよく確認し、画面にタッチして気づいたところにマークを書きこんでいく（写真4）。次に、書き込んだ箇所をグループ内で見せ合い、理由として考えたことを伝え合う（写真5）。多様な考えや他者が注目した箇所を知ることで、ものの見方や考え方が広がっていく。さらにグループで話し合ったことを、クラス全体で共有する（写真6）。

　こうした活動を通じて、「馬に乗っているほうが有利なので勝ったのではないか」「血が出ているので負けたのではないか」「元軍の武器が強そうなので負けたのではないか」など、様々な理由が学習者から挙げられていた。資料を読み解き、根拠をもって相手に自分の考えを伝えることで学ぶ力を身につけていくことができる。また、多様な考えに触れることで自分のものの見方・考え方を広げることができる。単なる暗記学習ではなく、「思考する社会科」の授業によって獲得された知識は、記憶に残り、その後の主体的な学習活動や日常生活にも活かされると考えられる。

　このような多様な活動を、どのように組み合わせて授業をデザインしていくとよいのか検討することが重要であろう。また発問、机間指導、活動に対する助言など、教師が学習者にどのように関与するかは、各活動に応じて異なる工夫ができるため、それぞれ活動ごとに検討することにも意義がある。全体と部分を往復しながら、ICT の役割と位置づけを考え、授業をデザインし、評価・改善を行うことが、今後も求められる。

〈写真３〉元の勢力を示す資料を提示

〈写真４〉個別に検討

〈写真５〉グループでの検討

〈写真６〉個・グループの考えを全体に共有

　こうした取り組みがベースにあったおかげで、本校での研究協議は、充実したものになったと考えられる。特に、答えがひとつに決まるような課題設定だけではなく、答えがひとつに決まらない学習活動においては、それに応じた指導方法を検討することが必要であり、そうした議論もできたことは、これからの教育活動に活かされるだろう。

　特に学習者の関心・意欲を高める発問や資料選定の工夫、学習者が考えを説明しあう際、タブレットPCに何をどのように書き込ませることで教授目標を達成できるのか。こうしたことを考えながら授業デザインを行うことで、ICTが効果的に活用された実践になるのではないだろうか。

4. 協働して新しい知を創造するような授業実践の実現

　普通教室における１人１台タブレットPC環境を活用した授業をデザインするにあたり、学習者にどのような学力を育みたいのか問いなおすことからはじめることが重要である。現代社会を生きる上で求められる学力の範囲は以前よりもひろがりを見せている。基礎的・基本的な知識や技能の習得だけでなく、それらを活用して複雑な課題を解決したり、知を探究したりする授業実践、さらに異なる専門性をもった他者と協働して新しい知を創造するような授業実践を充実させることが求められている。そして、そうした実践においてこそICTを活用する意義があると考えられている。

研究授業で実践された社会科「自然災害を防ぐ」(5年)の授業は、まさに知識や技能の習得だけでなく、それらを活用して複雑な課題を解決したり、知を探究したり、協働して新しい知を創造することが目指された授業実践であった。この実践は、様々な資料を調べ、「自然災害を防ぐ」ために取り組まれてきた先人たちの知を収集するとともに、グループで話し合いながら課題解決提案を行うものである(写真7、8)。答えが一つに決まらない課題に対し、情報を収集・記録・再構成して自らの考えを表現し、協働的に新しい知を創造する学習活動にICTが活用されていた。

〈写真7〉資料を収集・加工

〈写真8〉資料を提示して提案

　現在の教育課程では、答えが一つに決まらないような課題解決学習を通じて新しい知を生み出す学習の機会を作ることは、時間的な制約があるためそれほど簡単なことではない。しかし、本実践を通じて、知識理解が中心課題となりがちな教科学習においてもICTを活用して新しい知を創造する学習を実現できる可能性を確認することができた。今後のICT活用と教育課程の在り方を検討していく上でも参考にすべき重要な知見が得られたと言えるだろう。

5. 継続的に取り組んだことによる変化

　教師も子どもたちも機器に慣れることによって、学習の本質に迫ることができるようになっていった。機器操作スキルが身についてきたということだけでなく、学習のためにどのようにICTを活用するとよいのか、ということが浸透するまでには、一定程度時間がかかることがわかった。
　先に述べたとおり、本校の実践において特徴的なことの1つに協働学習を取り入れた授業デザインを行っていることが挙げられる。授業の導入で前時の振り返りと本時のめあてを明確にしたうえで、自力解決活動をした後、グループで意見を交流させることで互いに学び合うような協働的な学習の機会を設ける。その上で教室全体での意見交流を行うという流れで進められている実践が多く見受けられた。子どもたちが主体性を発揮する機会を作ることは望ましいことである。
　しかし、かたちだけグループワークをさせたとしても学習を深めるような話し合いができるとは限らない。話し合いの技術に磨きをかけることはもちろん大切であるが、それ以上に、何のために議論するのか、何を提示して説明すればよいのかということを学習者に意識させる指導が重要になる。そのために、学習環境デザイン(教室・教材・人)、授業デザイン(授業案)、関わりのデザイン(指導方略)という観点から授業を設計・評価・改善していくことが有効であろう。
　本校では、こうしたことを意識した実践が行われてきた。タブレットPCは、実践の中で自力

解決学習において試行錯誤するための道具として使われてきた。また、自分の考えを伝えるための資料を作る際に論拠となる資料を収集したり、編集したりする道具として使われてきた。さらに、他者に自分の考えを伝えるための道具として使われてきた。教師は、学習活動の目的に応じてタブレットPCを使い分ける指導を行ってきた。子どもたちもその使い分けを意識しながら徐々に活用できるようになっていった。これも継続的に実践に取り組んできた成果だと言えるだろう。

おわりに

近年、受動的な学習法ではなく能動的な教授・学習法の総称として「アクティブ・ラーニング」という言葉が使われるようになってきている。次期学習指導要領の改訂に向けて、行政用語としてもこの言葉が使われている。

様々な立場から様々に語られている面もあるが、その多くは、学習者の思考を活性化させ、深い学びへ誘い、これまで以上に学習の質を高めることが目指されている。その例として、「発見学習、問題解決学習、体験学習、調査学習、教室内でのグループ・ディスカッション、ディベート、グループ・ワークなど」が挙げられることがある。

何を学ぶのかということだけでなく、どのように学ぶのかを重視して、こうした学習活動の充実を考えることと、ICTをどのように活用していくかということは、切り離して考えることはできない。今後、1人1台タブレットPC環境で取り組まれてきた今回のプロジェクトで得られた研究成果が、全国の学校現場で活かされることを期待している。

第3章　今後の展開とかかわって
（One to One への道　今後の展望）

小柳 和喜雄　奈良教育大学大学院 教授

1. はじめに

　このワンダースクールプロジェクトは、本書の最初に述べられているように、「4つの自治体と共同で、one to one（タブレット PC 1人1台）の未来型授業の設計・実践を大学の研究者の助言を受けながら行い、その学習効果や21世紀型学力との関連を実証研究」し、「その成果を地域そして全国の学校へ普及・還元」を目指すものであった。前章までに、既に4つの自治体で試みられた one to one（タブレット PC 1人1台）を含む ICT 活用の授業設計・実践、そしてその効果検証の結果、また普及・還元への貢献と関わる内容について述べてきた。

　そこで、ここでは、「one to one（タブレット PC 1人1台）の未来型授業の設計」「21世紀型学力」との関連について、現在論議されている話題などにも目を向けながら、今後の展開について考えていく。

2. 「OECD／PISA デジタル能力調査の結果」をどのように読むか

2.1　経済協力開発機構（OECD 2015）の調査報告とは

　2015年、経済協力開発機構（OECD）が、PISA2012で行った、①生徒や学校のデジタル機器との関わりに関する調査結果、②デジタル能力調査（読解力、数学的リテラシー、科学的リテラシー、問題解決力）結果、③ペーパーによる読解力、数学的リテラシー、科学的リテラシーの調査結果についてクロス分析した報告を出した（OECD 2015）[1]。この調査は、今後、コンピュータを用いた調査やテストがより様々なところで行われてくる動きの中で、PISA 調査問題について（デジタル読解力だけでなく、数学、科学、問題解決も）コンピュータを用いて測った点で注目に値するモノであった。

　OECD のシュライヒャ氏が同年9月に来日した際、それらの結果を下に、次のようなことを述べ、それが報道された。「学校で適度にコンピュータを使用している生徒のほうが、まれにしか使わない生徒に比べて、その成績はいくぶん良い傾向が見られた。しかし社会的な背景や1台のコンピュータに対する生徒数などの考慮点を差し引いても、学校でコンピュータを使うことが頻繁である生徒は、ほとんどの学習結果において、むしろよくない成績という結果が見られた」「教育のために ICT にかなりの投資を行った国を見ても、その読解力、数学的リテラシー、科学的リテラシーの成績に目立った改善は見られなかった」「深い概念的理解や高次の思考を形成していくことが、教師と生徒の相互作用の中で求められることである」「我々は教育（方法）についてもっと考える必要がある。テクノロジーはすばらしい授業を何倍にも良いモノにできるが、すばらしいテクノロジーが、つたない授業に置き換わることはできない」「テクノロジーは、探究ベースの教育（方法）や協働的な活動の場を支援する道具として用いられること、そして学習者を能動的な参加者として見なし考えていく新しい教育（方法）を支援することが重要である」「知識へのアクセスを劇的に拡大させることができる唯一の手段がテクノロジーである。教員に、21世紀の教育（方法）を支援できるような環境を提供し、生徒には将来成功できるような21世紀に求められる力を身につけさせることが重要となる」「テクノロジーを上手く使い、それを結果につなげるには、各国はより効果的に投資する必要がある。そのためには、その変革を最前線で企画し実施するのがまさに教師であるという、確かな戦略を描く必要がある」「教師は革新的なテクノロジーを単に操作し実践を遂行するだけでなく、それらをデザインもする、変化のエージェントになる」こと等が取り上げられた。

　これらの報告で言われていること解釈すると、「PISA 調査問題の結果を見ると、学校内外で

のICTの活用は、あまりその結果の改善に影響はしなかった。生徒に任せたままの頻繁な利用はかえって逆効果も示していた。ICTを用いた調査であっても、その結果はあまり変わらない。授業でICTをどのように活用しているか、生徒がICTをどのように活用しているかを考えていくことが重要である。教師や学校に新しい教育（方法）の検討が求められている」ことなどが述べられていると思われる。

しかしながら、上記のことが報道されたときに、「OECD／PISAデジタル能力調査の結果、ICT教育は成績向上に貢献なし」等が、見出しとして取り上げられ、次のようなことが生じた。「ICT利用に不安を持っている人」「ICT利用に懐疑的な人」は、「ICTに投資するくらいなら、他にその費用を使ったほうがいいのではないか」という思いを引き出し、「ICTの教育効果を期待して取り組んできた人」にも不安を生じさせることである。

調査のデータに基づけば、確かにそのように言えるのかもしれない。しかし、利用していく上でどのような取り組みが求められるかについて、本報告ではその考察も述べられているが、そちらへはあまり目が向けられず、「ICTは、教育に貢献しない」ということに意識が向けられてしまうことが少なからずあった。

2.2 調査を読む上で、見落としがちな点はどこか

したがって、この調査結果を読み取る際には、例えば次のような点を、より注意してみていく必要がある。さもなければ誤解してしまうこと、あるいはせっかくの国際比較調査結果がその後の取り組みに生かせないことがあるからである。

1つ目は「OECD／PISAで調査している力とICTの関係」を、「各国で育成しようとしている力とICTの関係」と全く同じと理解し、おおざっぱに「ICT教育は成績向上に貢献なし」と考えてしまう点である。2つめは、「今回の調査は、参加国全てが、OECD／PISAが必要と定めた力を付けるために、ICTの教育投資に力を入れ、それに向けて取り組んだ結果を調べたわけではない」点である。3つめは「教育に対してICTの持つ可能性について、興味深い考察がなされているが、ネガティブな指摘に印象づけられてしまうと、それらを、実践者が当事者意識を持って考えることへ制限をかけしてしまう可能性がでてくる」点である。

まず1つめと関わっていえば、OECDとして「参加国の経済的な発展と教育の関係について考えた場合、そこには、今後求められる力がキーコンピテンシーであり、テクノロジーもそのために活かされるべきである」という前提がある。そのような価値観から、ある手法で、参加国の2012年現在の15歳の生徒とその学校に調査の網をかけたら、それぞれの背景や事情、目的設定はさておき、結果、上記のようなことが見えたというのが、報告内容と考えられる。日本でも、確かに、2003年以来、PISA型学力に関心が向けられ、それと関わる取り組み（例えば言語活動の充実、学力学習状況調査のB問題など）が行われてきたことは周知の通りである。しかし、日本の学力のとらえ方は、PISAで測ろうとしているものと完全に一致しているわけではない。他の参加国も、同様に、意識はしても、その目指す力は、完全に一致しているとは限らない。つまり、PISAで調査している力について、OECD参加国としてその意義の重要性は意識しつつも、国として育てたい力やそのアプローチは多様である。これは、2000年のPISA調査開始時点からも言えることと思われる。しかし今回の調査結果報告の場合、その上、ICT活用の効果を、さらにその目的の達成のための利用として、つまり前提として盛り込んで、その関係を見ようとしている。2つの暗黙の前提がそこに存在する。したがって、この結果を持って、これまでの別の

前提に立つ個々の取り組みや今後の取り組みを全てそれで判断する（おおざっぱに「ICT 教育は成績向上に貢献なし」とする）のは早とちりであるという点である。

　次に２つめと関わって、今回の調査は、社会的経済的背景を持つ生徒間の様々なギャップを埋め、社会へ参画していくことに ICT はどのように寄与できるかを、「OECD／PISA で調査している力と ICT の関係」から考察を行っている。その点は、ICT の投入が誰にどのような取り組みをすると有効かを考えていく上で興味深い調査報告である。報告書を読むと、デジタル読解力などは、ICT アクセスに不利益を被っている生徒に、情報を探し、それを読んだりする機会を適切に与えると、その差は埋まってきていることも報告している。しかし、例えば数学や科学に関しては、はじめから参加国全てが、OECD／PISA が必要と定めたこれらの力を付けるために、教育投資として ICT に力を入れ、それに向けて取り組んだ結果を調べたわけではない。参加国が、ICT の教育投資をどのような事情から位置づけ（背景や理由）、何を目的とし、どのような計画で進めようとしてきているかは、国により、また細かく見ると一律とは言えない。そのことをいったん括弧に入れて、この調査は、生徒や学校のデジタル機器の接触や活用状況とのクロス結果から、読解力、数学的リテラシー、科学的リテラシー（デジタル機器を用いた調査結果も含む）について、国ごとにその差異を見ている結果であることをしっかりおさえる必要がある。同じ国際調査でも、国際教育到達度評価学会（The International Association for the Evaluation of Educational Achievement; IEA）による「国際コンピュータ及び情報リテラシー調査（International Computer and Information Literacy Study；ICILS）」の場合、「生徒のコンピュータと情報リテラシー」を「コンピュータを使って」を測っている（小柳 2014）。各国は、ICT 活用力や情報活用力等の育成を１つの大きな目標としてかかげ、教育投資を行い、ICT を活用している実態がある。そのため、その目的がどのように達成されているのか、どのような課題があるのか、その実態を明らかにしていく ICILS は、調査として理にかなっている。しかし、今回の PISA2012 の結果を用いた調査報告は、そのような目的の下で行われたモノとは言いにくい。そのため、むしろ、その条件下で見えてきたことから、考えられるべき点を考えていくという姿勢をとることが、自国の取り組みを考える際にも重要と考えられる。

　最後に、３つめは、「成績向上に貢献しない」にのみ目を奪われると、様々な教育活動における ICT の活用自体が全て無意味と受け取られ、その後の思考停止を招いてしまう恐れの問題である。「ICT は教育にとって、成績向上にとって貢献しない」ととらえるよりも、「キーコンピテンシーと関わる力を付けるときに何を考える必要があるか」、「そのときに ICT はどのような意味や効果を持つか」、「課題となるのはどういうことか」を上記シュライヒャ氏の報告から読み取り、21 世紀の教育目標に対して、当事者意識を持って、考えるべきである。その文脈で言えば、後半の報告に基づくシュライヒャ氏の指摘は、これまでの取り組みや教育（方法）に応じた ICT 活用ではなく、新たな教育（方法）、それに寄与する ICT 活用を指摘している点で（目標が変われば越える手立ても変わること）、未来展望として重要な点を述べていると考えられる。

2.3　今後の展開を考えていく視点

　以上、影響力をもつ OECD（2015）の報告を読む際、見落としがちな点をしっかり見つめながら、それが提示しているデータや分析結果を見ていく必要があることを述べてきた。このことは、今後の教育における ICT の活用のデザインを考えていく場合、大きな意味を持つと考えたからである。

そこで、この後は、このOECD（2015）の報告でも述べられていることを対象化して考えていくためにも、どのような目的の下でICTの活用が検討されてきたのか、またいるのか、その動きをおさえ（図1）、それに則して、本章の役割である「one to one（タブレットPC 1人1台）の未来型授業の設計」「21世紀型学力」について今後の展開を考察していく。

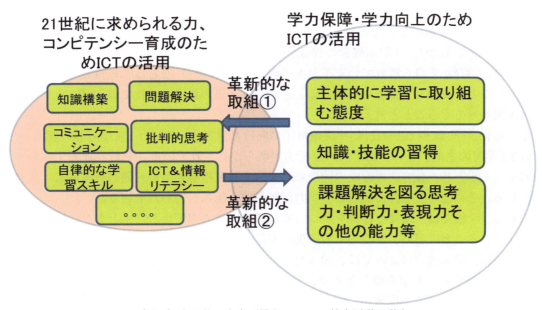

〈図1〉主目的や力点が異なるICTの教育活動の動向

　1つめは、「学力保障・学力向上のためのICTの活用」という動きであり、2つめは、子どもたちに様々な活動から、新たな学習機会や経験をさせることを描きつつ、「ICTを活用した革新的な取り組みへチャレンジしようとする動き」（革新的な取り組み①）である。そして、3つめは、「21世紀に求められる力、コンピテンシーの育成のためのICTの活用」という動きであり、4つめは、「21世紀に求められる力、コンピテンシーの育成」から「学力保障・学力向上の取り組み」を再構築し、それに向けてICTの活用を考えるという動き（革新的な取り組み②）、である。これらの4つの動きの中で、「one to one（タブレットPC 1人1台）の未来型授業の設計」「21世紀型学力」はどのように考えられてきたか、またいるのかを述べていく。そして最後に、今後、教員や学校に求められる力とはどのようなものか、最初に触れたOECD（2015）の報告にも見られた指摘も鑑み、その考察を加えていきたい。

3. 学力保障・学力向上のために ICT を活用する動き

　「学力保障」は、実際に子どもたちを前にして、教員が学校で取り組んでいくときに、まず取り組む課題として遭遇することである。全ての子どもたちに学ぶ機会を「保証」していく「学力保証」という責任は公立学校に当然求められる（なおここで言う「学力」は教育課程の基準となっている学習指導要領に定められた知識・能力・態度等と関わる力を意味している）。

　これは他の国々でも言えることであり、教員がなかなか確保できない途上国や広大な国土を持つ国々では、ICT を用いて、その国が学習者に求める力の教育に向けて、その機会を保証する動きが見られる。しかし、「学ぶ機会の保証」をしていても、そこで不足している力を補っていく取り組み、学びから自ら離れていく子どもへの手当（「保障」）などは、教員としてその子たちに接していると、役割として求められることを感じると思われる。学校で言えば、それは、結果責任とも関わってくることと言える。

　日本の場合、「知識・技能の習得」「課題解決に向けた思考力・判断力・表現力等の能力の育成」「主体的な学習の態度」といった学力の 3 要素が明らかにされている。それと連動する形で、学ぶ内容なども示された教育課程編成の国の基準を示す学習指導要領や評価の枠組みも 4 観点で示されている。そのため、それに則して、学力保障の取り組みが行われている。

　そのため、学校では、多様な背景を持つ（家庭事情、能力事情など）子どもたちに、同じ学ぶ機会を保証することに努め、また個々の子供に不足している力等を補おう（学力保障）と努めている。その際、学ぶ内容によっては、知ったこと、理解したことを自分の頭で整理していくことをしっかり確保することが重要となるが、教員一人で対応ができにくい点が多々ある。そこで、その際、1 人 1 台の ICT の環境が、その機会を保証し、個々の学習状況やニーズに対応する環境、道具として期待されている。

　また子どもたち個々の学習状況、学習スタイル、知覚のスタイルなどへも配慮しながら、子どもたちのやる気を喚起し、学びの継続性を支援し、力を伸ばしていく「学力向上」の取り組みにおいても、1 人 1 台の ICT の環境が、学力保障と同様に期待されている。

　本書の第 2 章に掲載されている 4 つの自治体の取り組みも公立学校の取り組みであるため、基本的に「学力保障」「学力向上」と関わって、ICT がどのような効果を持つか、one to one（タブレット PC 1 人 1 台）も、その目的と関わって授業設計に組み込まれていた。活用において、どのような条件や課題設定が重要となるか、どのような時に有効となるかが語られていたと思われる。また、PISA で測られる読解力、数学的リテラシー、科学的リテラシー、問題解決力なども、PISA 型学力として、学力の内容として位置づけ直され、より具体的には、学力学習状況調査の B 問題のような課題解決の場面で、その指導が行われてきた（いる）と言える。

　この動きの中で、「one to one（タブレット PC 1 人 1 台）の授業の設計」が行われる場合は、「積み上げ螺旋」による指導を基本とした取り組みが多い。授業時間の中で大きな割合を占める教科学習の中では、「知識・技能の習得」「その習得された力と関わって課題解決を進める取り組み（活用の取り組み）」といった螺旋的に過去に学んだモノを使いながら少しずつ課題の難易度をあげて、ずらして活用させ、その習得を図っていく授業を設計される場合が多いからである。例えば one to one（タブレット PC 1 人 1 台）の利用も、「既習知識の再認、再生を通じて自分自身で何が習得できて、何ができていないところがわかるための活用」「自分の考えを表現して試行錯誤をしながら考えていくことを支援する活用」「インターネットを利用した調査や情報収集、実験や行動の記録などに関わる写真や動画など収集・整理するための活用」「自分の考えを友達の考

えと交流しながら考えを整理したり練り上げたりする活用」などが授業設計でよく見られてきた（図2参照）。

　一方、総合的な学習の時間では、教科内容に則して分けられた課題とは異なる教科横断的な複合的な課題に挑んでいくために、「掘り下げ螺旋」による指導が多くなってくる。課題に対して調べながら掘り下げて考えていく活動が多くなってくるからである。そのため、例えば「one to one（タブレットPC 1人1台）の授業の設計」は、その課題分析と関わって、「インターネットを利用した調査や情報収集、そして写真や動画などの記録のための活用」「情報の分類・整理などの活用」、また表現や交流活動と関わって「協同発表のための活用」「協働制作のための活用」「学校外との交流ための活用」などを、授業設計に組み込む場合がよく見られてきたといえる（図2参照）。

　今後期待される「one to one（タブレットPC 1人1台）の未来型授業」としては、他国の動きを見ても、学校での貸与という環境から、子どもたち個々人がそれぞれの学習端末を家から持ってくる環境に変わってくることが想定される。そのため、その環境を活かした取り組みが現れると考えられる。その場合は、「家庭への持ち帰り家庭学習のために活用」「学校の授業と家庭学習の効果的な連携のための活用」などが、より授業設計に位置付いてくる。したがってそれに向けた教育方法の検討が行われ、それを活かした授業設計が行われると考えられる。

　なお「学力保障・学力向上のためのICTの活用」を通じて、ICTの効果を見ていく取り組みの場合、注意しなくてはいけないのは、授業場面、学習場面におけるICTの活用からその効果を見ようとするだけでなく、より広い戦略的な取り組みのデザインが必要となるということである。例えば、学力学習状況調査の場合、学校は、資料として添付されてくるレーダーチャートを手にする。そこには、子どもの結果、学校の取り組みの結果について、あるパターンが示されている。学校は、図3のように、「ICTの活用」「学力の3要素」の間にある線で囲まれている部

〈図2〉学びのイノベーションで明らかにされた学習場面ごとのICT活用[2]

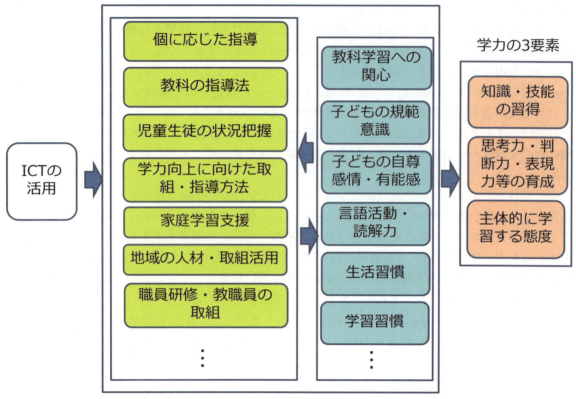

〈図３〉学力保障・学力向上に向けての戦略的なICTの活用

分に目を向け、ICTをどの姿や取り組みの向上に向けて集中的に用いるか、つまりどの姿や取り組みの要素を活性化させるためにICTの活用を戦略的に組むか、そのデザインしていくことが求められる。「ICTの活用」→「学力の３要素」がすぐに伸びると考えるのは早計である。色々な要素がそこに絡んでくる。そのため、むしろ関数的に、その矢印の間にあるメカニズムに目を向けて、戦略的に働きかけていくためにICTを活用していくデザイン思考が重要となる。その点、第１章の検証結果は、ICT活用を子どもがどこでどのように効果的と感じたか、実際に何が学習成果につながったかを示してくれている。

　例えば、本書の２章の自治体の取り組みの中にも学力保障や学力向上と関わっていて、組織的に「学習規律の徹底」をICT活用と重ねて取り組んでいたり、ICT活用について検討していく中で「職員研修・教職員の取り組み」を非常に質量共に活性化したりしている姿が見られる。学力保障や学力向上に間接的に寄与していく取り組みへ戦略的にICTを活用して取り組んでいくことが結果を生むことがあるのである。単元を貫く言語活動の充実を通じて、学力向上に成功している例も聞く。それであれば、それにICTを活かす取り組みもあるだろうし、情報活用能力を、単元を貫いて子どもたちに培い、教科学習や総合的な学習での学びの質を内容面とスキル面の両方から高め、次の単元や学年に繋いでいく戦略的なICT活用の取り組みも、学力向上にとって功を奏する可能性があるといえる。

4．ICTを活用した革新的な取り組みへチャレンジしようとする動き

　英国のInnovation FoundationであるNESTAは、過去10年間くらいに出されているICT活用に関する論文を調べ（教育、心理、テクノロジの論文）、そこで報告されている革新的な取り組み1022の事例（結果26カ国）、そして教員による革新的な取り組みとして報告されている300の事例（論文という形ではない報告集、教員のネットワークのブログ等）を集めた。そして、研究者チームによって、そこからその根拠なる裏付けのデータ等がある取り組みを210取り出し（リサーチベース124、教員によるもの86）、さらにそれを専門家によるクロス評価や、教員などへの質問紙調査や対面調査を経て、150のICTを用いた革新的な取り組みを整理した。そこからNESTAは、以下のような学習に対して8つの新しいアプローチがあることを明らかにしている（Luckin, et al. 2012）。

　このような取り組みは、先の「学力保障・学力向上のためにICTを活用していく取り組み」とは少し異なり、その出発点が教科学習や教科横断的な学習にしろ、その目的や内容の枠を越えて、子どもたちにとって効果的な学びは何であり、それにICTはどのような貢献ができるかを見ようとしている取り組みと言える。しかし、OECDのPISAが求められる力として想定しているゴールを目指す取り組みとも言えない（結果として、求められている力の開発に近づいている場合もあるが）。そのため、その動きを位置づけるとすれば、「学力保障・学力向上のためにICTを活用していく取り組み」を学習者の視点や学習の論理から変革していこうとする取り組みと考えられる。

　したがって、この革新的な取り組み①から見えてくる「one to one（タブレットPC1人1台）の未来型授業の設計」の視点としては、先の「学力保障・学力向上のためにICTを活用していく取り組み」で見られた「one to one（タブレットPC1人1台）の未来型授業の設計」の視点と幾分重なる点もあるが、次のような学びの中で、それを活かしていく活用イメージがあると考えられる。

　1つめは、専門家からの学び（Learning from Experts）である。これはICTの活用により学習者が接触できるデータ量が拡大したことを受けて、専門家が示すデータやアドバイスなども活かしながら教師が授業できるようになったことを意味している。ここでの学びは、専門家が示すデータやアドバイスなどを活かし、教師と共に一緒に考えていく学びを意味している。「one to one（タブレットPC1人1台）」を用いた授業は、このような教科書や教室の枠を越えた、深い学びに繋がる学習の流れに則して展開することが求められてくる。そのため、教員には、上記のような授業展開を想定した授業設計力とコーディネーション力が求められる。

　2つめは、他者からの学び（Learning with Others）である。これは、クラスメートと協同学習を通じて、課題に対する相互理解を深め、相互の関わりを活発化させ、知識を構築していくコミュニティを作っていくことと関わる学びの姿である。それにICTを道具（理解に近づく支援の道具、表象を表現する道具、コミュニケーションの道具）として活かし、学んでいくことを意味している。「one to one（タブレットPC1人1台）」を用いた授業は、「学力保障・学力向上のためにICTを活用していく取り組み」でも見られた姿と似ているが、「知識構築」により力点を入れ、それによって学習のコミュニティを作っていく（所与のグループでの課題解決を越えて、課題に応じて、グループを構成していく取り組み）点が新たに加わってくる。そのようなグループワークから、チームワークへの展開を想定した授業設計が求められてくる。

　3つめは、もの作りによる学び（Learning through Making）である。これは学習者が自分の

イメージや理解していることを、ICT を活用して「もの」で表現し、他の人と共有できる「もの」を作っていくことを意味している（MIT Scratch を用いてものに動きを付けるなども含まれる）。「one to one（タブレット PC 1 人 1 台）」を用いた授業は、このような創造的な思考や何かを作りたいという気持ちの流れを活性化させるような授業設計が求められてくる。

4つめは、調査を通じた学び（Learning through Exploring）である。これは、学習者が関心のあることと関わって情報を探したり、ある組み合わせのルールを用いて（電子ブロックなど）自由に何かを明らかにしたりする学びを意味している。これは、「学力保障・学力向上のために ICT を活用していく取り組み」の中でも、調査を通じて課題探求をしていく学習や教科横断的なテーマで行われる取り組みでよく見られる姿と似ている。「one to one（タブレット PC 1 人 1 台）」を用いた授業も、より子どもたちが課題の掘り下げやあらたな情報の発見に時間をかけ、深い学びに至ることを想定した授業設計などが求められてくる。

5つめは、探究を通じた学び（Learning through Inquiry）である。これは、学習者が、問いを立て、発見を目指しデータを集め、テストを繰り返したりしながら、エビデンスを持って現実世界の問題に働きかけていく学びを意味している。この場合の「one to one（タブレット PC 1 人 1 台）」を用いた授業は、より子どもたちが課題探求に時間をかけ、深い学びに至る授業設計、また試行錯誤から課題発見し、それに向けて子どもが取り組むことを想定した授業設計などが求められてくる。

6つめは、実践を通じた学び（Learning through Practising）である。これは、学習者がこれまで得てきたスキルを様々な文脈で活かす機会を提供する学びを意味している。よく試みられているのはゲーム的要素をもつアプリケーションなどを用いて、設定された現実世界に近い条件の問題解決をしたりする学習があげられる。コンピュータを用いて、描かれた現実世界を想定した問題解決を迫られる点で、コンピュータを用いた PISA 問題の解決に挑んでいくような展開に似ている。この場合の「one to one（タブレット PC 1 人 1 台）」を用いた授業は、よく考えられた課題をデザインし、それに向けて子どもたちの既習スキルを活用させていく授業設計などが求められてくる。

7つめは、アセスメントからの学び（Learning from Assessment）である。これは、学習者が知っていることと知らないことを、ICT を活用して明らかにし、学習者自身が自分の成長につなげていくことを支援する学びを意味している。これは、「学力保障・学力向上のために ICT を活用していく取り組み」の中での「one to one（タブレット PC 1 人 1 台）」を用いた授業と似ている。子どもたちが、どこが分からなくて分からないかを気づかせたり、自分の思考プロセスや得意としていることを視覚化し、メタ認知の力をつけさせたりすること想定した授業設計が求められてくる。

8つめは、あるセッティングの中、またそれを越えた環境下での学び（Learning in and across Settings）である。これは、自分の知識や理解を深めていくために他のセッティング（他の単元、他の教科、学校内外でのフィールドワークなど）で、ICT を活用して学んでいくことを意味している。この場合の「one to one（タブレット PC 1 人 1 台）」を用いた授業は、現在取り組んでいる内容と関わる以前の学習内容等を総動員させ、また教科学習の枠を越えて、現実的な問題解決へ関与、さらには参画させていくような授業設計も含まれてくる。

これら8つは、NESTA によれば、単独に進められる場合もあるが、互いに関わり、豊かな学習経験を生み出すために、各学びが組み合われることも多く、ICT の活用がその粘着剤の役割

を果たすことも述べられている（調査した取り組みの57％以上が、2ないし3つの学習を組み合わせていたということである）。

　学びを拡張させ、課題追求や問題設定によって新たなモノへ挑み、学びを深めていく「深掘り螺旋」的な指導方法が、学習活動をデザインしていく際に用いられていることが多いことが読み取れる。

　また、この報告は、ICTを学習活動で効果的に活かす「学習の文脈」にも着目し、人々（教師、大人、友達）、道具（学習教材など含む）、環境（学習が起こっている場）、知識やスキル（教師の専門知識など含む）が、学習者に及ぼしている影響、またその間で制約を与えているフィルターなどを見ていくことの重要性を指摘している。

　さらにICTを革新的、効果的に活用していくことと関わって、1）アセスメントを学習活動に活かす、2）もの作りによる学びとつなげる、3）実践を通じた学びをよりアップグレードしていく、4）現実世界の場に活かす、5）より社会的な学びの場を作る、ことの重要性が述べられている。また、6）産業と研究と実践をつなぐこと、7）すでに手にしているリソースをよりうまく活用する、8）学習のためのテクノロジーと活動を丁寧につなぐことが重要となることも指摘されている。

　このような重要性の指摘から総合すると、ICTを活用した学び（one to one（タブレットPC 1人1台）の未来型授業の設計のヒントとして）は、「他者からの学び」、つまり協同学習・協働学習、また「問いを通じた学び」など、子どもたちの主体的な学びをベースとするアクティブラーニングの志向性があること、またそのような活動でOutcomeとなるものが学習者自身にも他者にも見やすく共有できる「もの作りを通じた学び」が併せてセットになっていることがその傾向としてみられることがわかる。また、これからの力点として、1）アセスメントを学習活動に活かす、2）現実世界を学びの場に活かす、3）より社会的な学びの場を作る、ことも世界的な動きとして、重視されようとしていることが垣間見られる。

　しかし、Fullan and Donnelly（2013）による"Alive in the Swamp. Assessing Digital Innovations in Education"によれば、このLuckin,et al.,（2012）による報告は、ICT活用の動向について8つのレンズを通して革新的な取り組みの特徴を明らかにしたが、学校システムに変化を与えていくような取り組みの視点までは言及ができていなかった点が指摘されている。つまり、教育（方法）、テクノロジー、システム（体制）の変化を連動させ、その実現を着実にしていくために（単に場当たり的でなく）、組織的な取り組みやシステム構築に向けた戦略や手続きが必要であることが指摘されている。

　体系的、組織的な取り組みに向けての示唆としては、Fullan and Langworthy（2014）が、先の論考を発展させた形で、"Rich Seam"の中で述べている。そこにはLuckin,et al.,（2012）から明らかにされた個々の取り組み事例を、実際にシステム改革にまで具体化していく上でのヒントが述べられている。「one to one（タブレットPC 1人1台）の未来型授業の設計」に関心のある方は一読をお薦めする。

5. 21世紀に求められる力、コンピテンシーの育成のためのICTの活用

先にも述べたように、2000年から始められているOECDの生徒の学習到達度調査（the Programme for International Student Assessment: PISA）は、周知のように国際的なコンソーシアム（日本の国立教育政策研究所も設立時から国際コンソーシアムのメンバーである）によって進められている。PISAは、図4のキーコンピテンシーの枠組みを下に、その調査を進めてきた。これまでは「1．社会・文化的、技術的ツールを相互作用的に活用する能力」に目を向けて調査が行われてきたが、最近では「2．多様な社会グループにおける人間関係形成能力」の接点と関わる能力調査も計画されてきている。その際に、コンピュータを用いて各問題解決に取り組む調査等が行われてきている。その結果が、本章の最初に引用し検討してきたOECD（2015）の調査報告であった。

このように、21世紀に求められる能力像などを示しながら、その能力開発に向けてICTを活用していく取り組みがある。

日本の公立学校でこのような目標像を掲げ、それらに基づき、カリキュラム編成も考え、その力の育成を試みている取り組みは希である。

例えば、つくば市は、平成24年度に文部科学省の教育課程特例校の指定を受け、9年間を貫く次世代カリキュラム「つくばスタイル科」を創設し、図5のような次世代スキルを子どもたちに培おうとしている。そこでは、8つの内容（環境、キャリア、歴史・文化、健康・安全、科学技術、国際理解、福祉、豊かな心）をもとに3つのステップ（In-About-For）で構成された発信型プロジェクト学習を行い、次世代型スキルの育成を実践している。

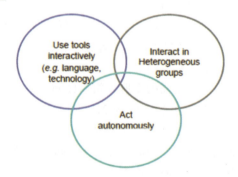

〈図4〉OECDのキーコンピテンシー[3]

その際に特徴的なのは9年間のカリキュラムデザインを考えた小中一貫教育を行っていること、もう1つは、教育におけるICTの活用を、本取り組みの推進の柱に位置づけている点である。

　ICTの活用自体が、「手段・道具を活用するスキル（情報活用能力、ICT活用能力）」として次世代スキルの中にも位置づけられているため、ICT活用と関わるスキルの育成はもとより、先の8つの学習内容を発信型プロジェクト学習で進めていく際に、ICTを活用し、次世代スキルの開発を効果的に進めている。

　本取り組みは、「21世紀型学力」との関連についていえば、まさに育てたい力の枠組みを表現し、それを具体的な実践で見せてくれる取り組みである。公立学校として学力保障、学力向上に努めつつ、新たな視点から、今後求められる力を次世代型スキルとして、学力モデルを構築し、教育課程に位置づけ、実践を進めている。

つくば次世代型スキル		
思考に関するスキル	問題解決	客観的思考力
		問題発見力
	自己マネジメント	自己認識力
		自立的修正力
	創造革新	創造力
		革新性
行動に関するスキル	相互作用	言語力
		協働力
手段・道具を活用するスキル	情報ICT	情報活用力
		ICT活用力
世界市民としての力	つくば市民	地域や国際社会への市民性
		キャリア設計力

〈図5〉つくば市が考える21世紀型能力 [4]

　このような取り組みにおける「one to one（タブレットPC1人1台）の授業」は、目的は次世代型スキルの育成であり、そのために「プレゼンテーションにおけるICTの活用」「協働的な課題解決におけるICTの活用」「グループウエアを使った小中学生の協働学習」「テレビ会議システムを用いた合同学習」等が授業設計に組み込まれている。

6. 「21世紀に求められる力、コンピテンシーの育成」から「学力保障・学力向上の取り組み」を再構築しようとする動きとICTの活用

　この取り組みの動きは、学校教育や授業に対する教育観のパラダイム転換と関わる取り組みである。授業を教える側の視点から、つまり教えやすいように教科に分けて、課題を分けて簡単なモノから難しいモノへのような流れも考え、教育活動を考えるといったことに力点を置くことから、学ぶ学習者の側から学習過程と学習ゴールの姿を考え、教育活動をデザインしていくことに力点を変えていくことと関わる取り組みである。そして知識の習得、それに伴う力の獲得という発想からの教育モデルよりも、求められる力の開発から教育モデルを描き、従来の学力保障・学力向上の取り組みを再構築していこうとする取り組みである。

　このような取り組みは始まったばかりである。たとえば、オーストラリアは、以前は州単位ではあるが、「教科等の学習内容」と「教科横断カリキュラムの優先事項」を柱として、カリキュラム編成の枠組みを示していた。しかし現在は、連邦として（国として）、「リテラシー」「ニューメラシー」「ICTに関する能力」「批判的・創造的思考」「個人的・社会的能力」「倫理的理解」「異文化間理解」といった7つの「汎用的能力（general capability）」をカリキュラム編成の枠組みとして新たに位置づけ、3軸から、カリキュラム改革を進めている [5]。日本でもその動きは見られ、近いところで、「新たな学び」への着目、国立教育政策研究所による「教育課程の編成に関する基礎的研究」として「21世紀に求められる資質・能力」の検討、文部科学省「育成すべき資質・能力を踏まえた教育目標・内容と評価の在り方に関する検討会」での「審議と論点整理」、

文部科学省教育課程企画特別部会による「審議と論点整理」の中で語られている取り組みがそれに関わってくると思われる。

1　新たな学びの動き

「新たな学び」に関わっては、次のような文脈で言われてきたのが記憶に新しい。「グローバル化や情報化、少子高齢化など社会の急激な変化に伴い、高度化・複雑化する諸課題への対応が必要となっており、学校教育において、求められる人材育成像の変化への対応が必要である。これに伴い、21世紀を生き抜くための力を育成するため、これからの学校は、基礎的・基本的な知識・技能の習得に加え、思考力・判断力・表現力等の育成や学習意欲の向上、多様な人間関係を結んでいく力や習慣の形成等を重視する必要がある。これらは、様々な言語活動や協働的な学習活動等を通じて効果的に育まれることに留意する必要がある。今後は、このような新たな学びを支える教員の養成と、学び続ける教員像の確立が求められている」（平成24年8月28日の中央教育審議会答申『教職生活の全体を通じた教員の資質能力の総合的な向上方策について』、アンダーラインは執筆者が挿入）。

また、平成23から25年度まで行われてきた「学びのイノベーション事業」では、「新たな学びを目指した取り組み」として①「意欲・関心を引き出し、理解を深める学び」、②「一人ひとりの能力や特性に応じた学び（個別学習）」、③「子供たちが教え合う学び（協働学習）」、④「つながり、広がる学び」そして、⑤「特別な支援を要する児童生徒の可能性を高める学び」が掲げられ、ICTを含む環境整備（21世紀の学びにふさわしい環境整備、学校と家庭がシームレスでつながる教育・学習環境の構築）、それらを活かした取り組み場面などが実証的に検討されてきた。

しかし、少し過去を振り返ると、これまで時間の経過の中で、「新たな学び」という言葉は、時代によって異なる意味が強調され、語られてきた（小柳 2016）。

例えば、1つめは、1996年の文部省審議会答申「21世紀を展望した我が国の教育の在り方について（第一次答申）」で、「変化の激しいこれからの社会を生きる力」との関わりで使われ出した。それは、「総合的な学習の時間」の創設とも関わり、その実践と関わって言われるようになったと考えられる。例えば、報告などで、「新たな学び」、新たな「学び」として言われ出されたことからもそのことがうかがえる。

2つめは、自身の経験や活動から、互いに伝え合い、学び合う中で、問いを持ち、実感を持った学びを作り出していく学習活動、他者とつながり様々な人と関わる中で生み出されてくる学習等を表現していく際に、「新たな学び」という言葉が使われる動きがあった。

3つめは、先にも少し触れたが、ICTの活用などによって今まで異なる学習の形態等から生み出されてくる学習を表現する際に、「新たな学び」という言葉が使われる動きがあった。

4つめは、OECD DeSeCoのキーコンピテンシ、汎用的な力の育成、21世紀スキルといわれる、今後の社会で子どもたちに求められてくる力を検討する世界的な動きと呼応して、求められる学習を表現する際に「新たな学び」という言葉が使われる動きがあった。その流れと関わって、国内でも21世紀型能力、21世紀型学力、21世紀型の学習などが言われ、そこで目指される学習のイメージとして「新たな学び」という言葉が用いられる動きがあった。

最後に5つめは、高等教育等で、学習者中心の今までと異なる講義スタイル（アクティブラーニングなど）やそこで求められる力の養成と関わって「新たな学び」という言葉が語られる場合があった。

また上記のような動きに対して、教員養成や現職研修で教員に求められる力として「新たな学び」への対応が言われ、そこへ目を向けた先行研究も現れてきている。『教職生活の全体を通じた教員の資質能力の総合的な向上方策について』で語られている学びの姿にどのように接近していくのか、その論議や実践の遂行やその評価方法事例について語られたりしてきた。

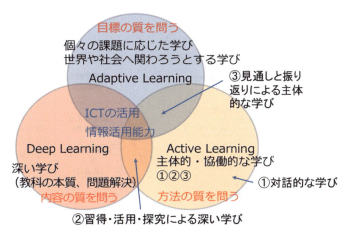

〈図6〉現在の「新たな学び」のイメージ

このように「新たな学び」に関わって主な関心や力点に違いがあり、①以前とは異なる経験や内容との出会い、②以前とは異なる学びの場（方法、環境）の設定、③以前とは異なる力の育成という意味で「新たな」が使われていること、また④誰にとって「新たな学び」かといった場合、学習者なのか、教育者なのかなど、がその取り上げられる時々に影響し、多様性を帯びてきた歴史がある。

このような動きを経て、現在では、図6に示したような「様々な学び」をクロスしていく形での「新たな学び」が言われてきていると考えられる。そして、この「新たな学び」は、子どもたちの周りの学習環境、メディア環境が変わる中で、ICTの活用と密接な関係にあるととらえられている。そのため、それに挑んで行くには、子どもたちのICTの活用を含む情報活用能力の育成とその授業をデザインし実践する教員の資質能力としての言及がなされてきている。

文部科学省と総務省が連携して進めている「先導的な教育体制構築事業」「教育情報化の推進先導的教育システム実証事業」（平成26年度から28年度）では、「新たな学び」に関わって、①地域における教育体制の構築（異なる学校間、学校種間の情報共有、学校と家庭との連携）、②新たな学びに対応した指導方法の充実および指導力の育成（学校種や各教科等に応じた指導方法の開発、教員の研修体制の構築）、③デジタル教材の利便性の向上（地域内の学校が相互に活用できる教材の蓄積・提供等クラウドコンピューティングの活用）を研究目的として掲げ、現在その研究が進められてきている。

このような取り組みにおける「one to one（タブレットPC 1人1台）の授業」は、上記、「先導的な教育体制構築事業」の研究目的に見られるように、学校間の学び、学校と家庭の学びの連動に関わるよりシームレス化やクラウドコンピューティングの活用等が入ってくることが予想でき、それに向けての授業設計が求められてくる。

2　求められる資質能力の育成の検討の動き

さらに、国立教育政策研究所による、「教育課程の編成に関する基礎的研究」として「21世紀に求められる資質・能力」の検討（図7）[6]、文部科学省「育成すべき資質・能力を踏まえた教育目標・内容と 評価の在り方に関する検討会」での「審議と論点整理」（下の四角囲み参照）[7]、文部科学省教育課程企画特別部会による「審議と論点整理」（図8）[8]は、まさにまもなく改訂される次期学習指導要領の根幹となる考え方について審議されてきたものである。直接、本書が関心を向けているICTの活用が前面にできている訳ではないが、このような動きの経過を理解

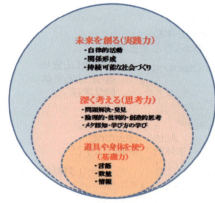

〈図7〉国立教育政策研究所による21世紀に求められる資質・能力のイメージ

しておくことが重要と思われる

そこでの考え方が、本章で考えようとしてきた「one to one（タブレットPC1人1台）の未来型授業の設計」「21世紀型学力」の今後の展開と密接に関わるからである。

> 「…今後更に教育目標・内容の構造の組み立て方や記述の仕方等を追究するとともに、本検討会の論点整理を踏まえた新たなモデルの構築を検討する必要がある。
> 　そのための一つの方策として、育成すべき資質・能力を踏まえつつ、教育目標・内容を、例えば、以下の三つの視点を候補として捉え、構造的に整理していくことも考えられる。ア）教科等を横断する、認知的・社会的・情意的な汎用的なスキル（コンピテンシー）等に関わるもの①認知的・社会的・情意的な汎用的なスキル等としては、例えば、問題解決、論理的思考、コミュニケーション、チームワークなどの主に認知や社会性に関わる能力や、意欲や情動制御などの主に情意に関わる能力などが考えられる。②メタ認知（自己調整や内省・批判的思考等を可能にするもの）、イ）教科等の本質に関わるもの具体的には、その教科等ならではのものの見方・考え方、処理や表現の方法など。例えば、各教科等における包括的な「本質的な問い」と、それに答える上で重要となる転移可能な概念やスキル、処理に関わる複雑なプロセス等の形で明確化することなどが考えられる。ウ）教科等に固有の知識・個別スキルに関わるもの
> ○今後の教育課程の在り方を考えるに当たっては、これらも念頭に、各教科等の教育目標・内容の構造を整理し、育成すべき資質・能力との関係を明確化していく必要がある。

『育成すべき資質・能力を踏まえた教育目標・内容と評価の在り方に関する検討会―論点整理―（平成26年3月）』（2）資質・能力のより効果的な育成に向けた教育目標・内容の構造（p.20）より引用

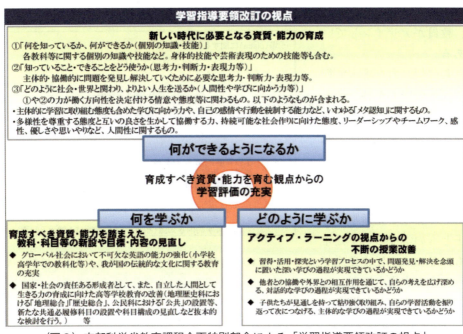

〈図8〉 文部科学省教育課程企画特別部会による「学習指導要領改訂の視点」

7．今後、教員や学校に求められる力とは

　以上、これまで図9に示した4つの動きの中で、「one to one（タブレットPC 1人1台）の未来型授業の設計」「21世紀型学力」はどのように考えられてきたか、またいるのか、考えられるのか、を検討してきた。最後に、今後、教員や学校に求められる力とはどのようなものか、最初に触れたOECD（2015）の報告にも見られた指摘も鑑み、その考察を加えていく。

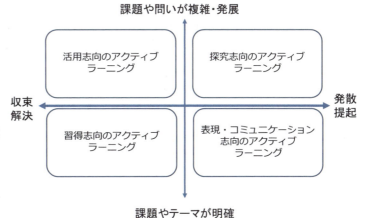

〈図9〉 目標によって多様性を持つアクティブラーニング

　4つの動きの中で見られた「one to one（タブレットPC 1人1台）の授業」を振り返ると、その取り組みの傾向は、共通して、子どもたちの学習に目を向けた授業デザインがなされていることであった。それは、ここ最近言われているアクティブラーニングとの関わりを彷彿させるモノであった。したがって「課題の発見・解決に向けて主体的・協働的に学ぶ学習」や「対話的な学び、深い学び、主体的な学び」といったリードワードによって語られているアクティブラーニングは、ICTを用いた学びと非常に親和性があると考えられる。

　しかし、アクティブラーニングは、子どもにそのまま任せばできるというようなモノではない。やはり目標を定め、学ぶ力（学び合っていく力も含む）を育て、習得だけでなく自ら問いを提起

し、学びを切り開いていく見通しを持って、教員がデザインしていく必要がある。

　子どもたちに学ぶ力を培って行くには、学びへの関心を持たせる必要があり、学び続ける力も付けていく必要がある。また学びを振り返り、自分の課題なども見いだし、改善に向けて働きかけていく見通しを築ける力を付けていく必要がある。そのような見通しがある場合、子どもの学びの姿を見守り、子どもにそのまま任す必要があるというような表現も原理として語ることができるのだと思う。

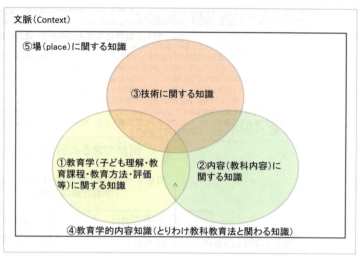

〈図10〉 目標によって多様性を持つアクティブラーニング

　図10は、「one to one（タブレットPC 1人1台）」環境を活かしたアクティブラーニングが展開されて行くにしても、その目標として何に力点を置くかによって、授業デザインが異なってくることを示したモノである。子どもたちが「one to one（タブレットPC 1人1台）」を活かして活発に活動していても（アクティビティはあっても）、それが受動的に行われ続けるとしたら、アクティブ「ラーニング」とは言えない。課題設定や最初の指示が教員によって指示されたとしても、それが子どもの主体的な学びに変わっていくことが求められる。またアクティブラーニングでは、探究志向の学びが求められかもしれないが、全ての授業で限られた時間の中でそれを展開して行くには、相当な計画と学校の組織的教育力が求められ、一足飛びにはできにくい。一人の優れた教員が自身の学級や科目でのみ進めても、その学びのスタイルを、子どもたちは学校の他の学びで生かし切れないからである。

　日々の学習において、長い目を持って子どもたちを育てていく場合（21世紀型学力を育てていくことも関わって）、例えば、4つの目標志向のアクティブラーニングを1時間単位で、単元レベルで、年間を通して、学校全体通して、義務教育全体を通して等、どのように組み立てていくか、その授業デザインが大切となる。併せて評価のデザインが重要となると考えられる。その点で言えば、教育課程編成と校内研修等に力点を置いた組織マネジメントを媒介するカリキュラムマネジメントが重要となる。

　また、「one to one（タブレットPC 1人1台）」環境を活かした未来型授業設計をしていくためには、4つの動きの中でも垣間見られたが、その学習デザインは、教室という場を越える。したがって、教員には、「広い意味の教育学に関する専門知識」「教科内容に関する知識」に加えて、「技術に関する知識」、さらには学習環境の設計と密接に関わる「場」に関する知識が求められてくる。これらの知識を、状況や条件に応じてどのように組み立て行くかを判断する文脈理解と判断力、そして刻々の意思決定や次の授業の改善の思考とも関わる省察力が重要となってくる。

　ICTを用いた効果的な教育を展開していくために、「広い意味の教育学に関する専門知識」「教科内容に関する知識」「技術に関する知識」そして「文脈」理解が、教員の専門的知識として必要となることについては、すでに10年前より語られてきた（Koehler and Mishra 2008）（図10

参照)。そこに「one to one（タブレット PC 1 人 1 台）」環境を活かした未来型授業のデザインが入ってくると、「場」を作っていく知識が新たに教員に求められてくると言える（Koehler, and Mishra 2016）。

　最初に引用した OECD（2015）の調査報告の中で語られていた今後の取り組みへの示唆として、「教師や学校に新しい教育（方法）の検討が求められている」ことが指摘されていたが、それは、本節で考えて生きた「今後教員や学校に求められる力」と関わるモノと考えられる。

8. おわりに

　これまで述べてきたように、現在、日本も、OECD／PISA の動きや、各国の動きも視野に入れながら、今後求められる資質・能力に目を向けた教育課程の検討が行われてきている。ただし、国の教育は、やはりこれまでの各国の事情や特徴などを反映した歴史と文化の中で作られてきていると思われる。OECD／PISA の調査結果に基づいて、その教育の方針に参加国が何らか影響を受けて動くにしても、そこには多様性、独自性が出てくると思われる。日本の教育が、キーコンピテンシー等、これからの社会を築いていく力の育成などが言われる中で、その動きを受けとめつつも、どのような幅広い人材像を描け、世界の中で日本の文化伝統に磨きをかけた人材を育て送り出せるかが、問われてくると思われる。

【注】
1) OECD（2015）Students, Computers and Learning: Making the Connection, PISA, OECD publishing. 修正版は 10 月に出された）
2) 「学びのイノベーション事業実証研究報告書（概要）」の 3 ページから引用
　http://jouhouka.mext.go.jp/school/pdf/manabi_no_innovation_report_gaiyo.pdf
3) 文部科学省教育課程企画特別部会（2015）論点整理　補足資料　p.171 から引用
　http://www.mext.go.jp/b_menu/shingi/chukyo/chukyo3/053/sonota/1361117.htm
4) 「つくばスタイル科」「つくば次世代型スキル」
　http://www.tsukuba.ed.jp/~tsukubasummit/?page_id=68
5) 「汎用的能力に着目したオーストラリアのカリキュラム改革」
　http://www.australiancurriculum.edu.au/generalcapabilities/overview/general-capabilities-in-the-australian-curriculum
6) 「資質・能力を育成する教育課程の在り方に関する研究報告書 1 〜 使って育てて 21 世紀を生き抜くための資質・能力 〜」viii から引用
　https://www.nier.go.jp/05_kenkyu_seika/pdf_seika/h27/2-1_all.pdf
7) 「育成すべき資質・能力を踏まえた教育目標・内容と評価の在り方に関する検討会—論点整理—」
　http://www.mext.go.jp/component/b_menu/shingi/toushin/__icsFiles/afieldfile/2014/07/22/1346335_02.pdf
8) 文部科学省教育課程企画特別部会（2015）論点整理　補足資料　p.26 から引用
　http://www.mext.go.jp/b_menu/shingi/chukyo/chukyo3/053/sonota/1361117.htm

【参考文献】
Fullan,M. and Donnelly,K.（2013）Alive in the Swamp. Assessing Digital Innovations in Education. London; Nesta.

Fullan,M. & Langworthy,M.（2014） A Rich Seam. Pearson.
(http://www.pearson.co.jp/pearson-microsoft-a-rich-seam/)
Herring,M.C., Koehler,M.J., Mishra,P.（2016）Handbook of Technological Pedagogical Conten Knowledge（TPACK）for Educators. Second Edition. New York and London: Routledge.
Koehler, M. J., and Mishra, P.（2008）Introducing TPCK. in AACTE Committee on Innovation and Technology（ed.）Handbook of Technological Content Knowledge（TPCK）for Educators. New York and London: Routledge.
Luckin,R.,Bligh,B., Manches,A.,Ainsworth,S.,Crook,C. and Noss,R.（2012）Decoding Learning : The Proof, Promise and Potential of Digital Education. London; Nesta.
小柳和喜雄（2014）情報活用能力の育成に関する諸外国の動向（情報活用能力）．学習情報研究（236）、16-19
小柳和喜雄（2016）新たな学びに向けて教員に求められる資質能力に関する研究報告―教員のためのICT Competencyを中心に―．奈良教育大学次世代教員養成センター研究紀要第２号、211-216

第4章 「ワンダースクール応援プロジェクト」を終えて

主査　清水　康敬

本書は「One to One への道～1人1台タブレット PC 活用の効果測定と教育委員会・学校の挑戦～」と題し、パナソニック教育財団（以下、財団）が推進した「ワンダースクール応援プロジェクト」の活動を報告したものである。ここで、タイトルにある「One to One」についてであるが、「One-to-One communication」の場合は「1対1通信」を、「One-to-One marketing」の場合は「個々の顧客ニーズに応じて行うマーケティング」を指す。また、国際社会で「One to One Computer」と言えば「1人1台のコンピュータ」を意味していることから、本書では「1人1台のタブレット PC」をより強調したいと考えて「One to One」と表現している。

　「ワンダースクール応援プロジェクト」は 2014 年度と 2015 年度の2年間にわたり実施されたが、このプロジェクトを総括すると、One to One タブレット PC 学習環境における新しい授業スタイルを設計し、確かなエビデンスに基づいた効果を示したことから、非常に大きな成果を得ることができたと言える。ここでは、本プロジェクトで得られた成果の要約を示し、このような成果が得られた要因について考察し、今後の展開について述べたい。

1．本プロジェクトの企画と目標

　財団が 2014 年に設立 40 周年を迎えるに当たり、2013 年から記念事業として実施すべきことについて検討が始められた。そして、財団の現在の助成の状況とこれまでの 39 年間の助成に関する評価の結果をふまえて、長年にわたり実施してきた助成の視点を明らかにするとともに、最近の状況を踏まえた上で「1人1台の学習環境」が今後の視点として重要であることを示すことになった。

　このような経緯から、設立 40 周年記念事業として「ワンダースクール応援プロジェクト」を実施することになり、1人1台のタブレット PC 環境を構築した上で、以下のような目標を策定した。

(1)　児童用タブレット PC 活用の学習効果についての明確なエビデンスを示す
(2)　学習効果を高めるための新しい授業スタイルを設計し普及する

　この目標を達成するために、効果測定の方法と調査票の作成については大学研究者等に協力をいただき、選定した実証校には実証授業を実施してもらい、学習効果測定のためのデータの収集をお願いした。その際、実証校への依頼は個別に直接することはせず、管轄する教育委員会経由でお願いすることで、学校と教育委員会が連携して本プロジェクトに取り組んでいただくことを基本とした。また、財団の特別研究指定校への助成の場合と同様に、各地域・学校には現場の教師を指導できる力量を持ったアドバイザーを財団から派遣することにした。

2．本プロジェクトの成果の概要

2.1　One to One タブレットの整備と授業スタイルの設計

(1)　タブレット PC 等の配備と無線 LAN 環境の整備

　財団では、児童用タブレット PC を 40 台、教師用のタブレット PC を1台、充電保管庫、電子黒板とそのための PC を1セット、デジタルビデオカメラを6台、無線 LAN アクセスポイント、

及び、タブレット PC 連携授業支援ソフトを実証校に配備した。これによって 4 地域の自治体と実証校が新しい One to One タブレット PC 環境での学習指導を実証的に実施することができるようになった。

(2) 無線 LAN 環境の質保全

　40 台のタブレット PC が同時に無線 LAN 経由でネットワークにアクセスした場合、通信速度や通信の安定性に問題が起きて接続できないことがあるが、本プロジェクトでは財団関連会社等が機材設置をサポートしたことで、非常に安定した接続ができた。これは、本プロジェクトで得られた技術面での成果である。

(3) 新しい授業スタイルの設計

　各実証校においては児童用タブレット PC を活用した授業と活用しない授業を実施してもらうにあたり、十分な議論をした上で新しい授業スタイルを設計していただいた。この成果は本書 3 章において紹介されているが、これらは 1 人 1 台環境における効果をエビデンスベースで示す好事例としてたいへん参考になると考えている。

2.2　学習効果測定に関する成果

　本プロジェクトの実証授業等で得られた学習効果測定の成果については第 2 章で詳しく説明したが、学校教員のみならず研究者にも理解してもらえるように、分析方法と得られた具体的な数値を示している。ここでは、以下にその成果の要点を示す。ちなみに、(1) から (4) は従来の手法により得られた成果を本プロジェクトにおいて再確認したものであり、(5) から (8) は本プロジェクトで新たに得られた成果である。

(1) 因子分析の結果、得られた因子について

　従来から意識調査の結果を因子分析して因子を抽出し、それについて評価してきたが、本プロジェクトでは初めて協働学習の要因を含めた分析を行った。具体的には、「因子 1：協働学習」、「因子 2：知識・理解」、「因子 3：関心・意欲」、「因子 4：思考・表現」の 4 つの因子について種々の評価を行った。なお、本プロジェクトで使用した質問票は参考資料として示しているので、今後効果測定をする際に参考にしてほしい。

(2) タブレット PC を活用した効果について

　児童用タブレット PC を活用した授業と活用しない授業を比較した結果、客観テストの成績と、前述の「因子 3：関心・意欲」、「因子 4：思考・判断」の評価点については、タブレット PC を活用した授業後の成績及び因子の評価点の双方が、活用しない授業後の成績や評価点と比べて有意に高いことが示された。ちなみに、これは以前から提案してきた手法によって得られた結果でもあり、本プロジェクトで実施した評価方法で効果測定が確実にできることを示したことになる。

(3) 因子の評価点の変化について

　児童を対象にした意識調査で得られた各因子の評価点が 1 年間でどのように変化したかについて検討した結果、「因子 2：知識・理解」と「因子 3：思考・表現」の評価点が有意に大きくなった。

これも以前から知られている結果と同じで、本プロジェクトにおいて再確認できたことになる。

(4) タブレットPCの活用場面の変化と教員の指導力の変化について
　教員のタブレットPC活用の状況と児童に対する指導力について調査したところ、タブレットPCの活用頻度の高い場面が、当初は授業の導入の場面であったが、時間の経過とともに展開の場面や終末の場面に移行していることが明らかになった。また、時間の経過とともに教師の「協働学習の指導力」が高くなっていることも示された。このことも、従来から得られている結果と同じである。

(5) 客観テストの成績と因子の評価点との相関について
　客観テストの成績と各因子の評価点との間の相関を調べたところ、「因子2：知識・理解」の評価点と客観テストの成績との間には、1％水準で有意な弱い相関が認められた。一方、「因子1：協働学習」、「因子3：関心・意欲」、「因子4：思考・表現」の各評価点と客観テストの成績との間には、5％水準でも有意な相関が認められなかった。このように、知識・理解についてのみ有意な相関が見られたということは、使用した客観テストの問題の内容に関係しているものと推測している。

(6) 教科が好きであることと客観テストの成績・因子の評価点との関係について
　教科が好きであることと客観テスト及び因子との関係について検討したところ、教科が「好き」か「無回答」かで、テストの成績及び因子の評価点に有意差が認められ、タブレットPCを活用した授業の方がテストの成績及び因子の評価点が高いことが示された。これらの結果から、児童に対して「好きでない」を「好き」に変えさせていくためのICT活用を進めることが重要であると考えられる。

(7) 自由記述に見られる「用語」と客観テストの成績との関係について
　児童に自由記述してもらった感想、意見、要望の文に含まれる用語や内容と客観テストとの関係を検討した。学習理解に関係している用語である「わかりやすい」、「理解できる」、「学習内容」について記述した児童の方が、記述しなかった児童よりも客観テストの成績が有意に高いことが明らかになった。また、協働学習に関係する用語である「友だち」についても同じ結果が得られた。このことから、自由記述の内容と客観テストの成績が関係していることを示す新たな事実が明らかになったと言える。

(8) 自由記述に見られる「用語」と各因子の評価点との関係について
　(7)の場合と同様に、自由記述された「用語」と意識調査で得られた4つの因子の評価点との関係を検討した。「楽しい」、「友だち」の記述のある児童の方が4つの因子の評価点すべてについて有意に大きいことを示した。また、「わかりやすい」の記述については「因子2：知識・理解」の評価点が、「理解できる」の記述については「因子4：思考・判断」の評価点が、それぞれ記述のある児童の方が有意に大きかった。このことから、「わかりやすい」と「理解できる」は同じような意味合いを持つものであるものの、児童の記述内容から推測すると異なる要因があることが明らかになった。一方、「肯定的な意見」が記述にある児童については全ての因子の評価点

が有意に大きく、「否定的な意見」が記述にある児童については全ての因子の評価点が有意に小さいことが明らかになった。

3. 本プロジェクトの成果が得られた背景と要因

　以上のように、本プロジェクトでは、授業における One to One タブレット PC の配備と各種環境の整備に関する新たな知見を得ることができ、児童用タブレット PC 活用に関する効果測定について多くの成果を挙げることができた。これらの成果を得ることができた背景には以下に示すような要因が大きく寄与していると考えられる。

(1) 依託した自治体・教育委員会の取り組みと支援
　本プロジェクトを依託した4自治体は、従来からコンピュータ、電子黒板機能付のプロジェクタ、電子黒板、有線の校内 LAN、及び、指導者用デジタル教材等の整備を進めてきており、自治体としてのビジョンを設定し、情報機器検討委員会や情報教育特別委員会の下に先駆的な取り組みを行っている自治体である。また、教員研修も積極的に実施してきており、情報教育担当者の悉皆研修、校内授業研究会などを継続的に実施してきている。このような実績が、本プロジェクトに対する適切な指導と支援を可能にし、活用の効果を高めるための教員の能力向上と環境整備への支援につながった。

(2) 実証校における実践と協力
　本プロジェクトでは、実証校独自の目的を設定しており、その目的を目指して実践していることが特徴である。また、タブレット PC 導入期に ICT 活用研修を実施し、授業に ICT を積極的に活用による指導方法や授業体制の工夫改善のための研修が実施された。また、1人1台環境における授業実践と効果的な活用場面の検討がなされ、比較のために児童用タブレット PC を活用した授業と活用しない授業を数多く実施していただいた。特に、本プロジェクトが成果を挙げることができた大きな理由は、以上のようにして効果的な授業を実施していただいたことだと言える。なお、効果測定に必要なデータ収集、入力、児童個人の特定、ならびに、教員対象の意識調査に対する回答するなど、教師にはたいへんな作業をしていただいた。

(3) アドバイザーの指導
　財団が派遣したアドバイザーは日頃から学校現場で指導してきた実績を有しているが、各実証校における目標の設定、教員研修、1人1台環境における学習指導の在り方の検討、効果的な授業デザインの設計と実施、また、実践結果のまとめ等、多岐にわたる指導とアドバイスをいただいた。さらに、本書をまとめるに当たっても多くの指導を受けた。これらの貢献によって、本プロジェクトの成果を得ることができた。

(4) 児童の参加と協力
　本プロジェクトでは、児童用タブレット PC を活用した授業と活用しない授業を数多く実施したが、それらの授業後には児童を対象にした意識調査と客観テストを行った。そして、児童には

何度も意識調査に回答してもらい、客観テストも受けてもらった。そこから得られたデータを分析評価することによって本プロジェクトにおける効果検証をすることができたのであって、とてもまじめに答えてくれたと考えている。特に、自由に記述してくれた感想、意見、要望を読むととても納得できる内容であった。このようなことから、教育委員会や教師の指導によって学習規範やタブレットPCの使い方ルールを守って活用しているものと思っている。

4．今後の展開

　今後の展開については第3章において説明されているが、One to Oneコンピュータは今後ますます発展する方向にあると言える。そのために、次のような検討が進められている。

・学習指導要領の改訂作業が進められているが、ICT活用がさらに重要な位置づけになる方向で検討されている。特に、アクティブ・ラーニングがキーワードとして議論されているが、ICT活用が効果を上げる分野のひとつと考えられている。
・デジタル教科書の位置づけの基本的な方向性が示されたが、さらに検討されているところである。
・小学校段階で育成すべき資質・能力と効果的なプログラミング教育の在り方や、効果的なプログラミング教育を実現するために必要な条件整備等について検討されている。
・2020年代に向けた教育の情報化に関する検討がされており、我が国おける教育の情報化の在り方が検討されている。

　これらの検討はOne to Oneと密接に関係しているが、本書で示したエビデンスベースの効果測定の方法とそれにより得られた結果、新しい学習スタイルの事例等はこれからの学校教育の情報化推進に有用であると考えている。今後、One to One環境が多くの自治体で整備されその活用が進み、子ども達の学力向上と社会に出て必要となる新たな能力の育成に役立つことを期待している次第である。

著者紹介（敬称略）

■編著・主査

清水　康敬（しみず やすたか）
東京工業大学　学長相談役・名誉教授。1940年長野県生まれ。1966年東京工業大学大学院理工学研究科修士課程修了。1971年工学博士。1973年東京工業大学教育工学開発センター助教授に就任後、同センター教授やセンター長、同大学大学院社会理工学研究科長などを歴任。2001年国立教育政策研究所教育研究情報センター長、2004年独立行政法人メディア教育開発センター理事長、2009年国立大学法人東京工業大学監事に従事した後、2016年より現職、現在に至る。

■アドバイザー（掲載順）

高橋　純（富山市教育委員会担当）
東京学芸大学教育学部教育学講座・准教授。専門は教育工学。中央教育審議会専門委員など。主な著書に『すべての子どもがわかる授業づくり - 教室でICTを使おう-』（高陵社書店）など

稲垣　忠（春日井市教育委員会担当）
東北学院大学教養学部・准教授。専門は情報教育・教育工学。主な著書に『授業設計マニュアル～教師のためのインストラクショナル・デザイン』（北大路書房）、『デジタル社会の学びのかたち～教育とテクノロジの再考』（A．コリンズ・R．ハルバーソンの翻訳、北大路書房）など

小柳　和喜雄（奈良市教育委員会担当）
奈良教育大学大学院教育学研究科・教授。専門は教育方法学、教育工学。主な著書に『教師の情報活用能力育成政策に関する研究』（風間書房）、『新教師論 - 学校の現代的課題に挑む教師力とは何か』（ミネルヴァ書房）『教師と学校のレジリエンス 子どもの学びを支えるチーム力』（C・ラー、Q・グーの翻訳、北大路書房）など

中橋　雄（柏市教育委員会担当）
武蔵大学社会学部メディア社会学科・教授。主な著書に『メディア・リテラシー論　ソーシャルメディア時代のメディア教育』（北樹出版）など

■ 実践地区・教育委員会・実践校　（平成 28 年 3 月 31 日現在）

【富山県富山市】
教育委員会　麻畠裕之（教育長）、斉藤保志、武島浩、老月由美子、岡崎佳子、桑谷聡、杉本和博、
　　　　　　小幡幸治、堀井良徳
実　践　校　宮口克志（校長）、國香真紀子（教頭）、浅野喜代志（教務主任）、田村千佳子（教務主任）、
　　　　　　稲本堅太郎、森剛、長井和代、大門秀司、竹内ゆかり、田村啓

【愛知県春日井市】
教育委員会　木股哲夫（教育長）、勝伸博、堤泰喜、山田勝史、田中雅也、前川健治、南英雄、今井裕次、
　　　　　　湯浅公、坂田安男、佐藤幸子
実　践　校　水田博和（平成 26 年度校長）、水谷年孝（平成 27 年度校長）、倉橋克彦（教頭）、新杮弘章、
　　　　　　原口茂樹、望月覚子、守田ひとみ、垣内友加里、澤川朋絵、久川慶貴

【奈良県奈良市】
教育委員会　中室雄俊（教育長）、柴田純、浦久保裕
実　践　校　岡田修（平成 26 年度校長）、城武志（平成 27 年度校長）、小島源一郎（教頭）、
　　　　　　岡田仁志（研究主任）、教職員一同

【千葉県柏市】
教育委員会　河原健（教育長）、山本和寿（部長）、内田守（所長）、近藤昌彦、伊藤嘉章、冨高誠司
実　践　校　細田武仁（校長）、柳　藤夫（教頭）、遠藤須美子（研究主任）、松瀬穣、教職員一同

One to One への道
～タブレットＰＣを活用した未来型授業への挑戦～
ワンダースクール応援プロジェクト　活動報告書

ISBN 978-4-87384-163-2
2016年7月10日　初版発行

編　著　清水康敬
監　修　公益財団法人パナソニック教育財団
発行者　森　達也
発行所　株式会社　教育同人社　　www.djn.co.jp
　　　　170-0013 東京都豊島区東池袋4－21－1 アウルタワー2Ｆ
　　　　TEL 03-3971-5151　Email webmaster@djn.co.jp
装丁デザイン・製本・印刷　木元省美堂